Echte Abenteuer

Alpine Pfade
Baden-Württemberg

20 abenteuerliche Bergtouren, Felsenwege und Klettersteige

J. BERG

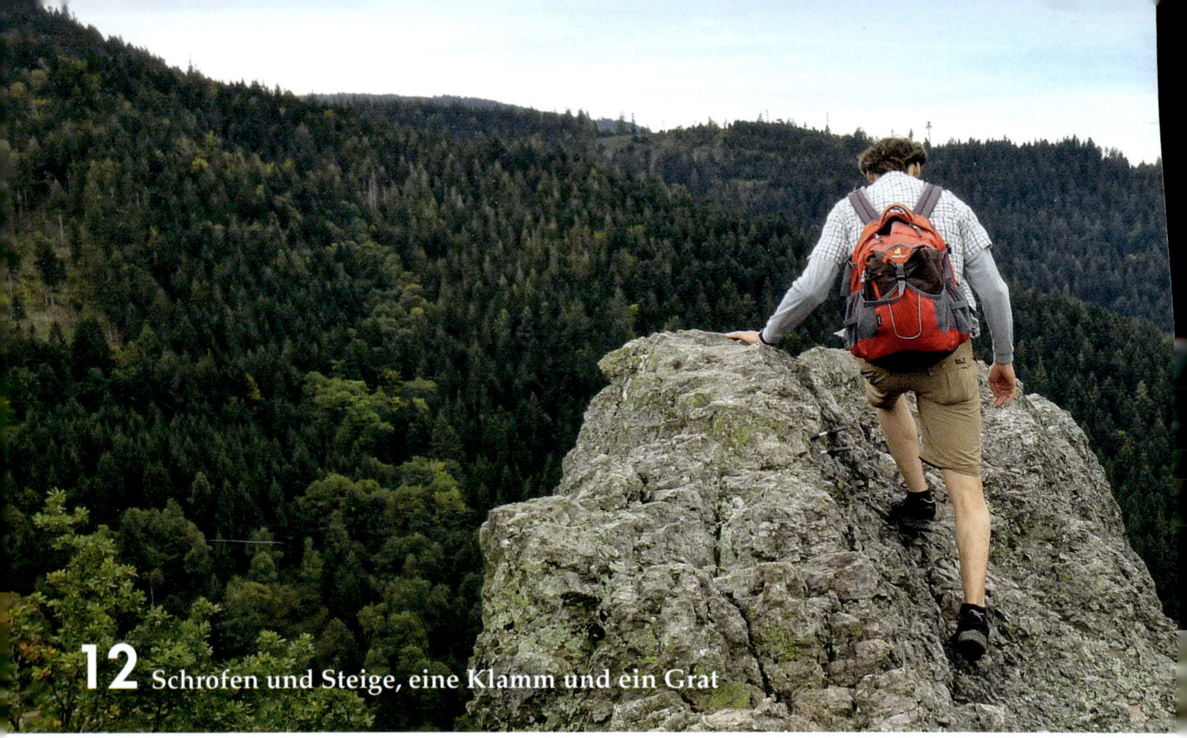

Inhalt

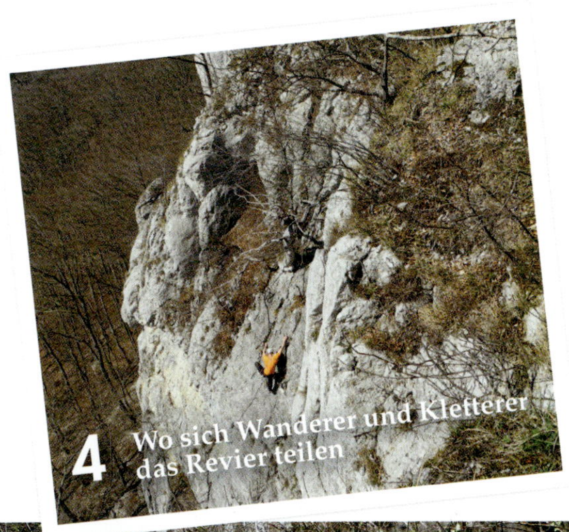
4 Wo sich Wanderer und Kletterer das Revier teilen

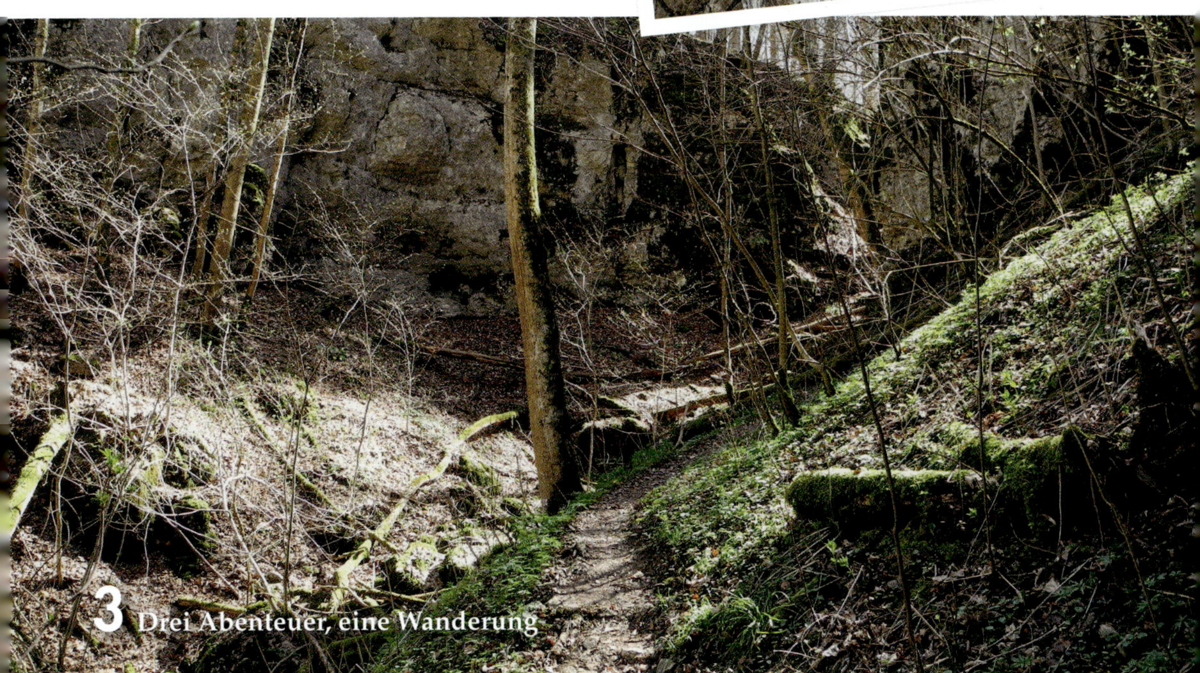
3 Drei Abenteuer, eine Wanderung

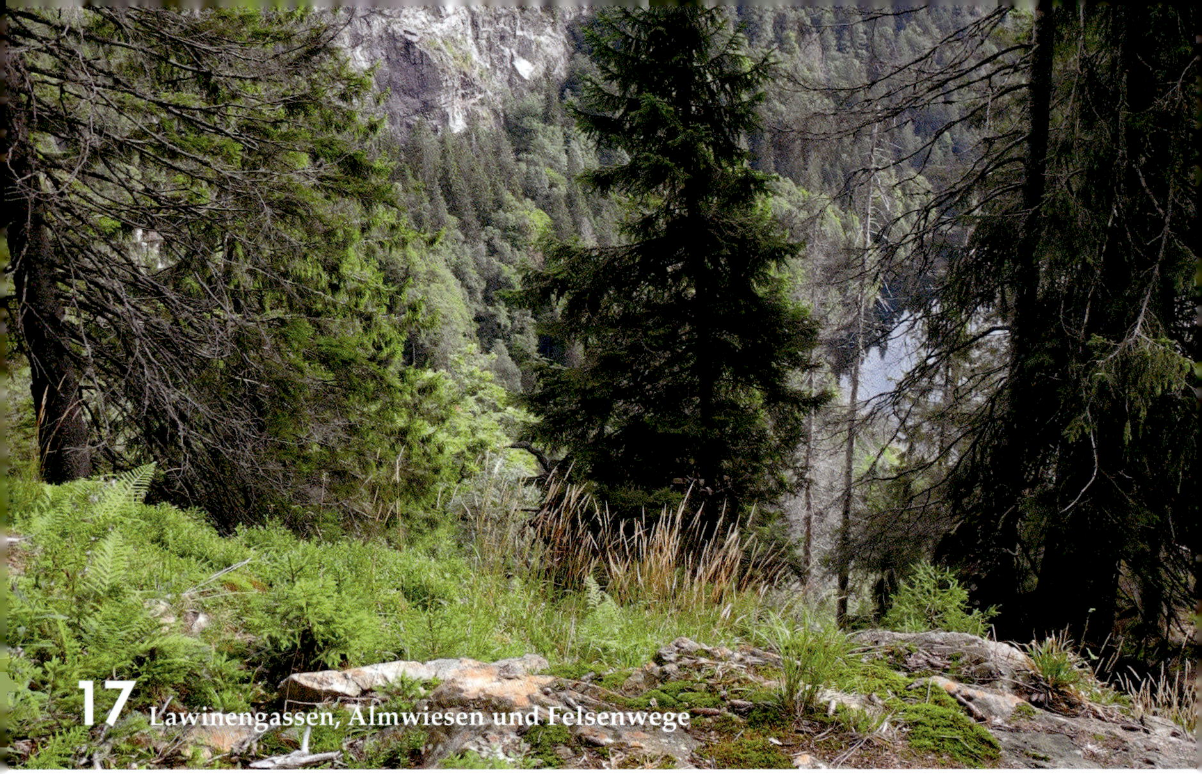

Extra

Tourenüberblick

Tour			km											
1	●	Ein Grat, ein alter Steinbruch und ein Almpfad	9 km	505 Hm	3,5 Std.	●		●				●		
2	●	Alb alpin – über dem Fels, am Fels und unter dem Fels	11 km	490 Hm	4 Std.	●		●				●		●
3	●	Drei Abenteuer, eine Wanderung	9 km	350/400 Hm	3,5 Std.	●	●		●			●		●
4	●	Wo sich Wanderer und Kletterer das Revier teilen	15 km (+9 km)	910/670 Hm	4 Std.	●	●		●			●		●
5	●	Felsig auf Deutschlands schönstem Wanderweg	17 km	910/930 Hm	5,5 Std.	●	●		●		●	●		
6	●	Alpine Momente, Höllenlöcher und ein Matterhörnle	11 km	660 Hm	4 Std.	●			●			●		
7	●	Steile Wege um das Märchenschloss	9 km	560 Hm	3,5 Std.	●	●	●			●	●		
8	●	Eine Gebirgsjägerübung beim Felsenmeer	12 km	560 Hm	4 Std.	●		●				●		
9	●	Wo die Alb die 1000-Meter-Marke übersteigt	15 km	660 Hm	5 Std.	●	●	●				●		
10	●	Eine Klinge, mit der nicht zu spaßen ist	10 km	450/430 Hm	3,5 Std.	●	●		●					●
11	●	Die badische Miniaturvariante des Kungsleden	17 km (+4 km)	610 Hm	5,5 Std.	●		●				●		
12	●	Schrofen und Steige, eine Klamm und ein Grat	18 km	1230/1130 Hm	5 Std.	●			●		●	●		●
13	●	Steil, steiler, am steilsten	16 km	940/850 Hm	5 Std.	●			●			●		
14	●	Unterwegs auf dem Blocksberg des Schwarzwalds	12 km	620/650 Hm	4,5 Std.	●		●				●		
15	●	Die wilden Seiten des Höllentals	14 km	860 Hm	4,5 Std.	●	●		●		●			
16	●	Zwei alpine Prachtpfade der Extraklasse im Gfäll	26 km	1600/1520 Hm	7,5 Std.	●		●				●		
17	●	Lawinengassen, Almwiesen und Felsenweg	27 km (+2 km)	1120 Hm	8 Std.	●		●				●		
18	●	Auf steilen Pfaden am schönsten Schwarzwald-Berg	14 km	830 Hm	4,5 Std.	●		●		●		●		●
19	●	Felsig und steil am Ende des Südschwarzwalds	21 km	900/950 Hm	6 Std.	●			●		●	●		
20	●	Schluchttour an einem der letzten Wildflüsse Europas	14 km (+3 km)	490/700 Hm	4,5 Std.	●			●		●	●		
Extra I	●	Karolasteig/Jakobswand Weinheim	2 km	20/10 Hm				●				●	●	
Extra II	●	Klettersteig Schriesheim	3,5 km	270/30 Hm		●	●	●				●	●	
Extra III	●	Klettersteig Todtnau	0.5 km	40/2 Hm		●		●			●	●	●	

Zu diesem Buch

In diesem Buch soll es nicht darum gehen, den Feldberg zur Eiger-Nordwand oder einen unserer alpinen Pfade zu einem kaum bewältigbaren Felsgrat aufzublasen – das wäre vermessen, denn unsere Mittelgebirge sind nun einmal nicht die Alpen. Das Ziel ist viel mehr, mit diesem Buch neue Perspektiven auf das bekannte Wanderrevier zu eröffnen, die die Alb und der Schwarzwald tatsächlich auch zu bieten haben … weg vom gut beschilderten, beschaulichen Komfortwanderweg, hin zum überraschenden und herausfordernden Bergwandern mit Felsen, Geröllfeldern, umgestürzten Bäumen, ausgesetzten und steilen Stellen und manchmal sogar kleineren Kraxeleien. Dem »gemeinen« Wanderer mögen die hier vorgestellten Pfade eventuell zu unaufgeräumt, zu unbequem, zu abgelegen, zu steil und zu wild sein – doch genau das suchen wir!

Eines der »alpinen« Hinweisschilder auf der Alb

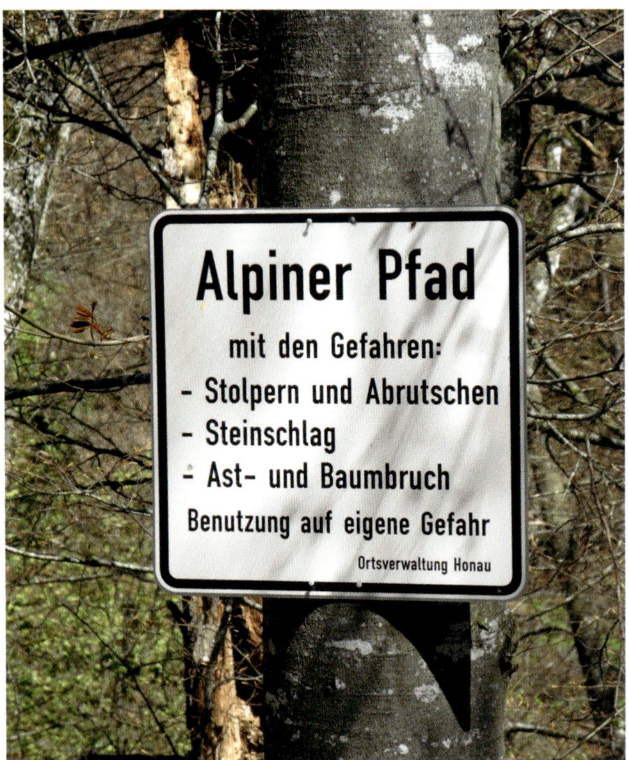

Eine Wanderung auf der Schwäbischen Alb um Schloss Lichtenstein, das hoch über dem Echaztal auf einem Fels thront, war die Initialzündung für dieses Buchprojekt. In diesem Gelände sind nämlich mehrere Hinweisschilder aufgestellt, die auf sogenannte »Alpine Pfade« hinweisen. Diese Pfade sind steil, schmal, felsig und manchmal ausgesetzt – aber ist das bereits alpin? Ich persönlich hatte den Begriff »alpin« automatisch immer mit der schroffen Bergwelt der Alpen in Verbindung gebracht. Ein Anruf bei der Gemeinde und der ortsansässigen Bergwacht brachte Klarheit: Da leider schon mehrere Leute in dem steilen Gelände verunglückt waren (teilweise auch tödlich) und dort mit Steinschlag, Rutsch- und Absturzgefahr zu rechnen ist, hatte man sich dazu entschlossen, diesen Teil des Wanderwegenetzes als »alpin« zu kennzeichnen, um die Wanderer bezüglich des Risikos zu sensibilisieren. Neugierig geworden, recherchierte ich zu Hause weiter, und siehe da: Alleine im Schwarzwald gibt es etliche Wege beziehungsweise Teilstrecken, die mit dem Prädikat »alpin« beschrieben werden. Man findet sogar einen Wikipedia-Eintrag dazu. So führte eins zum anderen: »Wenn diese Wege als alpin bezeichnet werden ... auf der Alb und im Schwarzwald kenn' ich noch mehr davon – die sind mindestens genauso steil, ausgesetzt und felsig«. So ist eine Sammlung von 20 Wandervorschlägen entstanden, die in die steilen und felsigen Gefilde der Schwäbischen Alb und des Schwarzwalds führen.

Das Buch-Projekt soll aber auch davon erzählen, wie unkompliziert es mitunter sein kann, sein Bedürfnis nach etwas Ungewöhnlichem in der Natur vor Ort zu befriedigen. Man muss dafür nicht unbedingt weit fahren oder in ein Flugzeug steigen, sondern man sucht das Natur-Abenteuer einfach dort, wo es keiner vermutet: im nächstbesten Mittelgebirge vor Ort.

Im Übrigen sollen die hier vorgestellten Touren nur als Vorschläge verstanden werden. Es sind zwar sehr schöne und exponierte Bespiele der Gattung »alpin« und »abenteuerlich«, aber wer sich die Mühe macht, sowohl aktuelles als auch altes Kartenmaterial genauer anzuschauen, wird noch viel mehr verschollene Wege, steile Tobelpfade und zugewachsene Gipfel abseits der ausgezeichneten Wanderrouten finden.

Adjektive und Attribute

In Reise- und Wanderführern tauchen sie oft auf: Worte wie »spektakulär«, »atemberaubend«, »fantastisch«, »einmalig«, »schwindelerregend« und so fort. Eigentlich werden diese Worte benutzt, um die Besonderheiten der Landschaft wiederzugeben und die Eindrücke, die man vor Ort gewinnt, so genau wie möglich zu beschreiben. Andererseits werden solche Superlative bisweilen etwas inflationär verwendet, sodass sie kaum zu erfüllende Erwartungen wecken und sich zunehmend abnutzen. Wie es wirklich ist, erlebt man nur selbst vor Ort, und letztlich ist es subjektiv.

Wir sind viele unserer Touren mit erfahrenen Alpenüberquerern abgewandert und haben die unterschiedlichsten Reaktionen beobachtet. Von leicht spöttischen Bemerkungen wie »das nennst du steil und felsig?« bis zu begeisternden Ausrufen wie »wow, 'ne Sicherung wär' nicht schlecht« war alles dabei. Für gemütliche Städter können die hier präsentierten Touren also ein Abenteuer und der Einstieg in alpine Welten sein, für sportliche Wanderer ein neuer Blick auf das altbekannte Wanderrevier und für erfahrene Bergfexe ein kleines Training für die nächste Alpenroute – schön und spannend sind sie allemal.

Was ist alpin?

1. Das Wort »Alpen«, von dem sich der Begriff »alpin« ableitet, ist eine Ableitung des schweizerischen und westösterreichischen Wortes »Alp« beziehungsweise »Alm«, was wiederum »Bergweide« bedeutet.
2. »Alpin« steht seinerseits vielen Begriffen als Prädikat vor und bedeutet dabei meist »gebirgig« oder »bergig«.
3. Gleichzeitig bezeichnet »alpin« auch eine Höhen- und Vegetationsstufe in den Alpen, genauer eine Hochgebirgsstufe, die zwischen 2000 und 3000 Metern liegt.

Welche dieser Punkte treffen nun auf die Mittelgebirgslandschaften Schwarzwald und Schwäbische Alb zu? Vor allem bei unseren Touren im Schwarzwald passieren wir des Öfteren typische Bergweiden. Die Pfade dort sind bergig, schmal und felsig und führen durch Steillagen, Lawinenbahnen, Blockhalden und Tobel, manchmal kleinere Klettereien inklusive. Lediglich der Hangwald bewahrt einen vor schwindelerregenden Tiefblicken. Da die Wege von üppiger Vegetation umgeben sind, fühlen sich die Menschen oft ganz sicher, obwohl es abseits des Pfads steil bergab geht. Gerade diese Flora, die man in den Alpen so nicht vorfindet, macht unsere Wege aber manchmal sogar schwieriger zu begehen als jene in den Alpen, da die herabfallenden Blätter, verrottenden Äste, Bäume und Wurzeln Stolperfallen sind und den Untergrund glitschig und rutschig machen. Etliche unserer Pfade werden auch nicht mehr gepflegt und gesichert, sodass deren Begehung zum Beispiel nach Stürmen eher einem Hürdenlauf unter erschwerten Bedingungen gleichen kann. Auf den sonnenabgewandten Nordseitenwegen im Schwarzwald passieren wir dabei sogar die letzten Rückzugsräume alpiner Vegetation. Wäre unser Wanderrevier komplett harmlos, gäbe es vor Ort auch nicht die Bergwacht, die leider immer wieder zu tragischen Unglücksfällen gerufen wird. Es sind also letztlich Länge, Vegetation und Höhenniveau, welche die alpinen Wege im Schwarzwald und auf der Alb von denen in den Alpen unterscheiden. Die Kennzeichnung der Pfade und Wege als »alpin« auf der Alb und im Schwarzwald verläuft dabei etwas uneinheitlich und ist nicht immer nachvollziehbar. Trifft man auf diesen Wegen auf andere Wanderer, entspinnt sich daher nicht selten eine Diskussion darüber, dass man eigentlich noch viel steilere Pfade kennt, die nicht als alpin gekennzeichnet sind. In diesem Buch werden auch Wege vorgestellt, die nicht offiziell als »alpin« ausgewiesen sind, weil der Autor sie aber als ähnlich felsig, steil und spannend empfindet. Dass dies sehr subjektiv ist und einheimischen Bergfexen und Wanderführern, die noch spannendere Wege in abgelegeneren Tobeln kennen, höchstens ein müdes Lächeln abringen mag, liegt in der Natur der Sache. Der Autor freut sich über jeden Tipp, den er erhält und erhalten hat. Letztlich geht es darum, dem Leser und Mittelgebirgswanderer eine Ahnung von alpinem Gelände durch die präsentierten Touren zu vermitteln.

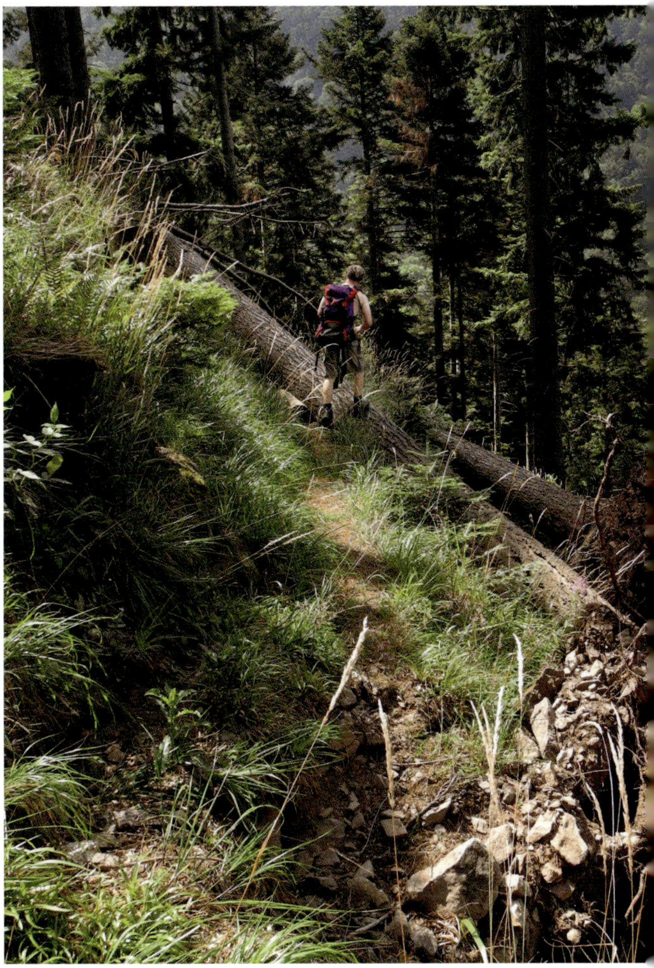

Unsere Pfade sind nicht immer aufgeräumt.

Auf eigene Gefahr – nicht jeder muss diese Wege gehen

»Ein 34-jähriger Wanderer rutschte vermutlich aus Unachtsamkeit auf dem nassen und mit Laub bedeckten Untergrund eines alpinen Pfads im Bereich des Schlosses Lichtenstein aus und kam zu Fall. Er rutschte etwa 30 Meter den Hang hinunter und prallte gegen zwei Bäume. Daraufhin stürzte er einen Felsvorsprung hinab und kam nach weiteren circa 50 Metern im unwegsamen Gelände zum Liegen. Eine 31-jährige Frau, die gemeinsam mit dem Verunglückten unterwegs war, kletterte zu dem Schwerverletzten hinab und verständigte mit dessen Handy die Rettungskräfte.« Unfallbericht Bergwacht Pfullingen, 2017

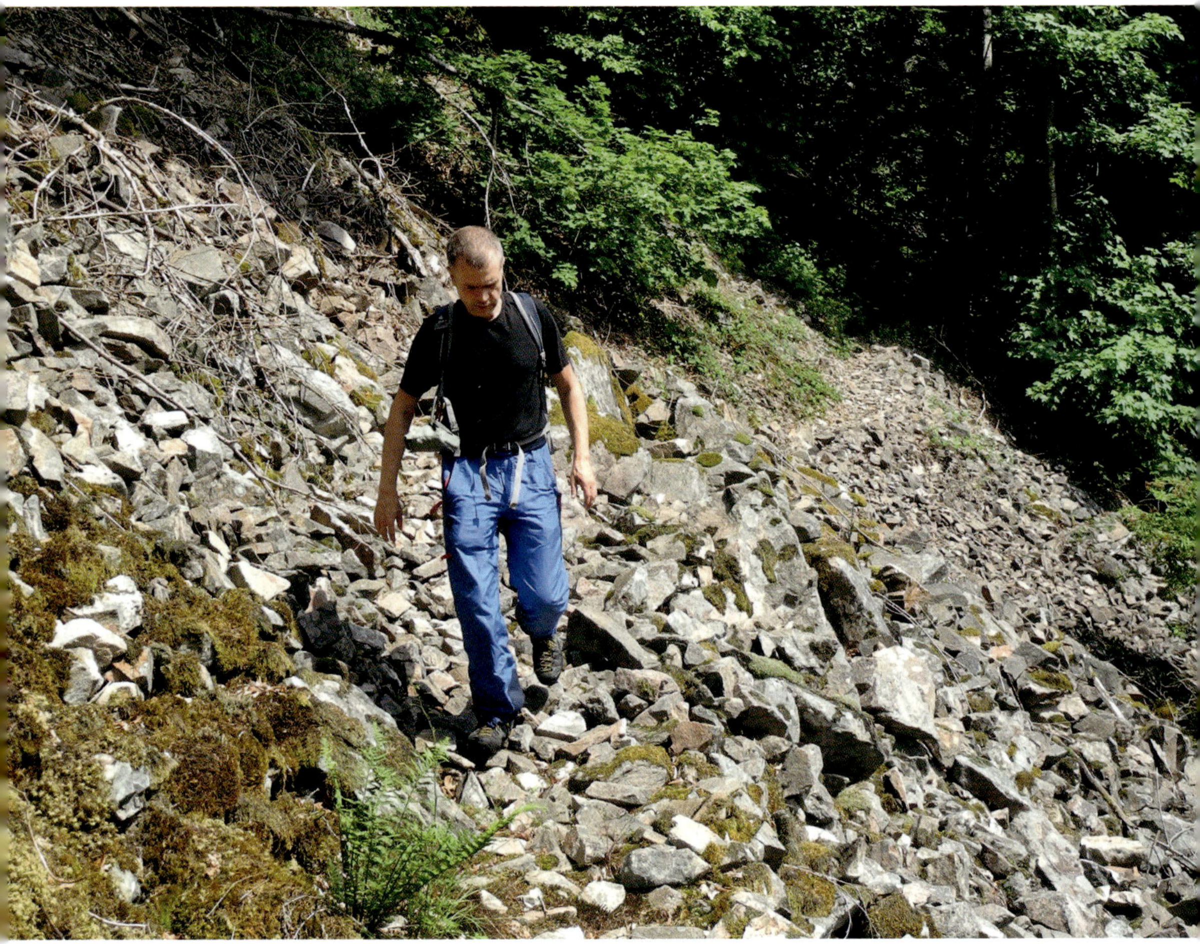

So manches Geröllfeld muss durchwandert werden.

Mittelgebirgslandschaften werden bezüglich alpiner Risiken oft unterschätzt. Wie bereits erwähnt, bewahrt einen meistens nur die umgebende Vegetation vor Schwindel und Ungleichgewicht. Zusätzlich gaukelt die leichte Erreichbarkeit und Nähe zur Zivilisation der Mittelgebirge Harmlosigkeit vor. Wenn Wanderer ihre Kräfte und die Beschaulichkeit des Geländes falsch einschätzen, ist das mehr als gefährlich. Wandert man auf Bergwanderwegen wie zum Beispiel den alpinen Pfaden um den Lichtenstein bei Honau, muss man trittsicher, schwindelfrei und in sehr guter körperlicher Verfassung sein und zudem die Gefahren im Gebirge kennen. So ist zum Beispiel mit Steinschlag und mit Rutsch- und Absturzgefahr zu rechnen. Voraussetzung fürs sichere Wandern in diesem Gelände ist außerdem eine entsprechende Ausrüstung, zu der wir noch kommen werden. Sandalen und Turnschuhe haben auf solchen Wegen nichts zu suchen, auch wenn man immer öfter Menschen mit Jogginghosen und Latschen solche Pfade herunterwanken und -schlittern sieht. Nur mit mehr Glück als Verstand kommt man so unverletzt ins Tal hinunter.

Die hier vorgestellten Routen sind kaum länger als zehn bis 20 Kilometer. Wenn man davon ausgeht, dass man auf ebener Strecke ca. 4 bis 4,5 km pro Stunde schafft, umfassen unsere Bergtouren mit den diversen Auf- und Abstiegen ein zeitliches Spektrum zwischen drei und acht Stunden. Dabei sind die angegebenen Gehzeiten reine Wanderzeit ohne Pausen!

Eine vermeintlich überschaubare Weglänge hat aber in unserem Fall gar nichts zu bedeuten. Der Pfad durch die Xanderklinge beispielsweise ist nur etwas mehr als einen Kilometer lang, aber trotzdem braucht man wegen der abenteuerlichen Wegbeschaffenheit relativ lang, um ihn zu bewältigen. Neben der körperlichen Fitness sind ein gesunder Respekt einerseits und ein gewisses Vertrauen in die eigenen Fähigkeiten andererseits fast noch wichtigere Faktoren. Viele Wanderer meinen heutzutage durch eine schicke Outdoorausrüstung bestens gewappnet zu sein. Ohne die körperlichen und psychischen Voraussetzungen nützt einem aber der beste Bergschuh nichts. Die Zahl der Wanderer, die von der Bergwacht und Höhenrettung mit Herz-Kreislauf-Problemen aus brenzligen Situationen geborgen werden müssen, steigt von Jahr zu Jahr.

Weiterhin ist ein guter Orientierungssinn absolut unerlässlich, denn manche unserer Pfade sind abschnittsweise oder sogar komplett unmarkiert, teilweise zugewachsen und in neuerem Kartenmaterial gar nicht mehr verzeichnet. Es gleicht manchmal also einer Spuren- und Fährtensuche, um die richtige Pfadfortsetzung zu finden und nicht irgendeiner Wildspur hinterherzuwandern. Man braucht dafür Erfahrung und Gespür, denn es ist gerade in unserem Terrain nicht ungefährlich, wenn man sich versteigt und sich immer weiter von der richtigen Route entfernt. Und manchmal, wenn auch selten, kriecht man eher, als dass man wandert.

Wer sich schwer tut, seinen Fitnesszustand selbst einzuschätzen, dem sei der Gang zum Sportmediziner seines Vertrauens geraten, zu dessen Kernkompetenz es gehört, körperliche Leistungsfähigkeit bewerten zu können. Die Touren sollten für fitte Wanderer ab ca. 14 Jahren geeignet sein.

Wer plant, mit anderen einen alpinen Weg zu gehen, sollte unbedingt darauf achten, dass das Leistungs- und Gesundheitsniveau innerhalb der Gruppe auf einem vergleichbar guten Level ist. Es ist nicht nur für die Gruppendynamik schlecht, sondern kann auch generell gefährlich sein, wenn jemand aus der Gruppe mitten auf der Strecke nicht mehr weiterwandern kann. Gleiches gilt übrigens für den Zustand der Ausrüstung. Man muss sich darauf verlassen können, dass diese bei allen vollständig und in Schuss ist.

Da Regen die Pfadbeschaffenheit durch die dann rutschig werdenden Wurzeln, Moose und herabfallenden Blätter (diesen Risikofaktor hat man in den Alpen meistens nicht!) signifikant verschlechtert, sollte man auf besseres Wetter warten und das Vorhaben verschieben. Auch starke Winde sollten ein Ausschlusskriterium sein, da wir uns zum einen auf ausgesetzten, teils dem Wind preisgegebenen Pfaden bewegen und zum anderen oft durch sogenannte Bannwälder beziehungsweise nicht vom Forst bearbeitete Waldpassagen wandern, wo es teils zu Holzbruch kommen kann. Entlang unserer Strecken gibt es meistens Vegetation, die dazu verleitet, diese als Auf- oder Abstiegs- und Haltehilfe zu benutzen. Das sollte man aber nur nach vorheriger Prüfung des Geästs machen, denn oft ist das Holz morsch oder der Busch nur lose im Boden verankert. Wenn dann ein Ast bricht, fällt der Sturz umso ungünstiger aus.

Das Fotografieren im alpinen Gelände bereitet große Freude, bekommt man doch reihenweise Traummotive vor das Objektiv. Gleichwohl birgt es für im alpinen Gelände unerfahrene Wanderer eine nicht zu unterschätzende Gefahr: Der all zu lange Blick durch das Objektiv gaukelt einem falsche Perspektiven vor. Richtet man dann seine Augen wieder auf die reale Natur, kann das zu Schwindel führen – keine gute Idee am Felsüberhang. Die Bilder im Wanderführer bilden leider oft nicht die wahren alpinen Verhältnisse ab. Die Berge und Pfade sind viel steiler beziehungsweise ausgesetzter und die Felsen viel massiver.

Die Ziele

Etliche unserer Routen halten Überraschendes in bekanntem Terrain bereit. Im Bereich des Feldberges finden wir zum Beispiel alleine vier alpine Wege, die entweder so unbekannt sind, dass sie sich leider langsam selbst renaturieren, oder nicht oft begangen

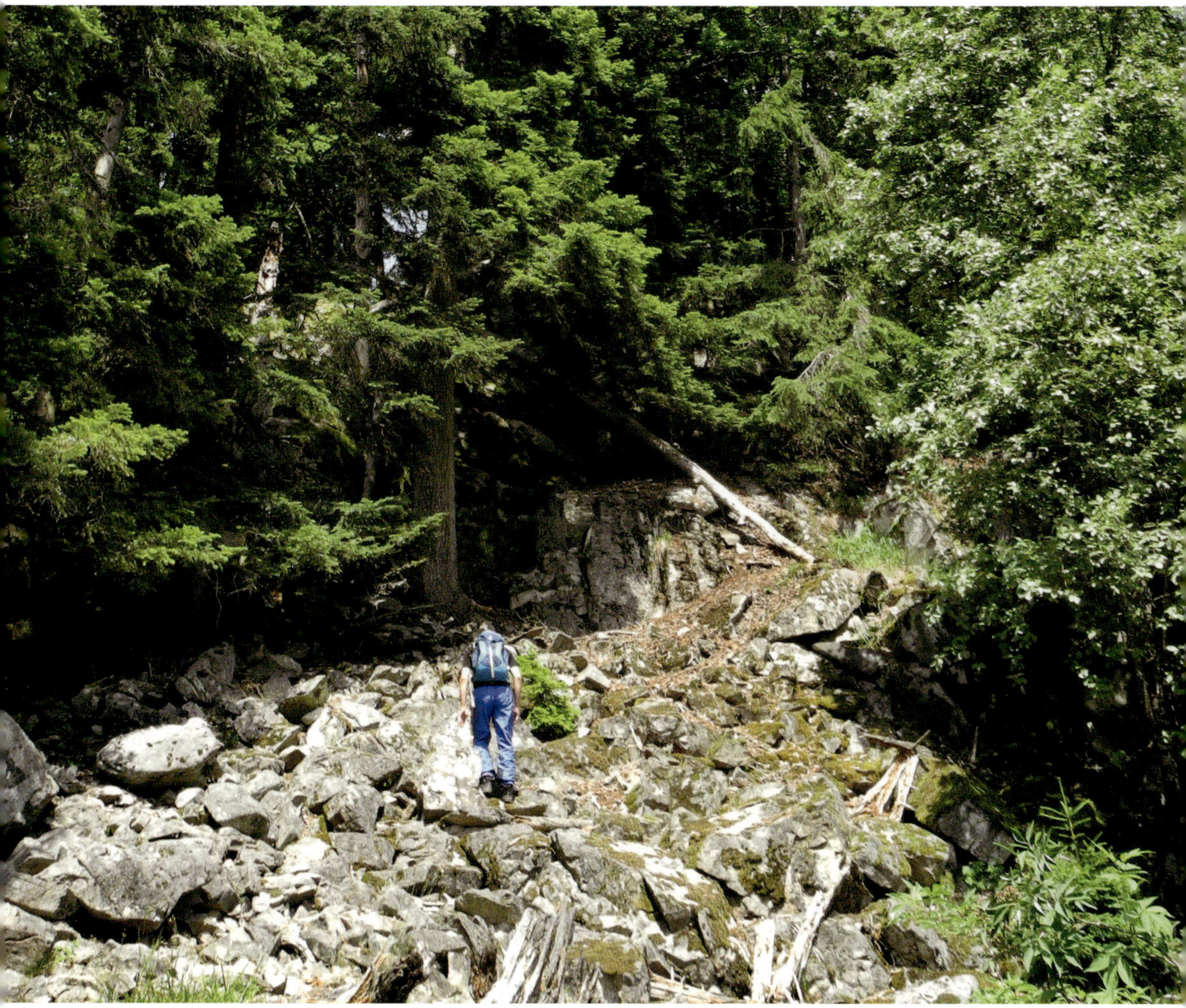

Das suchen wir: Felsen und Geröll unterhalb des Rappenfelsen.

werden, da sie schwer zu gehen und zu finden sind und etwas abseits der Hauptwanderwege liegen. Gänzlich Unbekanntes haben wir aber auch für uns selbst entdeckt, obwohl wir schon einige Kilometer im Schwarzwald und auf der Alb zurückgelegt haben. Gute Beispiele sind die Xanderklinge im Nordschwarzwald, die fantastisch anstrengende Ibichkopf-Schultiskopf-Höllkopf-Überschreitung bei Simonswald oder die Abenteuerwanderung von der Gustav-Jakob-Höhle (die zur Gänze durchkrochen werden kann) zu den Schrecken bei Grabenstetten. Wir haben lange überlegt, ob wir auch touristisch stark frequentierte und weithin bekannte Ziele in das Buch aufnehmen sollten. Aufgrund ihrer landschaftlichen Schönheit und des abschnittsweise

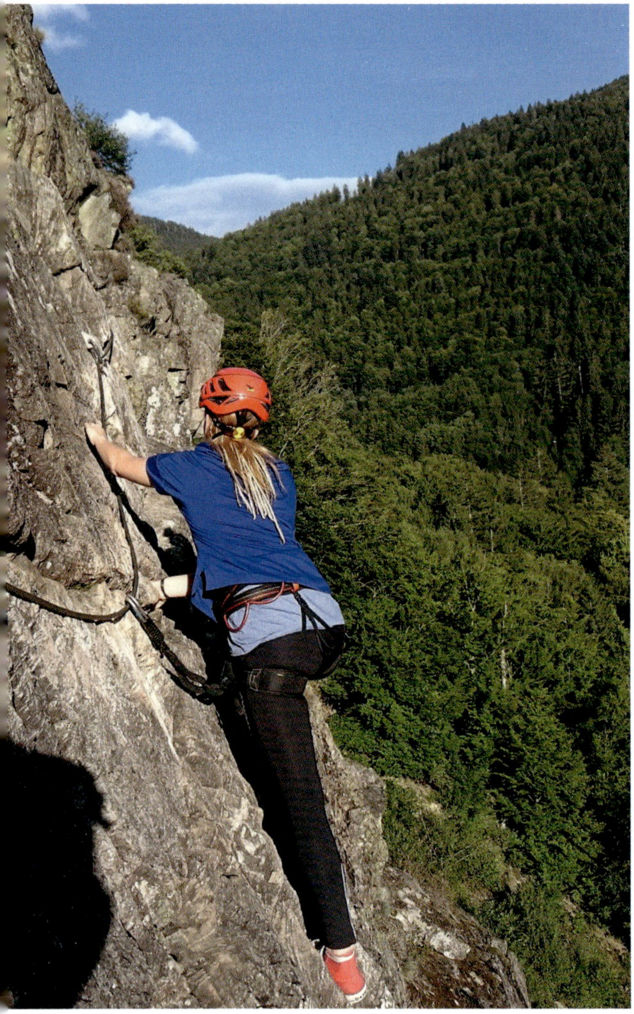

Der landschaftlich schönste Klettersteig liegt in Todtnau.

alpinen Charakters der Pfade haben wir uns letztlich dafür entschieden, zum Beispiel die steilen Wege um und in der Wutachschlucht oder den Uracher Wasserfall vorzustellen.

Zum Profil der Strecken

Bei den im Buch präsentierten Routen handelt es sich um Pfade beziehungsweise Streckenabschnitte mit alpinem Charakter, die mal länger oder kürzer ausfallen, sowie um alpine Spots & Momente, die durch ähnlich schöne und spannende, aber konventionellere Wanderwege miteinander verbunden sind. Die Streckenführung mag bei der einen oder anderen Route etwas kompliziert anmuten, es steckt aber System dahinter, denn wir haben uns bemüht, langweilige Zubringer und Verbindungswege so gut wie möglich zu vermeiden (was allerdings nicht immer möglich ist). Im Übrigen wurde versucht, die Richtung der Wanderung so anzulegen, dass die alpinen Wegpassagen aufwärts gegangen werden. Das ist sicherer und angenehmer für Knie und Zehen.

Die Klettersteige

Drei kleine Klettersteige gehören zum alpinen Profil des Ländle dazu. Zwei davon befinden sich tatsächlich im nördlichsten Teil von Baden-Württemberg, nämlich an der Bergstraße beziehungsweise im Odenwald. Alle drei Steige sind zwar kurz, dafür befindet sich mit dem Karolasteig in Weinheim a.d. Bergstraße der schwierigste Klettersteig Deutschlands unter ihnen. Während der Todtnauer Klettersteig in den natürlichen Schwarzwälder Fels oberhalb der Stadt gebaut wurde, befinden sich die Odenwälder Klettersteige in zwei ehemaligen sehr großen Steinbrüchen. Im Schriesheimer Steinbruch, der sich über drei lang-

gezogene Ebenen erstreckt, kann man die kleinen Zugangssteige zu den Kletterfelsen wunderbar mit einer Erkundung dieser drei Ebenen und einer Wanderung durch den umgebenden Odenwald verbinden.
Nicht unerwähnt sollen zwei weitere Klettersteige bleiben. Da wäre zum einen der am südlichen Ende des Schluchsees versteckt liegende, kurze Klettersteig »Katharinenfluh«, der laut Internet von einem Outdoor-Anbieter dort eingerichtet wurde. Zum anderen führt in Bühlertal (Landkreis Rastatt) eine kurze Tour durch eine der steilsten Weinberglagen Europas: der »Engelssteig«. Für abenteuerlustige Wanderer wird auf dem rund eineinhalb Kilometer langen Weg eine spannende Klettersteig-Variante über 50 Meter angeboten.

Die SAC-Wanderskala zur Einordnung des zu begehenden Geländes

Die SAC-Wanderskala wurde 2002 durch den Schweizer Alpenclub vorgestellt, um ältere Einteilungen, die man als zu ungenau und grob ansah, zu ersetzen. Sie ist in sechs unterschiedlich schwierige T-Grade eingeteilt, wobei das »T« für Trekking steht. Anhand dieser Skala haben wir im Tourensteckbrief versucht (mit der Betonung auf »versucht«), unsere Wanderung beziehungsweise einzelne Wegabschnitte in puncto Schwierigkeit, Anforderungen und Wegcharakteristika einzuteilen und einzuschätzen. Unsere Wanderungen bewegen sich meistens in den Bereichen T2 und T3, sehr selten im T4-Bereich.
Etliche der vorgestellten Touren enthalten zudem punktuell schwierige Stellen, die beispielsweise ausgesetzt sind, ein wenig Kletterei erfordern und die man bewältigen muss, wenn man nicht umkehren möchte. Diese Punkte, nennen wir sie mal etwas übertrieben Schlüsselstellen beziehungsweise -abschnitte, sind nie lang, sondern im Gegenteil meist nur wenige Meter kurz oder hoch. Dabei ist die Definition, was eine Schlüsselstelle ausmacht, natürlich subjektiv. Unsere Schlüsselstellen sind für erfahrene Alpinisten ein Spaziergang, für unerfahrene, weniger fitte Bergwanderer können sie aber richtige Hürden sein. Ein zwei Meter langes Stück ausgesetzter oder abgerutschter Pfad kann für manche zum unüberwindbaren Hindernis werden. Risikoempfinden und Stressbewältigung sind eben individuelle Faktoren.

Schwierigkeit	Gelände- und Wegcharakteristika	Anforderungen	Beispiel
T1 Wandern	Gut ausgebaute und gesicherte Wege und Aussichtspunkte. Keine Absturzgefahr. Moderate Anstiege und Abstiege.	Gute Orientierung auch ohne Karte möglich. Sogar mit Turnschuhen begehbar.	Wanderautobahnen wie beispielsweise der Weg vom Stübenwasen zum Feldberg, aber auch Zugangsstrecken wie Forst- und Waldwege und asphaltierte Abschnitte.
T2 Bergwandern	Durchgehend erkennbarer Pfad und Weg, auch im steilen Gelände. Geringe Absturzgefahr.	Spezielles Wanderschuhwerk empfohlen, trotz Ausschilderung ist Orientierungssinn und Kartenlesen wichtig.	Der Pfad auf den Jusi.
T3 anspruchsvolles Bergwandern	Wegführung abschnittsweise nicht immer sichtbar. Seile und Ketten können schwierige Stellen sichern. Punktuell Absturzgefahr. Hände können zum Gleichgewichthalten teilweise eingesetzt werden.	Gutes Wandermaterial, vor allem Schuhwerk, ist Voraussetzung. Ebenfalls Orientierungssinn, Schwindelfreiheit, Kondition und Trittsicherheit.	Der Muliweg bei Albstadt.
T4 Alpinwandern	Steiles, exponiertes Gelände. Wegspur nicht zwingend vorhanden. Leichtere Klettereien, teilweise mit Seilen gesichert, Geröllfelder und Lawinenhalden müssen passiert werden. Hände müssen zum Vorwärtskommen benutzt werden.	Alpine Vorerfahrung nötig. Gute Ausrüstung unabdingbar. Bei Wetterumschwung, Schwäche, etc. kaum Ausstiegsmöglichkeiten. Orientierungssinn, Schwindelfreiheit, Kondition und Trittsicherheit absolute Voraussetzung.	Der Weg durch die Xanderklinge.
Wanderungen im Gelände des T5- und T6-Grades, also anspruchsvolles und schwieriges Alpinwandern, findet man in Baden-Württemberg nicht beziehungsweise ist den Klettersteigen vorbehalten.			

Verhalten bei Kletterfelsen

Das Natur- und Erlebnisrevier wird von immer mehr Menschen frequentiert: Wanderer, Mountainbiker, Kletterer, Spaziergänger … sie alle teilen sich den zunehmend begrenzten Raum und müssen miteinander klarkommen. Viele offizielle Wanderwege führen über die Felsköpfe der Kletterreviere, an ihnen vorbei und manchmal – beispielsweise beim Oberrieder Felsenweg – sogar entlang des Felssockels, wo gesichert wird. Wir sind aber auch auf dem einen oder anderen Zugangsweg zu Kletterfelsen unterwegs, der bis jetzt nur bei Wanderinsidern bekannt war. **Um es klipp und klar zu sagen: Das ist das Revier der Kletterer** und als Wanderer ist man im besten Fall geduldet und das auch nur, wenn man sich an bestimmte Grundsätze hält. Wir hatten oft das Glück, dass wir dort alleine unterwegs waren (vor allem unter der Woche und bei kühlerem Wetter) und uns so ungestört die Felsen von oben und unten anschauen konnten. Wenn man aber Kletterern begegnet, dann ist es selbstverständlich, dass man sich **nicht** an ihnen beim Sichern vorbeiquetscht. Stattdessen drehten wir um und setzten unseren Weg anderweitig fort. Das stellt kein Problem dar, handelt es sich bei den Zugangswegen doch meistens um parallel zum Wanderweg verlaufende Umgehungspfade oder kurze Stichwege. Zudem hängen hin und wieder am Beginn der Zugangsstellen Verlautbarungen der Naturschutzbehörden, ob im Klettergebiet wegen Brutschutz oder Gesteinssicherungsmaßnahmen überhaupt geklettert werden darf. Was hier für den Kletterer gilt, gilt selbstverständlich auch für den Wanderer. Auf den Felsköpfen selbst wird auch nicht wild herumgeturnt, da man sonst einen Steinschlag auslösen könnte. Rücksichtsvolles und vorsichtiges Verhalten hat hier also oberste Priorität. Gesperrte Wege und Bereiche sind mit einem schwarzen eingekreisten X gekennzeichnet, offene Wege und Bereiche mit einem liegenden schwarzen Dreieck.

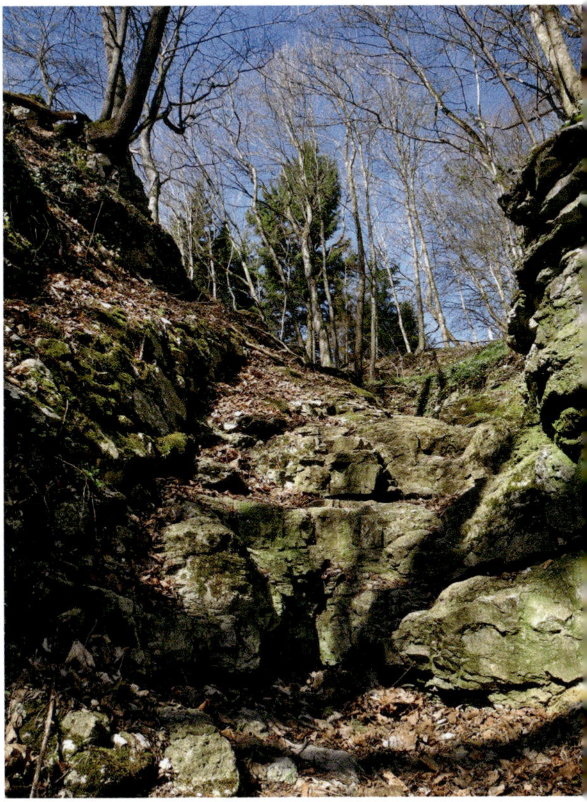

An diesem Felstobel heißt es umkehren.

Naturschutzgebiete und andere Schutzzonen ... oder was passiert, wenn man dumm nachfragt

»Natur birgt Wunder, Natur tut uns gut. Gleichzeitig zerstören wir Unberührtheit, sobald wir sie gefunden haben. Ich bin Philipp Sauer zutiefst dankbar für alles, was er uns nahebringt, aber auch für alles, was er uns verschweigt«. Achim Laber, Feldberg-Ranger

Dieser schöne Satz hat seinen Preis. Eigentlich wollten wir nur vom Experten einen Rat bezüglich eines Routenausstiegs erfragen. Daraus entbrannte allerdings eine heiße Diskussion zwischen Autor, Verlag und Naturschutzzentrum, an deren Ende die »drohende« Bitte von Seiten des Naturschutzes stand, eine der schönsten Exponenten der hier vorgestellten Pfadgattungen nicht mit ins Buch aufzunehmen. Ansonsten würde dieser im Naturschutzgebiet liegende Pfad aufgrund der verstärkten Nutzung durch die Leserschaft des Buches von der Behörde gesperrt werden.

Wir haben dies zähneknirschend akzeptiert – und die tolle Route nicht vorgestellt. Im Gegenzug haben wir damit wohl einen kleinen Beitrag zum Naturschutz geleistet und unser ökologisches Gewissen beruhigt. In diesem Zwiespalt steckten wir öfters, denn immer wieder mussten wir uns fragen: Darf man unsere Touren gehen? Wir haben uns nach bestem Wissen und Gewissen darum bemüht, nur Pfade und Wege in dieses Buch aufzunehmen, die zu begehen erlaubt sind. Als weiteres Beispiel seien hier die Wege um den Rutschenfelsen in Bad Urach genannt. Man könnte hier wunderbar in der sogenannten »Hölle« durch ein Geröllfeld zum Fuß des Felses steigen und von da durch das Saugässle mit ein wenig Kletterei auf den Rutschenfelsen selbst hinaufgelangen – alpines Flair pur. Aber das ist verboten und wir halten uns daran. Auch im Oberen Donautal, das mit seinen Felsformationen beeindruckt und mit dem Schaufelsen – einem großen Felskomplex mit Felswänden und Schutthalden – den größten außeralpinen Felsen Deutschlands hat, sind aufgrund strenger Naturschutzbestimmungen keine Wanderungen außerhalb des bestehenden normalen Wegenetzes erlaubt.

Trotzdem war es schlichtweg nicht immer möglich, eine klare Aussage bezüglich diverser Wegabschnitte zu bekommen. Wir haben unterschiedliche Karten und widersprüchliche Schilder

Rechte Seite: Alpine Momente gibt es auch auf der Alb.

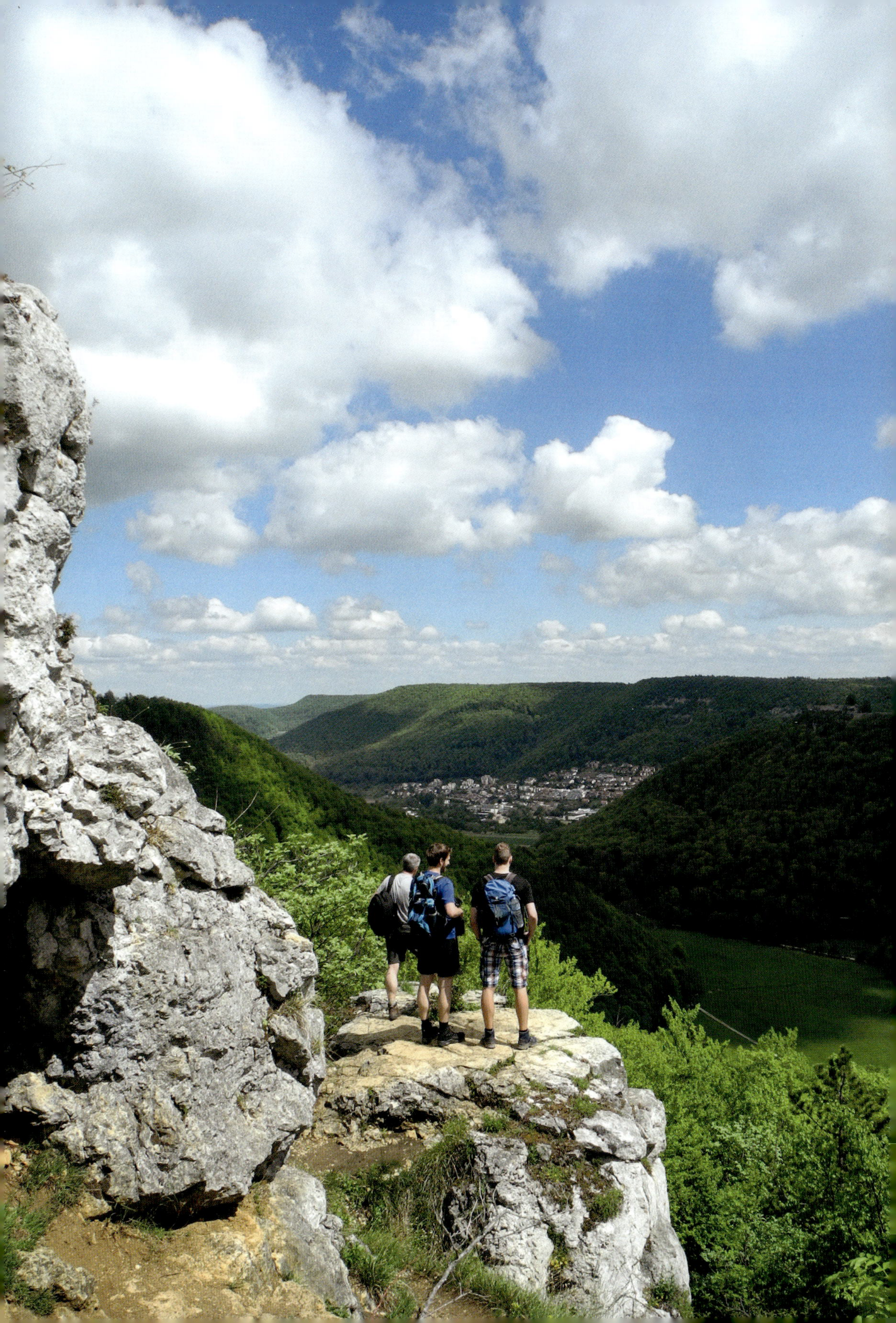

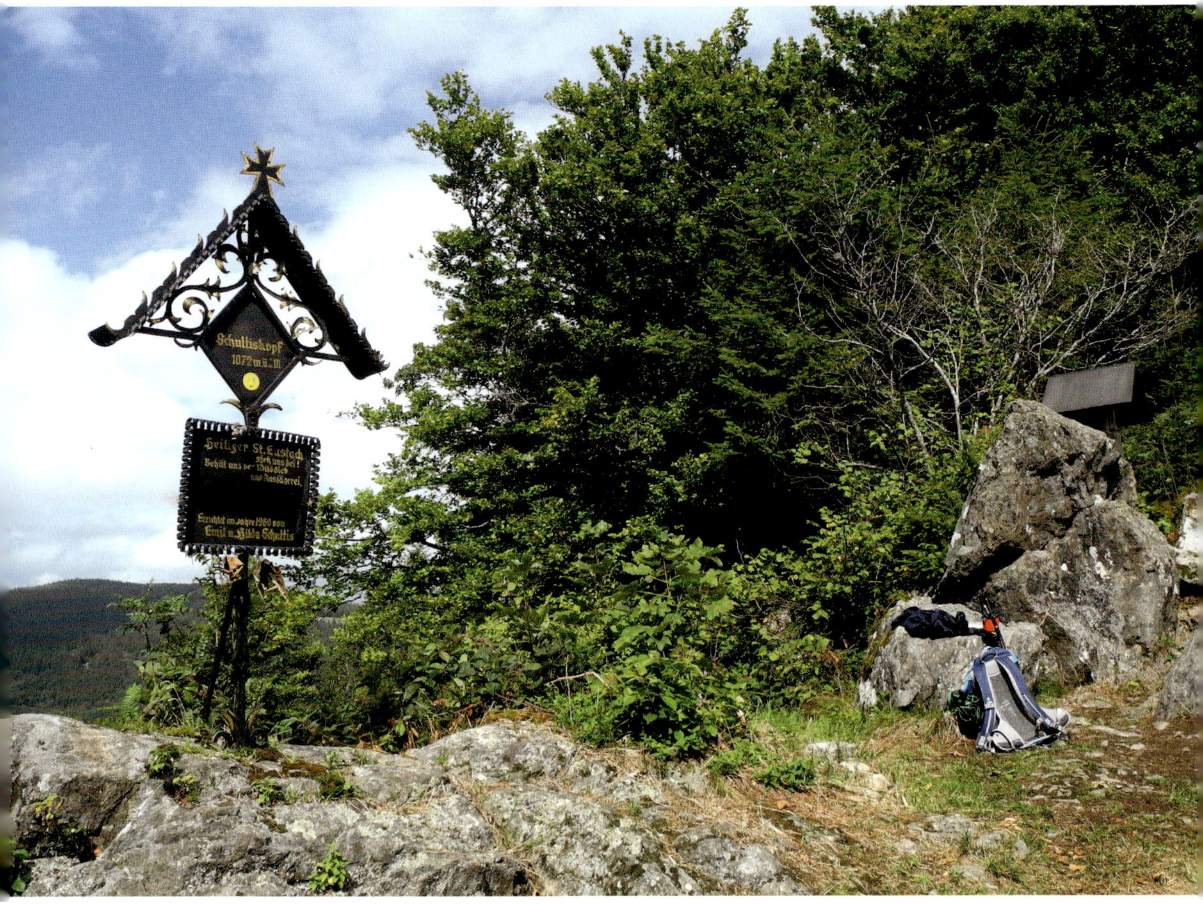

Jause und Pause auf dem Schultiskopf

studiert, mit dem örtlichen Wanderführer und Revierförster telefoniert und das Naturschutzreferat des Landratsamts kontaktiert … und dabei oft ganz unterschiedliche Antworten auf die entscheidende Frage bekommen, ob man denn nun hier wandern darf oder nicht.

Ausrüstung

Wer auf anspruchsvollen Pfaden wandert, dessen Ausrüstung muss in Schuss sein. Wem mitten im Nirgendwo der Tragegurt des Rucksacks reißt oder sich die Sohle des Schuhs löst, der ist ziemlich aufgeschmissen und nicht zu unterschätzenden Gefahren ausgesetzt. Die nächste Hütte mag zwar vielleicht nur 1000 Meter Luftlinie entfernt sein, aber die können sich im alpinen Gelände mit kaputter Ausrüstung ziemlich ziehen.

Schuhe Banales Ausrutschen, Umkippen oder Stolpern ist die zweithäufigste Todesursache am Berg. Von herausragender Bedeutung ist deshalb die Sohle unserer Schuhe, welche sowohl auf Gras und Erde als auch auf Geröll und Fels einen guten Halt geben muss. Unsere Routen haben Teilpassagen, die nur mit profilierten Schuhen sicher begangen werden können.
Dabei ist die Chance für Wanderer, das richtige, individuell angepasste Modell für ihren Sport zu finden, heute so groß wie nie zuvor. Die Vielfalt der Auswahl wächst stetig. So bieten fast sämtliche namhafte Hersteller für jedes Terrain spezifische Schuhe an. Die Schuhe sollten unbedingt eingelaufen sein und müssen zum individuellen Fuß passen. Da unsere Pfade sehr uneben sind und man leicht umknickt, sollten knöchelhohe Schuhe zusätzlichen Halt und Sicherheit vor Verletzung geben. Wer schon nach wenigen Kilometern Druckstellen und Blasen hat, muss sich auf ein wenig erfreuliches Wandererlebnis einstellen. Wasserdicht beziehungsweise -abweisend sollten die Schuhe auch sein, denn durch Regen aufgeweichte Schuhe scheuern ebenfalls. Sie sollten vorne nicht zu eng sein (gerne eine halbe bis ganze Nummer größer), um weitestgehend zu verhindern, dass die Zehen anstoßen oder dass sich das Nagelbett beim Abwärtsgehen verletzt. Blasen kann man mit gutem Schuhwerk und passenden, eng anliegenden Outdoor-Socken ohne Faltenbildung von Anfang an weitestgehend vermeiden oder zumindest hervorragend durch die in jeder Apotheke erhältlichen Blasenpflaster behandeln. Um Blasen vorzubeugen, sollte man seine Schuhe gut verschnüren, denn es schont die Nagelbetten der Zehen (Anstoßen wird vermieden) und verhindert das Herumrutschen des Fußes im Schuh und somit Reibeflächen. Wenn man seine Füße vor dem Wandern eincremt, vermindert man ebenfalls Reibung und beugt Blasen vor. Geschnittene Fußnägel sind selbstverständlich. Offene Sandalen/Schlappen für abends sollte man auch einpacken – nach einem Tag in eng verschnürten Schuhen werden es einem die Füße danken.

Stöcke Teleskop- beziehungsweise Trekkingstöcke (inklusive Federung) können sinnvoll sein, vor allem auf den Zugehwegen. Als störend haben wir die Stöcke hingegen in den alpinen Passagen empfunden, da sie uns auf den schmalen, steilen Pfaden und den kleinen Klettereien oft eher im Weg waren. Letztlich muss man sie nicht dauernd verwenden, sondern nutzt sie am besten

Rechte Seite: Manchmal braucht man kurze Seile als Steighilfe.

einfach nach Bedarf. Aus- und wieder eingepackt und zusammengeschoben sind die Stöcke schnell. Wichtig dabei ist, dass sie über keine großen Teller verfügen und eng am oder im Rucksack verstaut werden können, damit man mit ihnen nicht am Fels oder an der Vegetation hängen bleibt.

Rucksack Unser Rucksack sollte schmal und eng packbar sein und lieber über wenige Außenfeatures verfügen, da Befestigungsschlaufen und Außentaschen beziehungsweise die Dinge, die an ihnen angebracht sind, den Rucksack verbreitern und so in unserem Wanderterrain (ausgesetzte Pfade und Vegetation) an Ästen, Büschen und Felsen hängen bleiben könnten. Kletterrucksäcke entsprechen am ehesten dieser Anforderung, es gibt aber auch viele Hybridmodelle, die gut sind. Schließlich wollen wir uns nicht für jede Spezialwanderung einen neuen Rucksack zulegen.

Ein kleiner Rucksack mit maximal 20 Litern reicht vollkommen für unsere alpine Wanderung aus. Trotz des relativ geringen Gewichts, das wir auf einer Tour tragen müssen (mehr als 10 Kilogramm sollten es nie sein), plädieren wir für einen Rucksack mit Hüftgurt, der am Becken und an den Schultern gut sitzt und gepolstert ist, damit die Lasten gleichmäßig verteilt sind. Ein Belüftungssystem für den Rücken ist ebenfalls empfehlenswert.

Der Innenraum sollte abgedichtet sein, damit bei Regen der Inhalt nicht durchnässt wird. Ein Regenschutzüberzug ist ebenfalls ratsam, wobei etliche Rucksackmodelle einen solchen bereits eingebaut haben. Zur Sicherheit kann man insbesondere Kleidung zusätzlich in Plastiktüten verpacken.

Kleidung Ebenso wie der Rucksack sollte unsere Kleidung eng anliegen. Ansonsten gilt, dass in Baden-Württemberg, den Jahreszeiten entsprechend, relativ stabile Temperaturen herrschen. Man kleidet sich also der Jahreszeit gemäß. Normale Baumwolle ist schwer, lässt einen erst schwitzen, dann frieren und erfordert natürlich auch mehr Wechselwäsche (Gewicht), da sie langsam trocknet. Am besten trägt man also moderne Funktionsbekleidung in mehreren Schichten (Zwiebelprinzip in drei Lagen: 1. Merino oder Kunstfaser, 2. leichte Jacke oder Hoody, 3. feste Jacke mit Regenschutz). Die dritte Lage sollte funktional sein, zum Beispiel muss man auch mit Handschuhen den Reißverschluss aufbekommen oder die Jacke ausziehen können. Selbst wenn

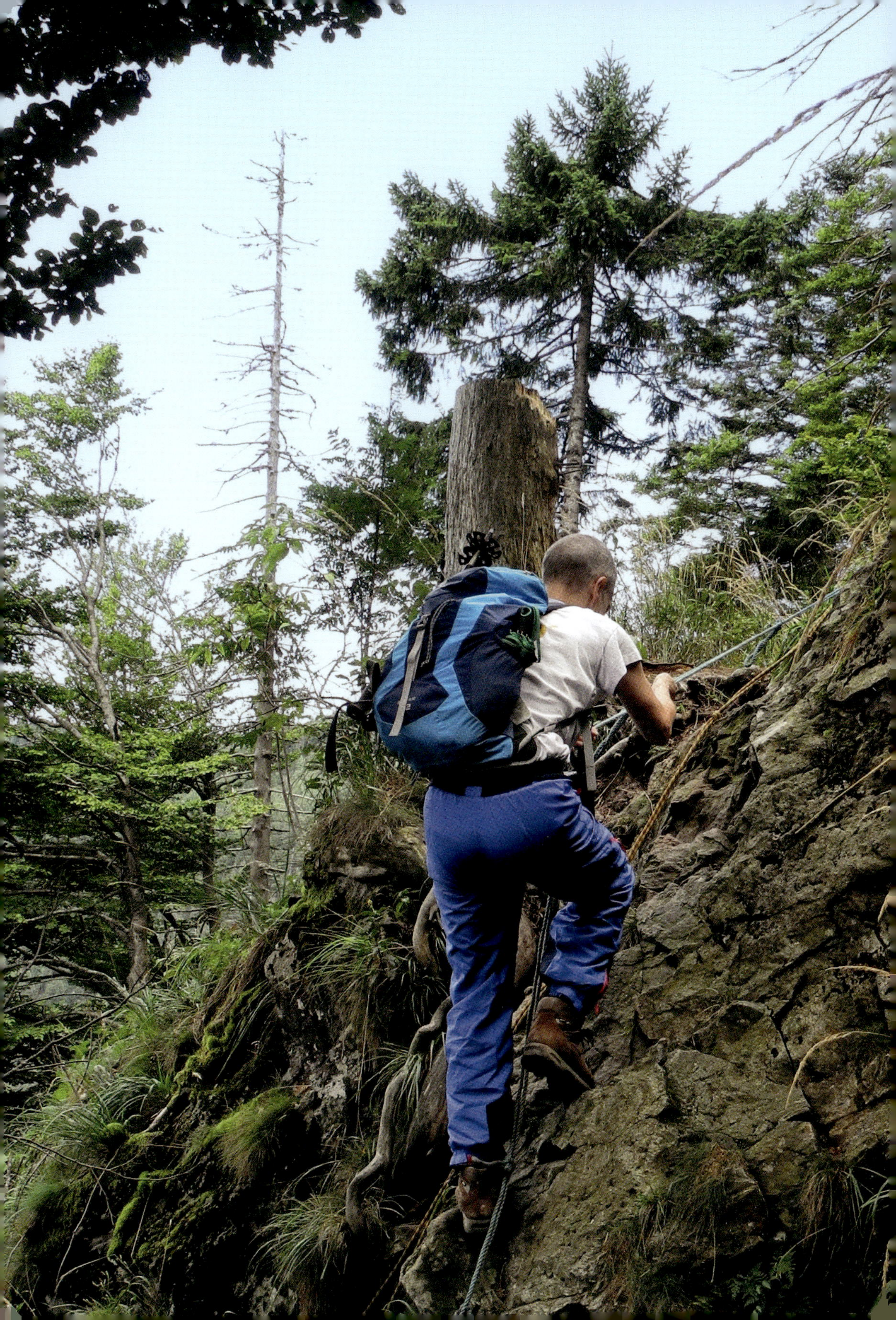

man weder Kälte noch Regen erwartet, gehören die zweite und dritte Lage in den Rucksack. Muss man nämlich nach einem Unfall längere Zeit auf die Rettung warten, kühlt der Körper schnell aus, auch im Sommer.
Ein Knirps (Regenschirm), den wir auf harmlosen Streckenwanderungen immer einer Regengarnitur vorgezogen haben, ist auf unseren alpinen Touren fehl am Platz, da wir zumindest in den felsigen und rutschigen Teilstrecken beide Hände freihaben sollten.
Lange Hosen und lange Socken sollten mittlerweile durchgehend benutzt werden, da wir uns oft durch hüfthohe Vegetation (teilweise dornig) kämpfen müssen. Zecken beziehungsweise die Gefahren, die von diesen ausgehen, nehmen leider von Jahr zu Jahr zu. Neben der FSME-Impfung helfen also nur dichte und bedeckende Kleidung sowie abends ein genauer und prüfender Blick auf den eigenen Körper.

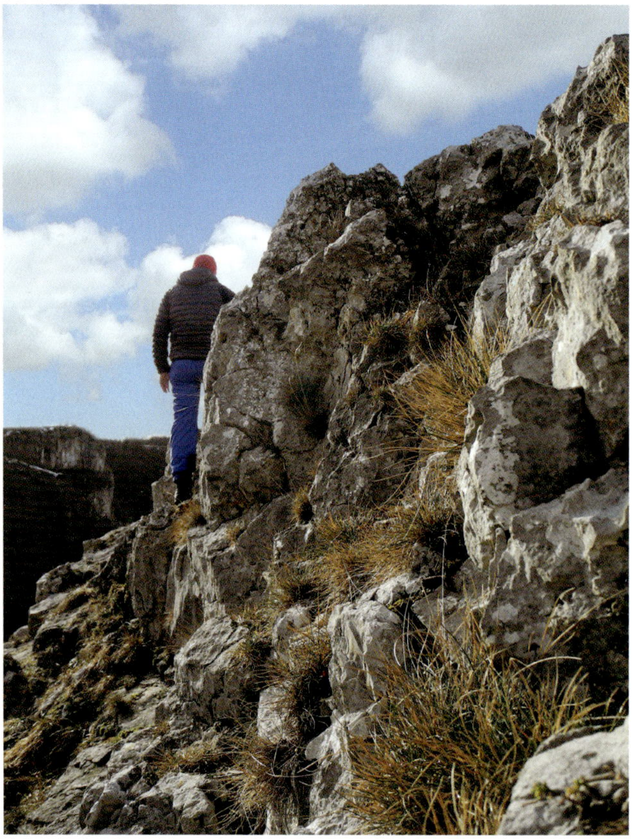

Am Naturdenkmal Carolafelsen

Verpflegung Grundsätzlich ist das Frühstück bei kontinuierlicher körperlicher Anstrengung die wichtigste Mahlzeit. Es sollte viele Kohlenhydrate enthalten, aber wenig Fett und Eiweiß. Ein Beispiel für ein geeignetes Frühstück könnte eine Portion Müsli mit fettarmem Joghurt und dazu eine Obstsorte, zum Beispiel Banane, sowie ein Vollkornbrot, belegt mit fettarmem Käse und Gurke, sein. Damit ein Völlegefühl vermieden wird und die Kohlenhydrate auch bereits in Energie umgewandelt sind, sollte das Frühstück etwa eine bis zwei Stunden vor Beginn der Wanderung eingenommen werden. Während der Wanderung ist es ratsam, regelmäßig und in kleinen Portionen schnell verfügbare Kohlenhydrate und Energielieferanten zu sich zu nehmen. Dafür eigenen sich ganz hervorragend Powerriegel, Traubenzucker und Bananen.

Ganz wichtig: Trinken Sie regelmäßig, aber nur kleine Mengen auf einmal, ansonsten merken Sie, wie Ihr Bauch beim Wandern unangenehm schwer wird. Auf unseren im Hinblick auf die Streckenlänge überschaubaren, dafür aber anstrengenden Wanderstrecken sollte es mindestens ein Liter Flüssigkeit sein. Kohlensäurefreies Leitungswasser mit Magnesiumtabletten (gegen Krämpfe) aus dem Discounter ist nach vielen Versuchen bei uns immer noch die erste Wahl. Eine kleine Flasche Cola (mit Koffein) oder eine kleine Dose der koffeinhaltigen Hipsterbrause sei als Notnagel für all jene empfohlen, die fünf Kilometer vor dem Ziel nicht mehr können und eine schnelle und effiziente Energiezufuhr benötigen.

Karten/GPS Erstmal vorneweg: Für die meisten Touren dieses Buches gibt es aktuelles Karten- und GPS-Material vom Landesamt für Geoinformation und Landentwicklung (LGL), für das Gebiet des Hochschwarzwalds außerdem wasser-/reißfeste Karten in großem Maßstab (1:25 000 oder 1:35 000) von Hochschwarzwaldtourismus (www.hochscharzwald.de; im Buch haben wir lediglich die Karte St. Märgen/St. Peter angegeben, da wir nur diese verwendet haben).
Allerdings sind die heutigen Karten im Hinblick auf Genauigkeit und Wegdichte oftmals nicht mehr so detailliert wie ältere Karten. Das hat einerseits damit zu tun, dass aktuelle Karten nur noch mithilfe von Luftbildern und Satelliten erstellt werden, wohingegen die Topografen vor einigen Jahren zusätzlich noch im Gelände unterwegs waren. Heute wird dies aus Kostengründen und Personalmangel nicht mehr praktiziert. Zum anderen mag es auch daran liegen, dass das Gros der Wanderer aus touristischen und versicherungstechnischen Gründen (Wege wollen gepflegt und gesichert sein) und wegen des Naturschutzes stärker gelenkt und nicht auf abseitige Wege aufmerksam gemacht werden sollen. Deshalb ist bei einigen Routen das Thema »Karte« ein spezielles: Manche Pfade waren nur noch in älteren Kartenjahrgängen verzeichnet, und selbst im Vergleich mit den verschiedenen digitalen GPS-/GPX-Track-Karten waren die alten Karten manchmal genauer und detaillierter. Hin und wieder war auch die Karte, die direkt am Wanderparkplatz aufgestellt ist, am genauesten und eröffnete ganz neue Wegoptionen. Das hat uns in ein Beratungs- und Kartenzeichnungsdilemma gestürzt: Welches Material geben wir als Ausgangs- und Orientierungshilfe

an? An einzelne Wanderkarten aus älteren Jahrgängen kommt man ja höchstens noch mit viel Glück über die Gebrauchtwarenplattformen im Internet heran. Wir haben uns deshalb zu einer Gewichtung entschlossen:

1. Am wichtigsten ist die schriftliche ausführliche Tourenbeschreibung.
2. Dann folgt die gezeichnete Karte im Buch, die auf Grund unseres (auch alten und deshalb detaillierten) Kartenmaterials erstellt wurde.
3. Die empfohlenen Karten neueren Datums im Tourensteckbrief, auf denen manche Pfade aber nicht mehr eingezeichnet sind.

Manche unserer vorgestellten Pfade sind so verschollen bzw. alt oder befinden sich in einem so fortgeschrittenen Stadium der Renaturierung und Veränderung, dass sie weder auf Karten noch auf Online-Orientierungsseiten wie Garmin verzeichnet sind. Sie werden nicht gepflegt und sind nicht mehr oder waren nie Teil des offiziellen Wegenetzes der Mittelgebirgsvereine. Es reicht aber auch schon eine große Holzabfuhrmaschine, die die Topografie und somit die Wegführung verändert. In den von uns zur Verfügung gestellten GPX-Tracks können deshalb gerade diese Wegabschnitte vor Ort teilweise leicht vom Track abweichen. Die schriftliche Wegbeschreibung gilt deshalb als wichtigste Orientierungshilfe. Zudem sollte man bei einigen Touren eine gehörige Portion Orientierungssinn mitbringen.

Last, not least Zu unserer ständigen Grundausrüstung gehören im Übrigen eine Erste-Hilfe-Ausrüstung, unbedingt Sonnenschutz (Sonnencreme und Kopfbedeckung), ein Taschenmesser, eine Taschenlampe, eine Plastiktüte für den anfallenden und auf dem Weg gefunden Müll (wenn wir schon mal da sind) und eine Rolle Toilettenpapier (ohne Papprolle). Als einer der wichtigsten Ausrüstungsgegenstände hat sich das Smartphone erwiesen. Ob als GPS-Gerät, Fahrplanauskunft, Taschenlampe oder Notruftelefon: Das alles kann ein Handy leisten, vorausgesetzt, der Akku ist nicht leer. Empfehlenswert ist daher ein Zusatzakku (Powerbank), mit dem man das Smartphone unterwegs aufladen kann. Manche der hier vorgestellten Wege verfügen in ihrem Verlauf über sogenannte Rettungspunkte/Standortpunkte, die bei einem Notfall telefonisch mitgeteilt werden können.

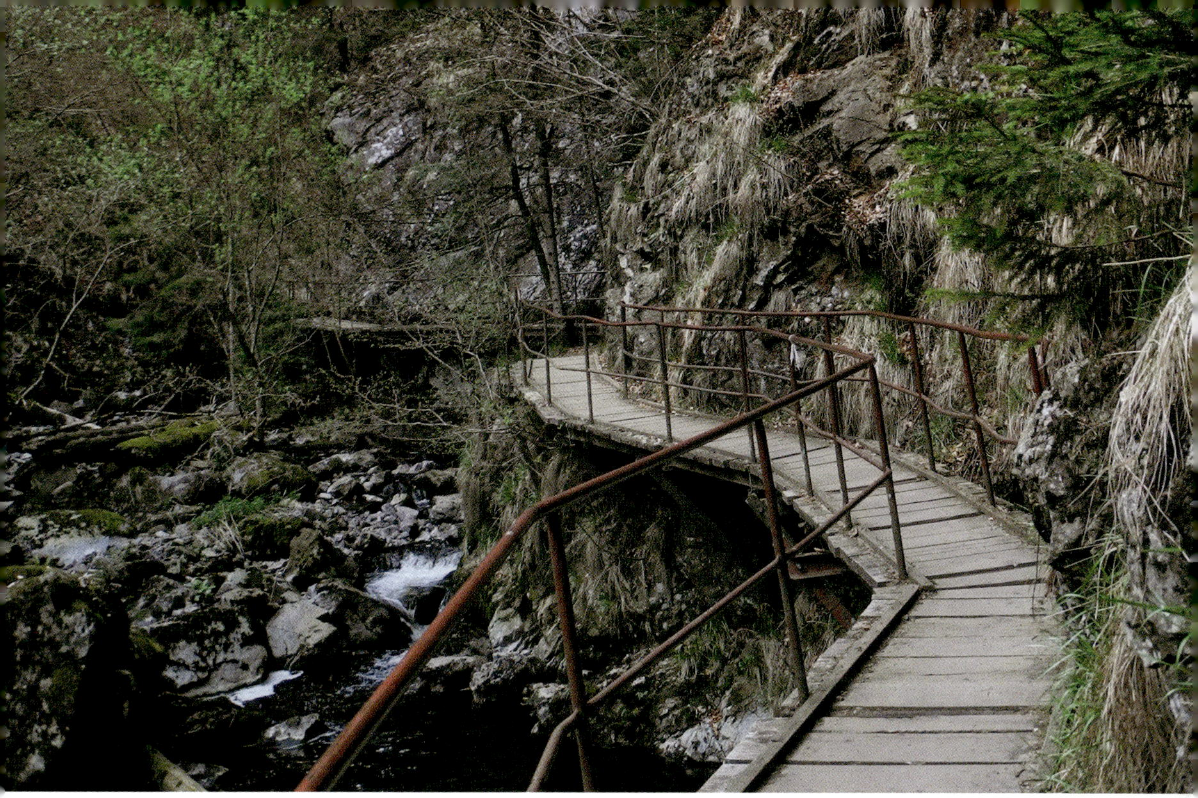

Ravennaschlucht

Beste Jahreszeit

Dem alpinen Charakter der Schwäbischen Alb kann man am besten an trockenen, sonnigen und schneefreien Tagen im Winter und Frühjahr nachspüren. Im Sommer ist zwar die Chance auf Trockenheit am größten, doch verbergen sich dann die meisten Felsformationen und anderen alpinen Eindrücke hinter dem dichten Bewuchs der Vegetation.
Da im Schwarzwald häufig Nadelhölzer vorherrschen, welche auch im Winter ihr Vegetationskleid behalten, spielt diese Komponente keine Rolle. Im Schwarzwald liegt im Winter häufig Schnee, was die Orientierung und das Wandern im abschüssigen, schwierigen Gelände sehr erschwert. Hier sollte man auf jeden Fall auf schneefreie und trockene Tage/Jahreszeiten warten.

Übernachtung

Unsere Touren haben eher moderate Längen, sodass man auch von weiters her an einem Tag an- und wieder abreisen kann. Für Menschen, die aber in einer Gegend bleiben wollen, vielleicht um noch die anderen alpinen Wege dort kennenzulernen (bietet sich etwa am Feldberg oder in Bad Urach an), haben wir optional

Übernachtungsmöglichkeiten angegeben. Manchmal ist eine Übernachtung aber auch tatsächlich notwendig, zum Beispiel wenn man mit dem ÖPNV anreist und die letzte Verbindung zurück in Richtung Heimat verpasst. Zudem mag es für manche auch einfach entspannter sein, sich zu Tagesbeginn (man kann ja schon am Vorabend anreisen) beziehungsweise nach der Wanderung den An- oder Rückreisestress zu ersparen und sich als Belohnung nach einem harten, sportlichen Tag wohlig in ein schönes, weißes Daunenbett sinken zu lassen. Die im Buch angegebenen Übernachtungsadressen sind meistens nur eine Auswahl und sollen keine besondere Empfehlung darstellen.

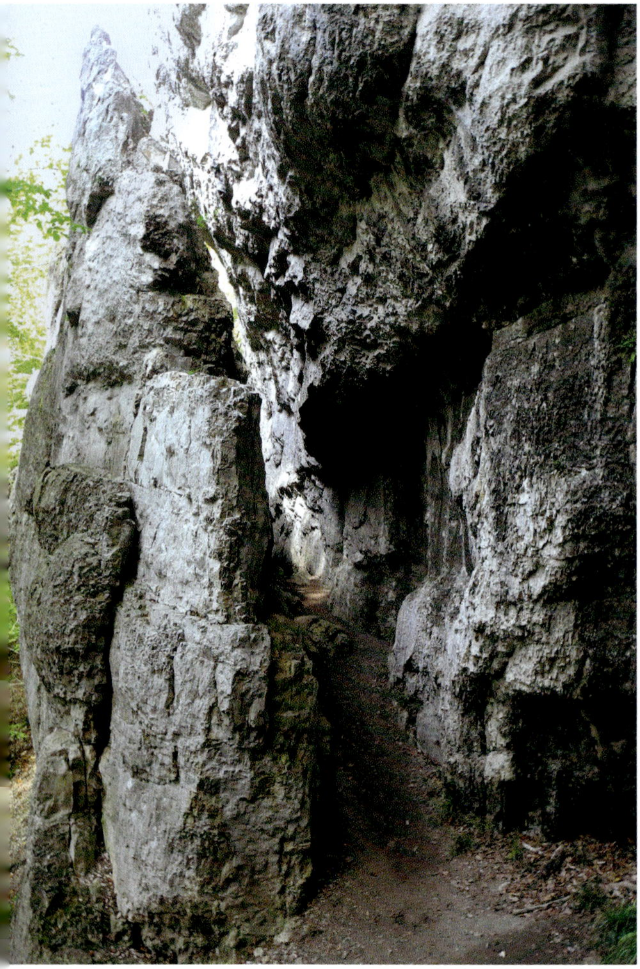

Der Pfad am Geschlitzten Fels

An- und Abfahrt

Die im Tourensteckbrief vorgeschlagenen Bus- und Zugverbindungen sind nur als Vorschläge zu verstehen. Sie wurden einige Monate vor Erscheinen dieses Buches recherchiert, daher gilt es bei der Tourvorbereitung unbedingt zu prüfen, ob diese Verbindungen noch aktuell sind. In Baden-Württemberg kann man das ganz gut unter www.bwegt.de oder telefonisch unter 01805/779966 (nicht kostenfrei!). Die jeweils beste Auskunft bekommt man aber über die Touristeninformationen vor Ort, da diese auch über saisonal oder temporär begrenzte und nur lokal angebotene Verbindungen im Bilde sind.

Die Frage der Haftung

Eigentlich sollten Wanderer froh sein, dass es Menschen gibt, die in ihrer Freizeit ehrenamtlich Wege und Sicherungsmaßnahmen warten und pflegen, trotzdem muss in Zeiten von Klagewut, mangelnder Eigenverantwortung und Vollkaskomentalität leider gesagt werden: Eine Haftung bei Unfällen können weder die Mittelgebirgsvereine und Erbauer der Sicherungsmaßnahmen/ Zugangswege/Zustiegshilfen noch der Verlag oder der Autor übernehmen. Durch die vor Ort aufgestellten Hinweisschilder und die Beschreibungen im Buch weiß man, dass unsere Routen nicht ungefährlich sind. Das Begehen der Wege erfolgt ausdrücklich auf eigene Gefahr und Verantwortung.

Wichtige Telefonnummer

Bei Notfällen ist ausschließlich der Notruf 112 zu wählen. Die Bergwachten beziehungsweise die Rettungskräfte der jeweiligen Regionen, also auch die Feuerwehren, werden damit alarmiert. In der Regel ist es so, dass die Rettungsleitstelle diejenigen Rettungskräfte anfordert, die am schnellsten verfügbar sind.
Die Bergwacht empfiehlt folgendes Verhalten bei Un- und Notfällen :

1. Erste Hilfe leisten
2. Notruf absetzen: 112
3. Möglichst genaue Ortsangabe (Rettungspunkte, GPS-Koordinaten, Startpunkt, Routenverlauf, Umgebungsbeschreibung)
4. Anzahl der Verletzten
5. Rückrufnummer Handy
6. Wenn möglich Notfallpunkte an Wegkreuzungen aufsuchen. An den dortigen Wegweisern sind auch die Standortnamen angebracht.

Die Bergwacht in Baden-Württemberg ist gemäß der zwei Landesteile in zwei Wachten aufgeteilt: Die Bergwacht Württemberg und die Bergwacht Schwarzwald. Diese wiederum sind in große Ortsgruppen unterteilt (die auf den jeweiligen Websites vorgestellt werden), welchen teilweise noch kleinere Ortsgruppen (Bereitschaften) angeschlossen sind.

- Bergwacht Schwarzwald e.V., Landesgeschäftsstelle, Scheffelstr. 49, 79199 Kirchzarten, Tel. (0761) 49 33 66, www.bergwacht-schwarzwald.de
- Bergwacht Württemberg, Landesgeschäftsstelle, Badstraße 41, 70372 Stuttgart, Tel. (0711) 550 51 24, www.bergwacht-wuerttemberg.de

Die Klettersteige in Weinheim und Schriesheim an der Bergstraße im Odenwald werden von den Rettungskräften vor Ort versorgt.

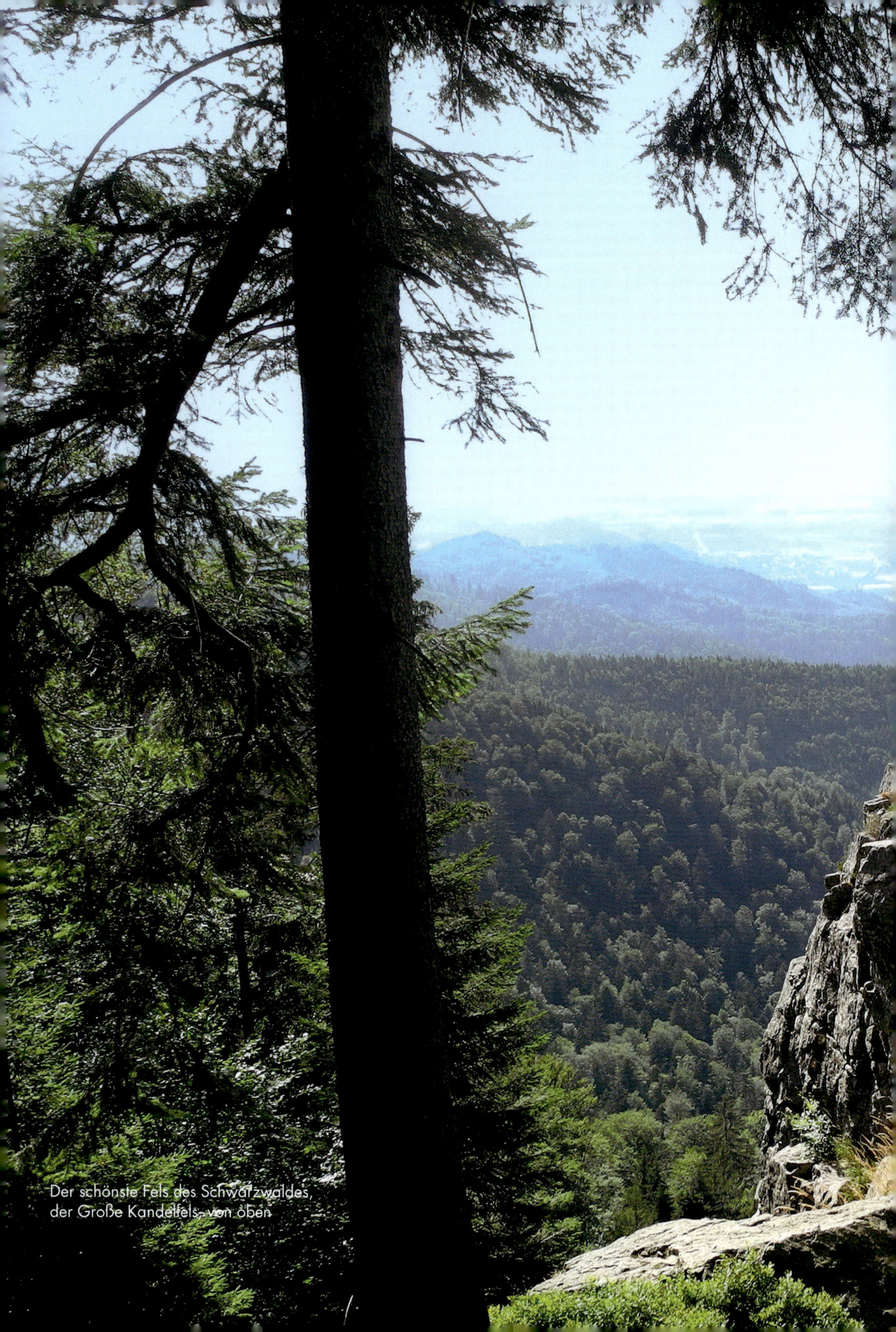

Der schönste Fels des Schwarzwaldes, der Große Kandelfels, von oben

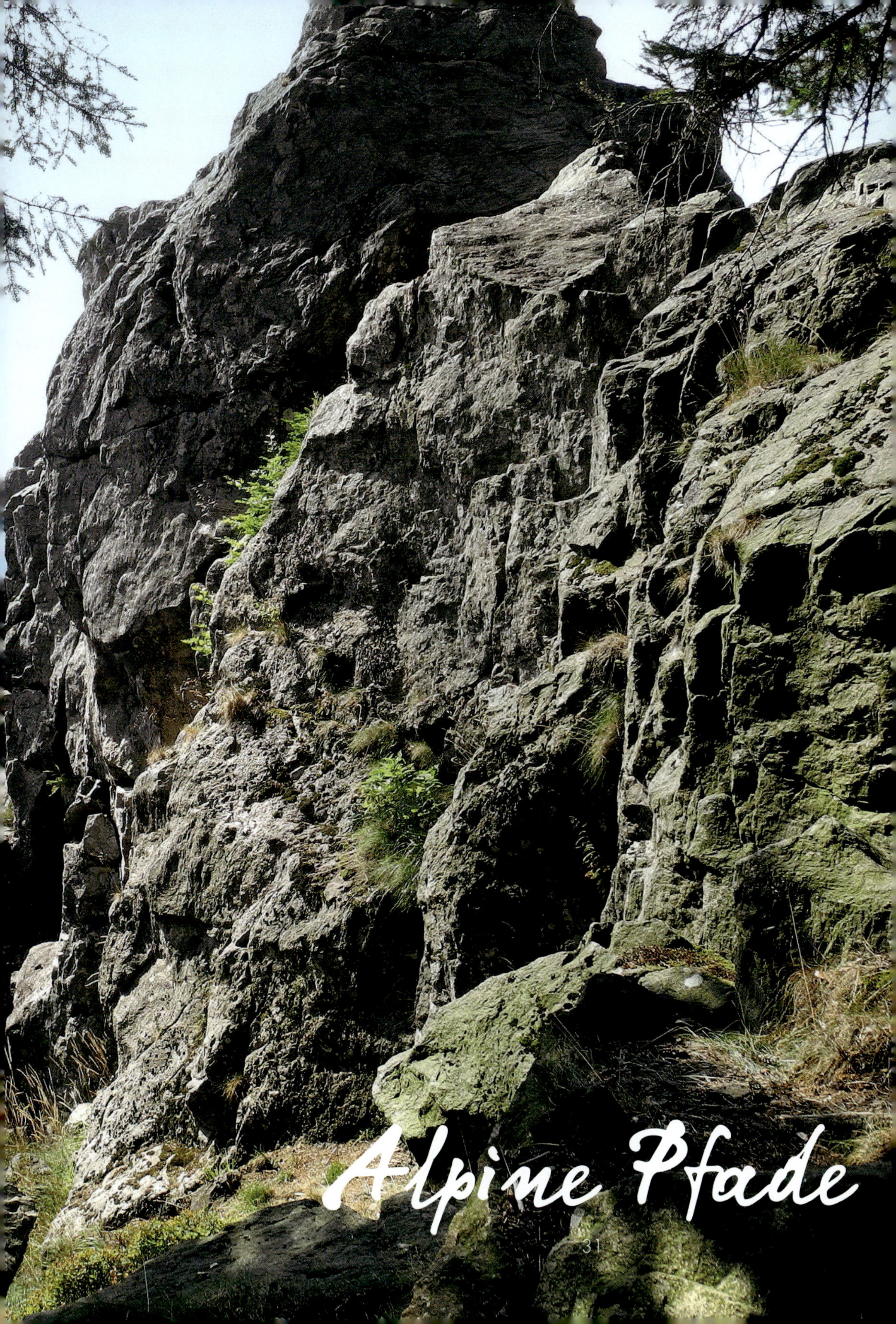

Alpine Pfade

1 Ein Grat, ein alter Steinbruch und ein Almpfad

Auf den Bergrücken des Jusi

leicht	9 km	505 Hm	3,5 Std.

Tourenverlauf
Kohlberg, Parkplatz Raupental – Jusi – NSG Hörnle – Talries – Sattelbogen – Klausenbergpfad oberhalb von Dettingen – Jusi – Kohlberg, Parkplatz Raupental

An-/Abfahrt
Mit dem Auto zum Parkplatz Raupental. Mit dem Bus 199 von/nach Metzingen Bahnhof bis Goethestraße/Kohlberg. Dann 300 Meter zum südlichen Ortsende, wo gleich darauf der Parkplatz zu finden ist.

Ausgangspunkt
Wanderparkplatz Raupental unterhalb des Jusi, direkt hinter Kohlberg.

Endpunkt
Parkplatz Raupental unterhalb des Jusi, direkt hinter Kohlberg.

Karten
Kirchheim unter Teck, 1:25 000, SAV, 2017 oder Reutlingen, Bad Urach, 1:35 000, SAV Blatt 19. In beiden Karten fehlt der Pfad entlang des Steinbruchzauns ins Talries. Ebenfalls fehlt der Pfad, der oberhalb von Dettingen durch die Weiden auf den Klausenberg zu verläuft.

Information
Gemeinde Kohlberg, Metzinger Straße 1, 72664 Kohlberg, Telefon (07025) 910180, www.kohlberg.de

Früher war der Jusi mit der Alb verbunden. Durch Erosion freigelegt, verbindet ihn heute ein Grat mit der Hochfläche. Durch das karge Erscheinungsbild wähnt man sich in den Alpen, wenn man den schmalen 2 Kilometer langen Pfad zum Gipfel hinaufkeucht. Dahinter wartet das NSG Hörnle, ein ehemaliger Steinbruch mit Steilabbruch. Ein toller, almähnlicher Pfad leitet uns zum Beginn zurück.

Unsere erste Tour beginnt am Wanderparkplatz Raupental (476 m) 1 unterhalb des Jusi. Infotafeln klären uns über das tolle Gebiet auf. Der Jusi (673 m) ist einer der größten Vulkanschlote des sogenannten »Schwäbischen Vulkans« (ein rund 350 vulkanische Aufbruchstellen umschließendes Gebiet um Bad Urach)

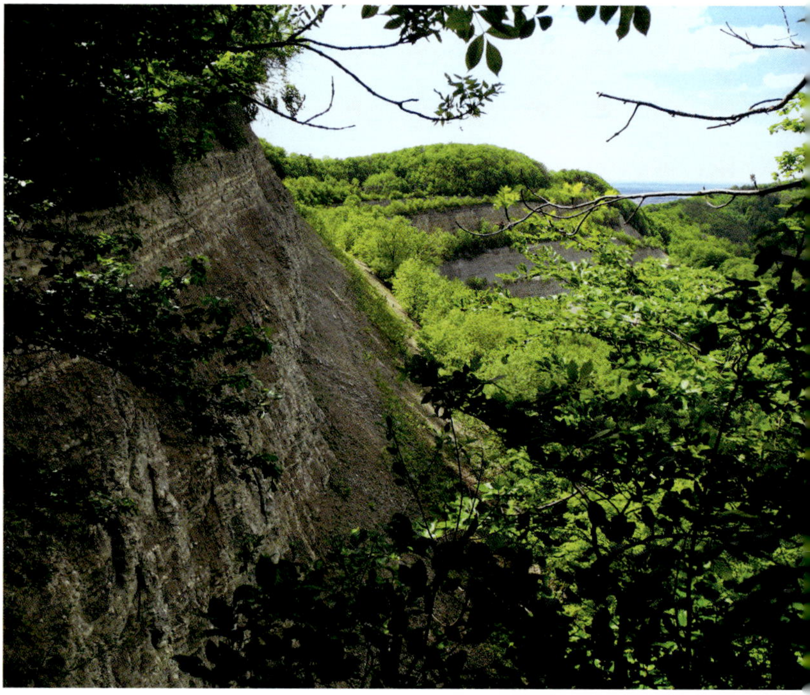

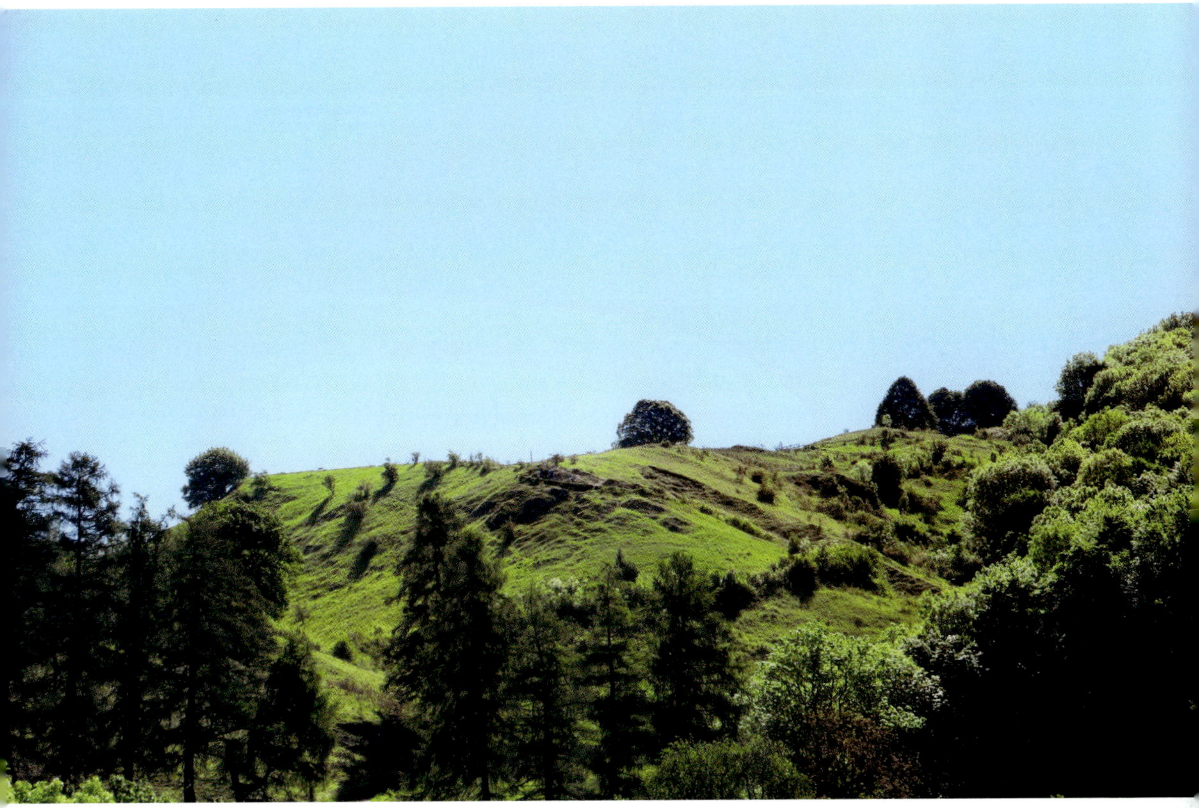

Der Bergrücken des Jusi von kurz vor dem Parkplatz Raupental aus gesehen

Linke Seite: Blick auf das NSG Hörnle, ein ehemaliger großer Steinbruch

und seit 1992 Naturschutzgebiet. Zu Anfang passieren wir linker Hand noch ein kleines Waldstück mit Nadelhölzern, dann beginnt der knapp 30 Minuten dauernde Aufstieg auf einem schmalen Pfad über ca. 200 Höhenmeter zum windzersausten Jusi ❷. Es macht richtig Spaß, bietet er doch schöne Ausblicke in drei Himmelsrichtungen und mutet ob seines kargen Landschaftbilds fast alpin an. Kohlberg scheint gleichsam unter einem zu schweben. Oben angekommen, bietet sich am Gustav-Ströhmfeld-Denkmal unter den Bäumen eine schattige Rast- und weitere Aussichtsmöglichkeit an. Unsere nächste Zwischenstation ist der knapp 1,5 Kilometer entfernte Sattelbogen ❸, eine Wegkreuzung, die wir bequem erreichen, haben wir doch die meisten Höhenmeter bereits hinter uns gebracht. Wir folgen hier weiterhin dem blauen Dreieck und passieren dann wenige Meter von der steilen Abbruchkante entfernt (ein Schutzzaun verhindert, dass man direkt an die Kante gelangt) den ehemaligen Steinbruch

Anforderungen

SAC-Wanderskala: Fast durchgehend: T2. Einzig der optionale Abstieg ins Talries am Zaun des NSG entlang: T3.

Rechte Seite: Der Aufstieg zum Jusi kann ganz schön schweißtreibend sein.

beim Hörnle (707 m) – heute ist er ein Naturschutzgebiet. An dessen Ende bringt uns ein Steilabstieg wegzeichenlos zum Steinbruch/Talries hinunter. Wir können zwischen zwei Alternativen wählen: Mutige Wanderer folgen direkt am Begrenzungszaun dem Trampelpfad hinunter ❹. Dieser ist sehr steil, nicht offiziell im Kartenmaterial verzeichnet und eine T3-Passage, da über eine Distanz von 300 Metern rund 100 Höhenmeter zu bewältigen sind und gegen Ende wieder unser »normaler« Wanderweg gefunden werden muss. Wenn es nass ist, sollte man darauf verzichten. Die bequeme Alternative dazu findet man 400 Meter weiter, wo ein Wegweiser nach Neuffen zeigt und uns nach links hinunter zum Steinbruch führt. Hier geht ein etwas verwilderter Forstweg nach links ab, wir passieren eine Schranke und wandern direkt am Begrenzungszaun des Steinbruches (NSG) weiter. Trotz des Zauns hat man einen tollen Blick auf die Steilheit des Geländes, dessen Betreten leider verboten ist. Wenig später führt die Tour nach rechts zu einem kleinem Tiergehöft und einer Weide hinunter. Dort treffen wir wieder auf das blaue Dreieck und wandern nach links, bevor es an der nächsten Waldwegkreuzung wieder über 100 Höhenmeter zum Sattelbogen hinaufgeht. Hier folgen wir dem blauen Dreieck Richtung Dettingen hinunter. Nach 200 Metern treffen wir auf den Wegweiser »Abzweig Paradiesweg« (573 m) und marschieren weiter bergab nach Dettingen. Wir passieren rechter Hand eine schöne Aussichtsbank, biegen circa 100 Meter hinter dieser scharf nach rechts ab und kommen an den ersten Häusern Dettingens, zwei architektonisch interessanten Bauten ❺, vorbei. Dann wartet unser »Paradiespfad« – hinter den Häusern beginnt nämlich ein wunderschöner Trampelpfad, der rund 1,5 Kilometer durch Weide-, Streuobst- und

Einkehr und Unterkunft

Einkehr: Weinstube Schultes, Neuffener Straße 1, 72664 Kohlberg, Telefon (07025) 9126510, www.weinstube-schultes.de; Sportgaststätte SSF Käppishäusern, 72639 Neuffen, Telefon (07123) 6838

Unterkunft: In Metzingen

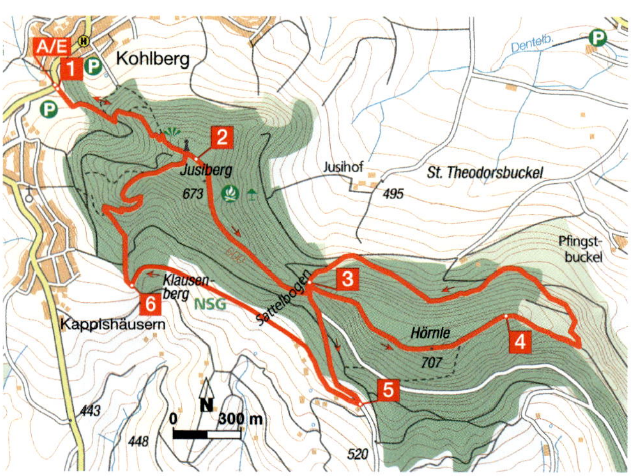

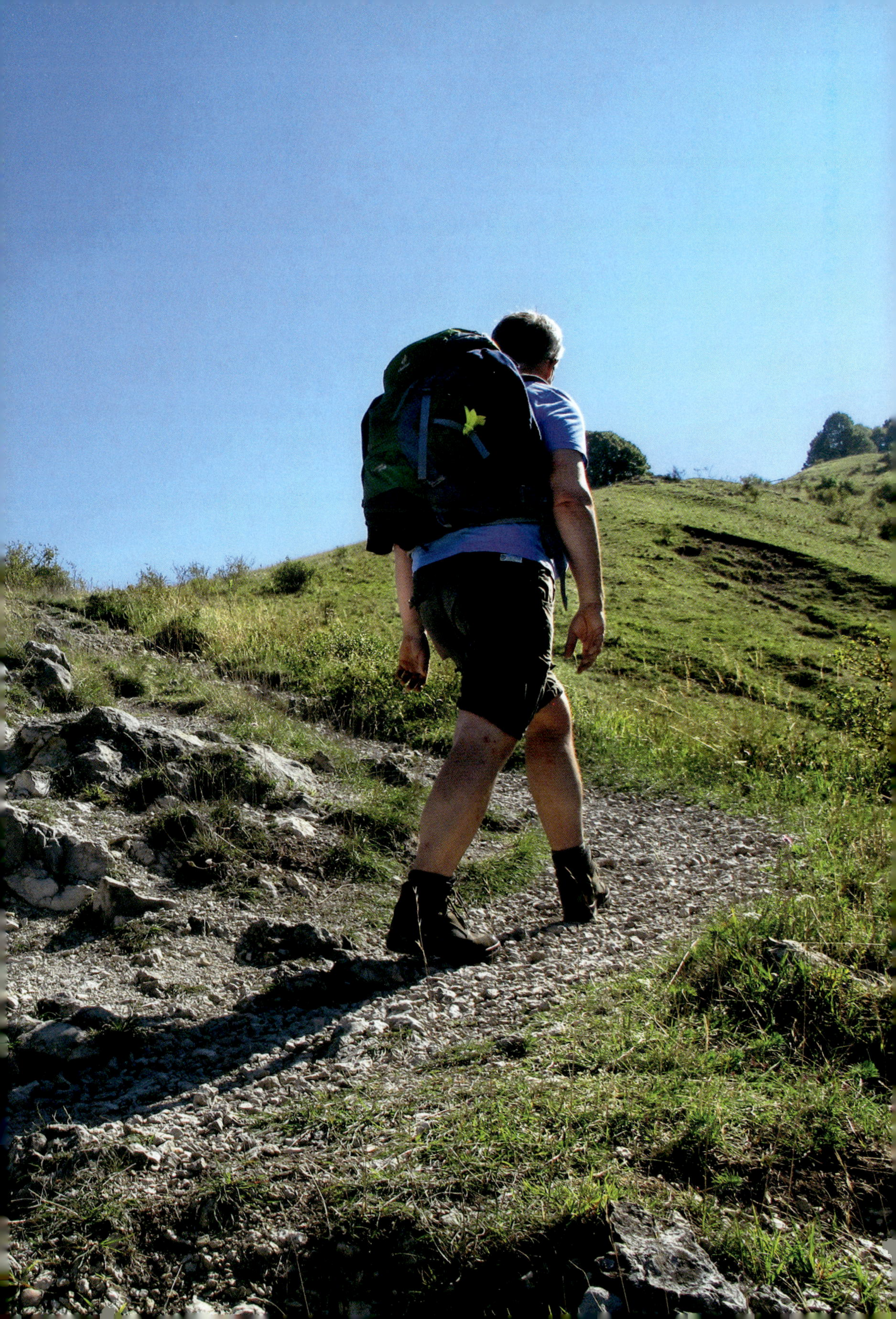

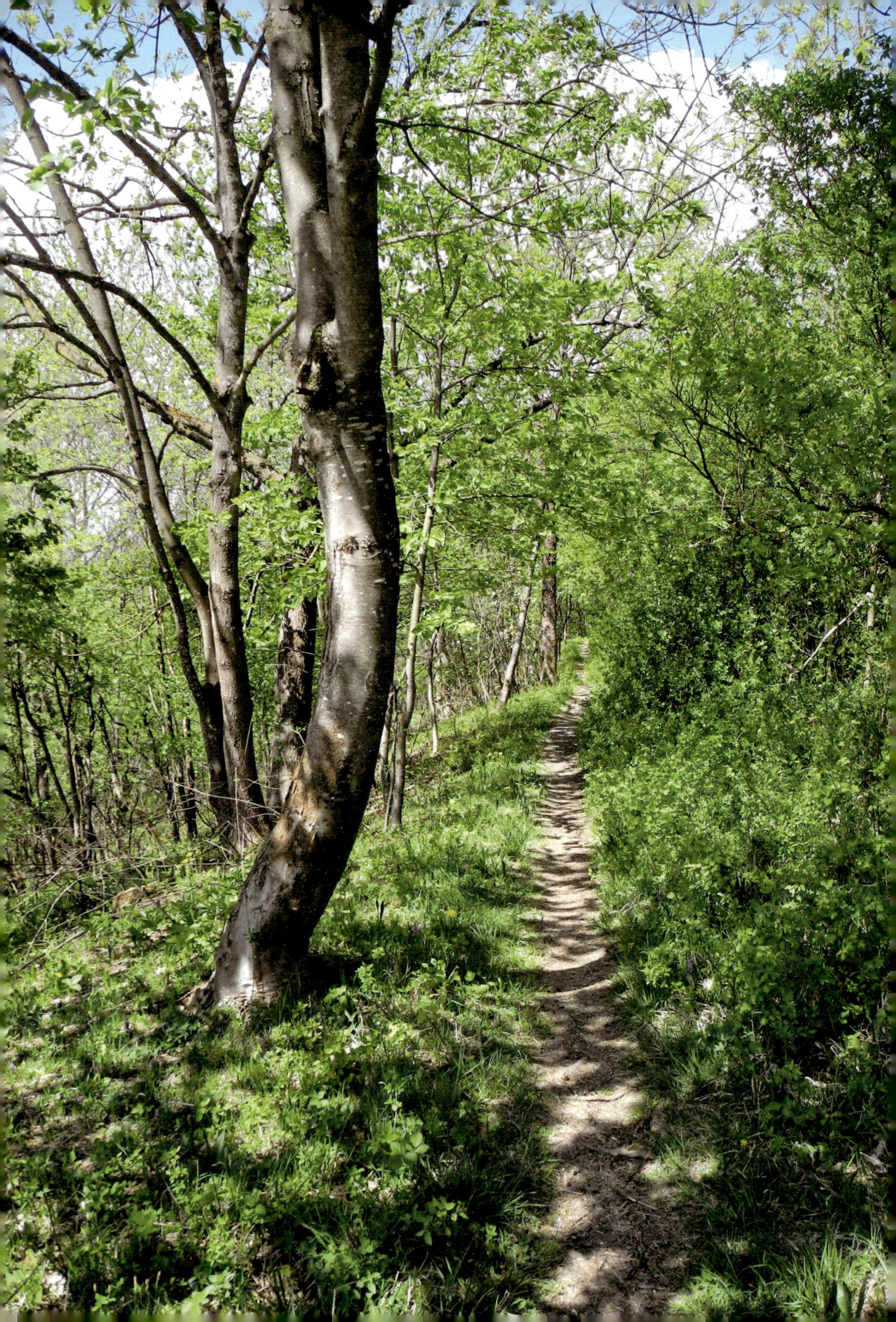

Heidelandschaft (Naturschutzgebiet ausgeschildert) auf den Klausenberg zuführt. Nach links haben wir eine tolle Aussicht auf den gegenüberliegenden Albtrauf/Glemser Felsenkranz und das Ermstal. Der Pfad beschreibt gegen Ende eine lange Linkskurve und trifft auf eine Wegkreuzung 6. Nach rechts oben zweigt ein schmaler Wiesenpfad ab, der zu einer Sitzgruppe führt. Dort taucht auch das Wegzeichen »gelochter gelber Kreis« auf, dem wir nun durch duftenden Kiefernwald bergan nach links folgen. An einem Tobel mit Steinmännchen kreuzt er den offiziellen Wanderweg (blaue Gabel). Auf diesem wandern wir nun nach rechts weiter in Serpentinen bergan und treffen wenig später, den Wald verlassend, wieder auf den Berggipfel des Jusi. Nach einer Rast marschieren wir diesen großartigen Berg auf dem uns bekannten Pfad zum Wanderparkplatz Raupental hinunter. Man merkt schnell, dass es hier viel sicherer ist, bergauf zu wandern als bergab, denn hinunter muss man schon aufpassen, wohin man seine Schritte setzt.

Linke Seite: Der »Almpfad« oberhalb von Dettingen

Blick vom Jusi gen Festung Neuffen

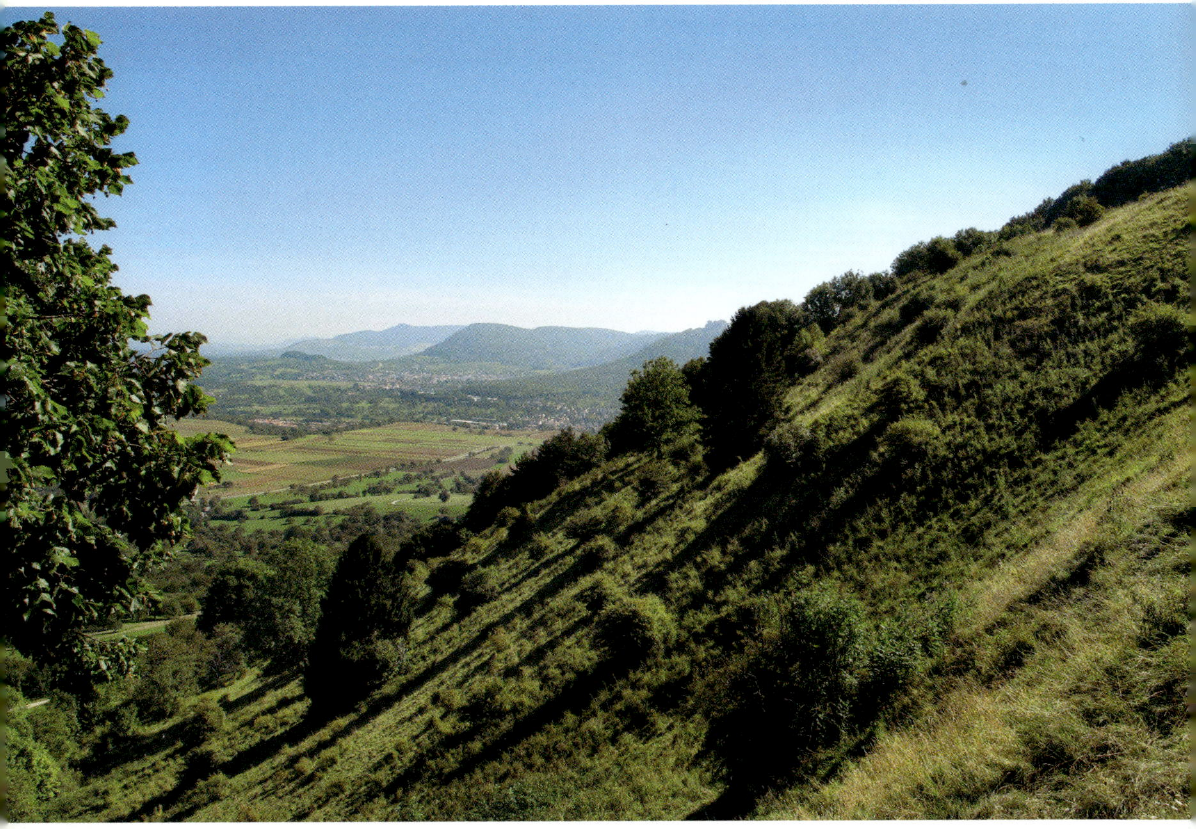

2 Alb alpin – über dem Fels, am Fels und unter dem Fels

Der Charly-Lorch-Weg und anderes Spannendes bei Schopfloch

schwer | 11 km | 490 Hm | 4 Std.

Tourenverlauf
Gutenberg, Haltestelle Post – Reiter-/Mädles-/Spitzfels – Schopfloch – linke Kesselwand – Pflug – Stellfelsen – Pfulb – Gutenberg, Haltestelle Post

Anfahrt
Mit dem Zug von Kirchheim/Teck nach Oberlenningen und von dort mit dem Bus 176 nach Gutenberg, oder mit dem Auto nach Gutenberg.

Ausgangspunkt
Bushaltestelle Post am Alten Pfarrhaus, Gutenberg.

Endpunkt
Bushaltetstelle Post am Alten Pfarrhaus, Gutenberg.

Karten
Kirchheim unter Teck, 1:25 000, SAV, 2017, oder Reutlingen, Bad Urach, 1:35 000, SAV Blatt 19, 2016. Der Charly-Lorch-Weg am Wanderparkplatz Kreisler ist in den Karten nicht verzeichnet, ebenso der Pfad links am Stellfelsen vorbei.

Information
Gemeinde Lenningen, Marktplatz 1, 73252 Lenningen, Telefon (07026) 6090, www.lenningen.de

Heute werfen wir auf steilen, schmalen Pfaden und Leitern einen Blick auf die Eingangsbereiche der Kletterfelsen der Schopflocher Alb. Besonders bei dieser Tour erleben wir einen Perspektivwechsel – weg vom beschaulichen Komfortwanderweg, hin zu abschüssigen, ausgesetzten Pfaden in den Bergflanken und Felskesseln der Alb.

Unsere Tour beginnt im Tal, und zwar in der kleinen zu Lenningen gehörenden Gemeinde Gutenberg an der Bushaltestelle Post ❶. Wir folgen der Ulmer Straße bergan aus dem Ort hinaus, dabei erreichen wir am Ortsende linker Hand eine Tankstelle und das hölzerne Begrüßungsschild des Fleckens. Hier halten wir uns rechts. Zwischen Hang und Gutenberg Steige/Gebüsch führt nun ein schmales Pfädchen ohne Wegzeichen an einer Bank vorbei gemächlich bergauf. Linker Hand passieren wir eine alte, verfallene kleine Hütte und gelangen zu einer Schaf- und Ziegenweide und einer schönen Bergwiese auf der linken Seite.

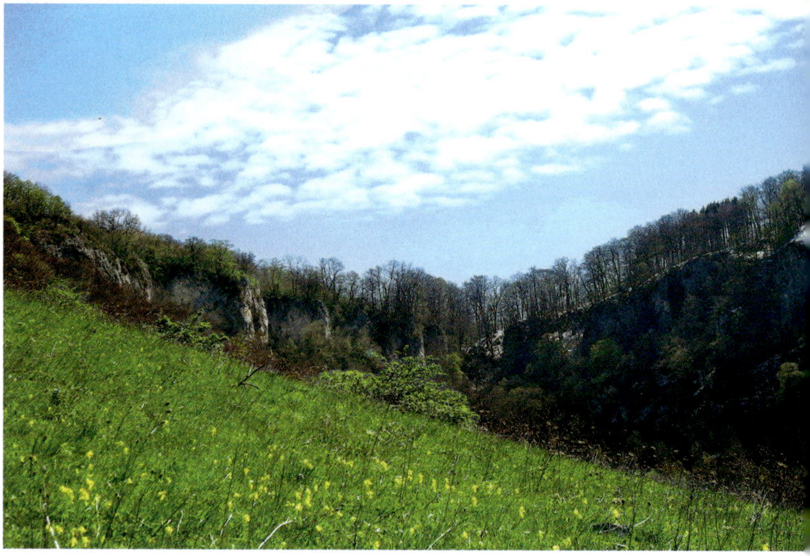

Aufstieg mit Blick auf beide Kesselwände

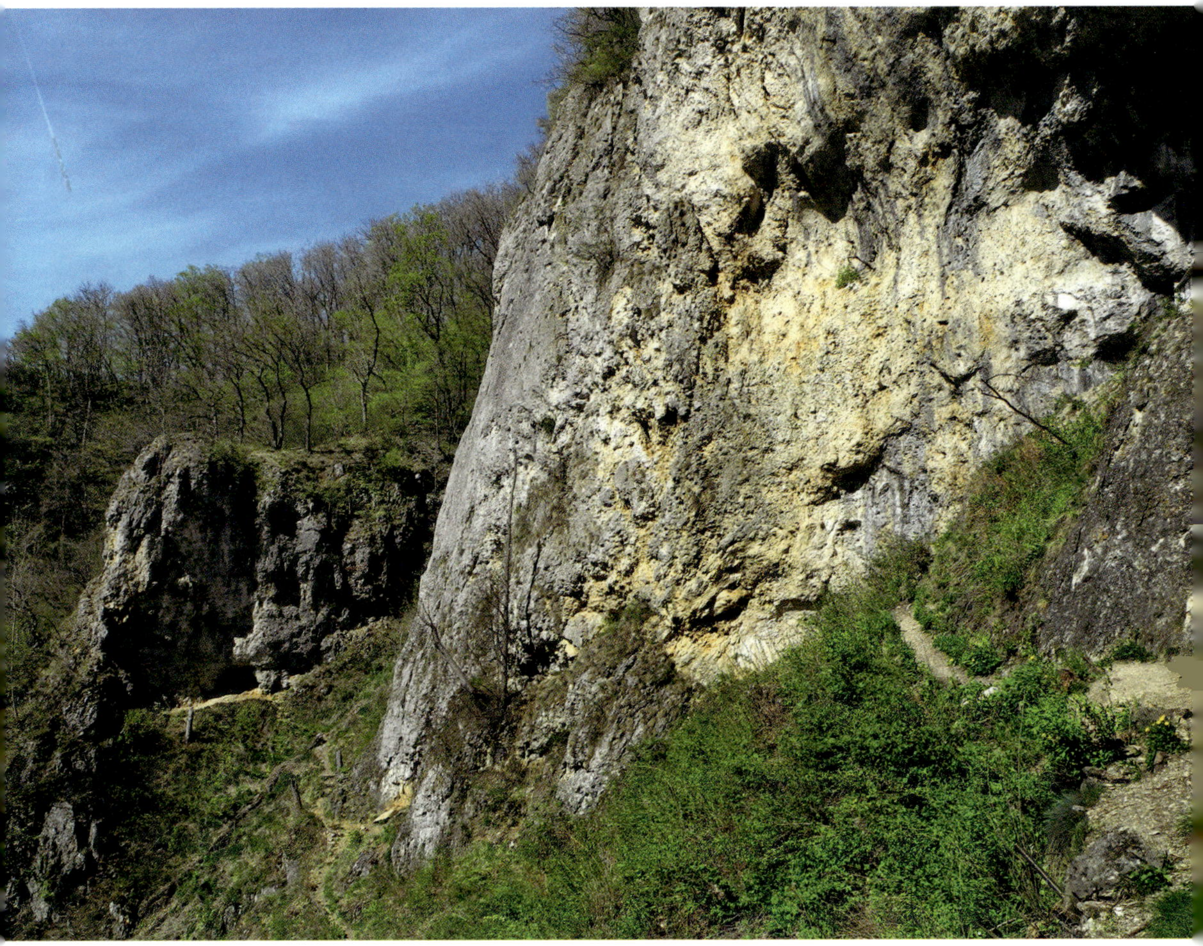

Hier darf man nur hin, wenn keine Kletterer da sind: die linke Kesselwand.

Vor uns liegen die Kesselwände. Hier beschreibt der Pfad nun einen leichten Linksschwenk, wird zum Hohlweg und verläuft durch hohe Gräser in den Hangwald. Dort mündet der Pfad in einen anderen von links unten kommenden, der uns zum Trauf hinaufbringt. Wir halten uns hier rechts und befinden uns jetzt schon fast vor dem Ortsbeginn von Schopfloch. Ein Pfad führt am Waldrand auf das Dorf zu, während uns nacheinander kurze Zugangswege zum Reiter-/Mädles- und Spitzfels hin- und zurückleiten. Wir erreichen die Ortsmitte am Rathaus via Haldenweg und danach über die Pfulbstraße unsere nächste Zwischenstation, den Charly-Lorch-Weg, der quasi am Wanderparkplatz »Kreisler« beginnt. Gegenüber liegt übrigens die

Einkehr

Der Sommerberg, Kreislerstraße 2,
73252 Lenningen-Schopfloch,
Telefon (07026) 21 07,
www.restaurant-sommerberg.de

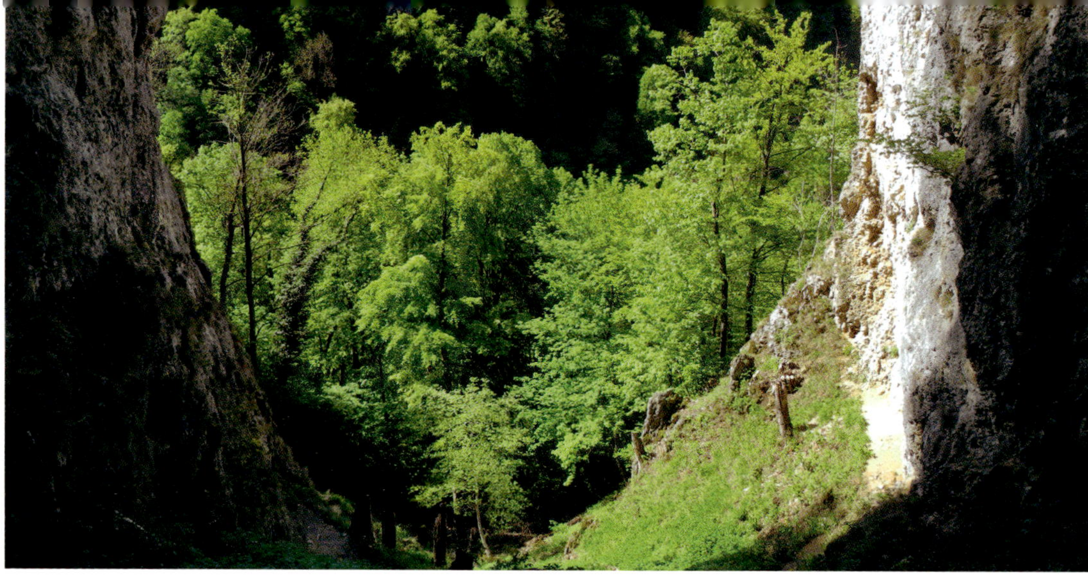

Der steile Einstieg in die Kesselwand erfolgt über Leitern und Stahltreppen.

Bergwachthütte der Bergwacht Stuttgart. Ein Pfad zweigt nach rechts ab und nach 15 Metern stehen wir vor einem schwindelerregenden Aussichtsfelsen, der etwas im Gebüsch versteckt ist. Rechts davon beginnt der längste Eisenweg der Alb und führt über drei Treppen beziehungsweise Leitern steil zur linken Kesselwand hinunter ❷. Der Abstand der Stufen ist groß, der Übergang von den Treppen zu den Leitern ist auch nicht ohne. **Wirklich wichtig: Abschüssige, ausgesetzte und schmale Zugangspfade führen nun zu den jeweiligen Klettereinstiegsstellen. Wir schauen nach den ersten Metern im Kessel, wie viele Leute der Kletterei nachgehen. Sollten Kletterer vor allem im hinteren Bereich aktiv sein, gehen wir nicht dorthin, denn auf den steilen, ausgesetzten Pfaden wird gesichert und wir stören dort dann nur. Sollte also viel los sein, nur die ersten Meter vorsichtig erkunden, um einen Eindruck von der harschen, alpinen Umgebung zu gewinnen.**

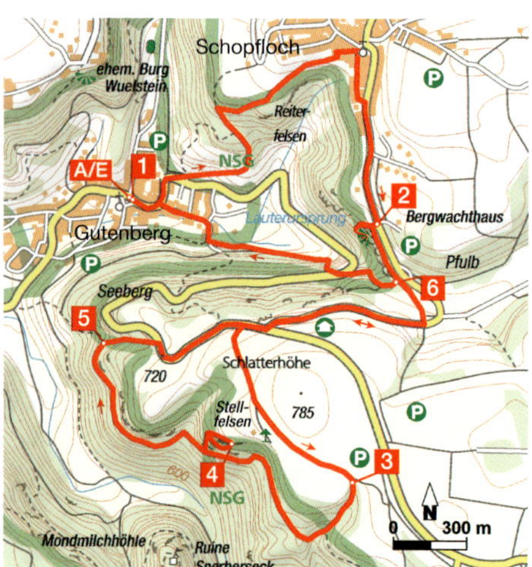

Da aus Naturschutzgründen keine Verbindung zur rechten Kesselwand besteht, müssen wir auf dem gleichen Weg wieder zurück. Oben angekommen, folgen wir einfach dem Pfad nach rechts, der uns zu den Aussichtspunkten oberhalb der rechten Kesselwand bringt, von wo man den Kletterern wunderbar zusehen kann. Wir bleiben auf dem Pfad rechts, links von uns verläuft die L1212, an der wir uns nun etwa 700 Meter bis zum Gasthof Schlatterhöhe orientieren können. Da wir das auf Sicht machen, können wir die Kurve auch schneiden und gemütlich am Waldrand marschieren. Am Gasthof, beziehungsweise der Einmündung von der L1212 in die B465, queren wir die Straße, halten uns rechts, passieren die Bushaltstelle Schlatterhöhe und wenden uns gleich darauf nach links. Wir befinden uns nun auf dem Zugangssträßchen zum Albhaus des DAV. Kurz davor verzweigt sich der Feldweg, wobei wir uns für den linken Weg entscheiden. Ein kurzer Abstecher zum DAV-Haus bietet sich allerdings ebenfalls an, da dort eine tolle Infotafel zum Wander- und Klettergebiet hängt. Rund 500 Meter weiter ragt eine Waldspitze aus dem Gelände heraus. Eine alte verrostete Schranke ③ markiert nun den Beginn unseres nächsten Abenteuers, bei dem fast schon bushcrafting angesagt ist. Wir müssen uns durch Unterholz schlagen, das von noch höheren Gewächsen links und rechts flankiert wird und uns deshalb erahnen lässt, dass hier mal so etwas wie ein Pfad war. Und tatsächlich meint man anhand von abgeknickten und vermeintlich niedergetrampelten Pflanzen eine Art Spur zu erkennen. Nach und nach erkennt man, dass man einen Tobel hinunterwandert, wobei wir uns links von der Tobelmitte befinden. Etwa 400 Meter hinter der Schranke entdecken wir dann einen Pfad, der von links kommt und den Tobel überquert. Das machen wir auch und wandern dem Pfad hinter der Tobelquerung nach rechts, wodurch wir bald auf eine Art Waldplateau gelangen, auf dem sich der Pfad kurzzeitig verliert. Wir finden die Wegfortsetzung rechts versetzt. Aus unbekannten Gründen befinden sich hier manchmal an Bäumen bzw. Ästen befestigte blaue Bänder, die mal vorhanden sind oder aber wieder abgenommen wurden. Sind sie angebracht, kann man sich an ihnen orientieren. Außerdem weist hier ein selbst gemachter Wegweiser auf das Donntal hin. Fakt ist, dass wir nun einen knappen Kilometer auf einem ausgesetzten Pfad in der steilen Bergflanke des Donntals weiterwandern, bevor rechter Hand der Stellfelsen auftaucht. Der

Anforderungen

SAC-Wanderskala: Bis zum Charly-Lorch-Weg via Reiter-/Mädles-/Spitzfels: T2 (im Dorf auf Asphalt). Für den Leiterweg ins Klettergebiet hinunter und das Gebiet selbst sind Schwindelfreiheit und Trittsicherheit absolute Grundvoraussetzung: T4. Der Pfad bis zum Stellfelsen erfordert Orientierungssinn, Trittsicherheit und Schwindelfreiheit: T3. Der Weg links am Stellfelsen vorbei: T4. Der Abstieg von der Pfulb nach Gutenberg: schweres T2.

Kletterei und Seilpassagen: Die Leiterpassage (Charly-Lorch-Weg) in die linke Kesselwand. Der Aufstieg zum Stellfelsen hinauf. Der Abstieg über den offiziellen Wanderweg nach Gutenberg ist teilweise mit Stahlseilen gesichert.

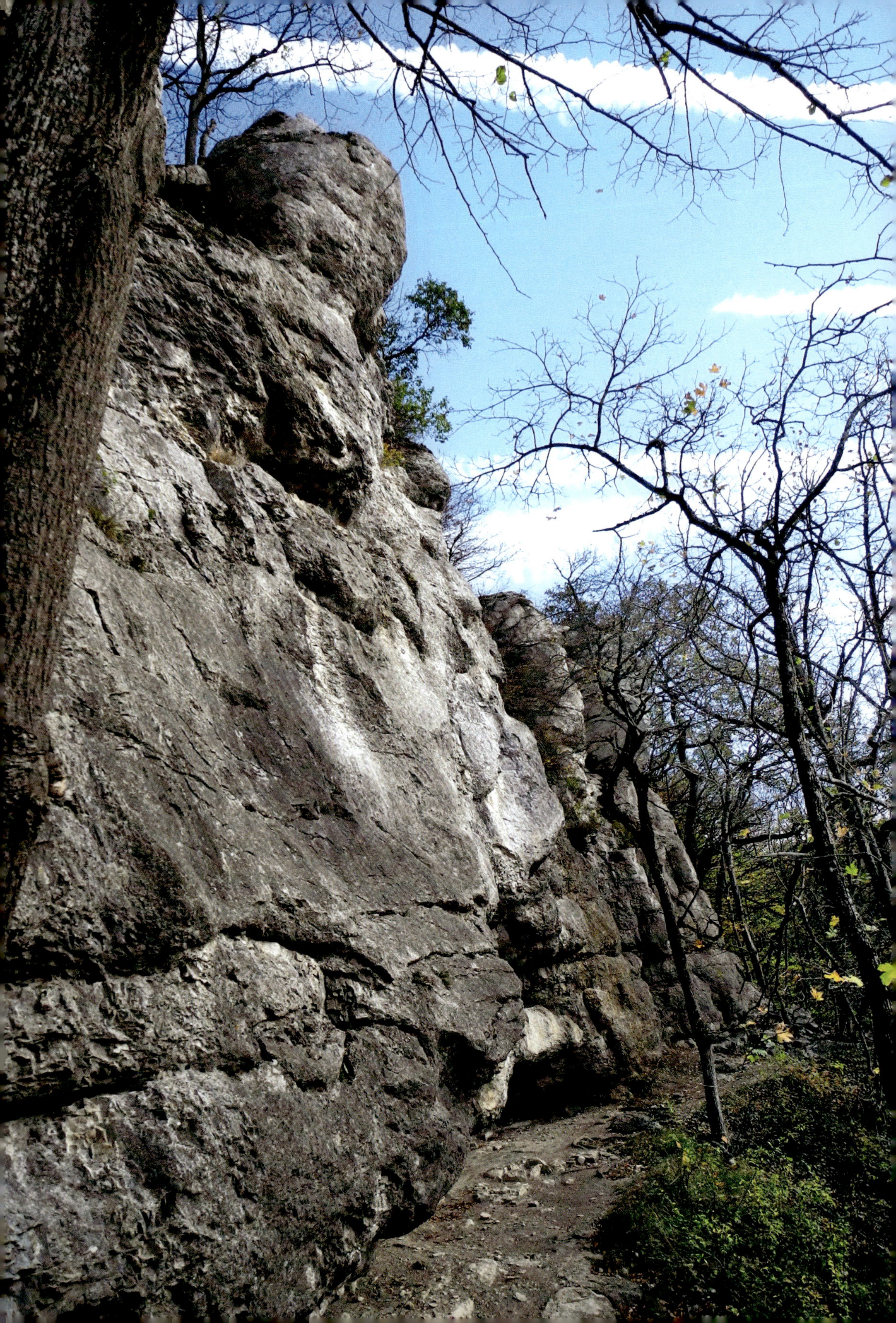

Fels steht nicht solitär und klein in der Landschaft, sondern ist langgezogen. Außerdem sieht man nur die untere Stufe von ihm. Etwa in der Mitte des Felsmassivs geht nach rechts ein kaum erkennbarer Pfad zum linken Felsende hinauf. Dieser Pfad verliert sich immer wieder, taucht dann wieder auf und bringt uns links am Fels vorbei zum Trauf hinauf ❹. Wir haben uns hier übrigens des Öfteren auf alle Viere begeben, so steil war es, und der Untergrund aus Geröll, weicher Erde und verrottenden Blättern gibt nicht viel Halt. Oben halten wir uns rechts und erreichen den Felskopf des Stellfelsens und ein Bänkchen. Gleich hinter uns steht das DAV-Albhaus. Links von der Bank geht es weiter und Stufen führen uns nach rechts zwischen die erste und zweite Felsstufe. **Auch hier gilt wieder – falls geklettert und gesichert wird, kehren wir um und nehmen den gleichen Weg zurück!** Von dort gelangen wir wieder zu dem steilen Pfad, der uns hinaufgeführt hat und uns nun wieder zum eigentlichen Wanderpfad hinabbringt. Wir halten uns rechts und gelangen bald zur eigentlichen Abzweigung in einem Tobel zum Donntal hinunter. Diese ignorieren wir und wandern auf unserem abenteuerlichen Bergflankenpfad weiter, wobei immer wieder tolle Felsformationen im Hangwald auftauchen. Nach einem Kilometer zweigt ein Pfad nach rechts ab ❺ und bringt uns zur Gutenberger Steige/B465 kurz vor dem Gasthof Schlatterhöhe. Entlang der Straße halten wir auf den Gasthof zu und wandern dann auf dem bekannten Teilstück entlang der L1212 Richtung Wanderparkplatz Pfulb hinunter. Gegenüber finden wir den mit der roten Gabel markierten Abstieg nach Gutenberg hinunter ❻. Vor allem das erste Teilstück bis zur Gutenberger Steige ist steil, mit Stahlseilen gesichert und richtig toll. Unterwegs treffen wir übrigens auf den mit Seilen gesicherten steilen Stichzugang (Zeichen: Schwarzes Dreieck) zur rechten Kesselwand. Wir queren dann die Gutenberger Steige, passieren den Lauterursprung und gelangen via Obere Mühlstraße zum Ausgangspunkt der Tour.

Unterkunft

DAV-Harpprechthaus, Stockert 1, 73252 Lenningen-Schopfloch, Telefon (07026) 2111, www.harpprechthaus.de – auch als Einkehr; Ferienhaus Schopfloch, Pfulbstraße 17, 73252 Lenningen-Schopfloch, Telefon (07026) 3569, www.ferienhaus-schopfloch.de; Gasthof Schlatterhöhe, Schlatterhöhe 1, 73252 Gutenberg, Telefon (07026) 2182 – auch als Einkehr; DAV–Albhaus, Schlatter Höhe, 73252 Lenningen-Schopfloch, Telefon (0711) 3422400, www.dav-albhaus.de – auch als Einkehr

Linke Seite: Am Stellfelsen – auch hier gilt: nur weiter, wenn keine Kletterer da sind.

3 Drei Abenteuer, eine Wanderung

Durch die Gustav-Jakob-Höhle (oder drumherum) zu den Grabenstetter Schrecken

schwer	9 km	350/400 Hm	3,5 Std.

Tourenverlauf
Grabenstetten, Parkplatz Ruine Hofen – Ackerlesbergpfad – Gustav-Jakob-Höhle – Achsnagelweg – Kleine/Große Schrecke – Schreckenfels – Grabenstetten, Parkplatz Ruine Hofen

Anfahrt
Ab Bad Urach mit dem Bus 100/173 bis Grabenstetten/Kirche, dann auf der Schlattstaller Straße/L1211 Richtung Ortsausgang und weiter zum Ausgangspunkt der Wanderung. Oder mit dem Auto zum Parkplatz bei der Ruine Hofen.

Ausgangspunkt
Wanderparkplatz bei der Ruine Hofen in Grabenstetten.

Endpunkt
Wanderparkplatz bei der Ruine Hofen in Grabenstetten.

Information
Gemeinde Grabenstetten, Böhringer Straße 10, 72582 Grabenstetten, Telefon (07382) 9415040, www.grabenstetten.de

Karten
Kirchheim unter Teck, 1:25000, SAV, 2017 oder Reutlingen, Bad Urach, 1:35000, SAV Blatt 19, 2016. Der Streckenabschnitt von der Ruine Hofen Richtung Schrecken ist in den Karten nicht eingezeichnet.

Wer will, kann einen Teil der Tour kriechend durch die Durchgangshöhle zurücklegen. Aber die Durchquerung der Höhle selbst ist ungefährlicher als die Wege außen herum. Da diese am Steilhang entlang zur Höhle führen, wird es bei feuchtem Wetter gefährlich rutschig: Absturzgefahr! Danach wartet mit den »Schrecken«, zwei engen Bannwaldschluchten, ein weiteres Schmankerl auf uns.

Los geht's am Wanderparkplatz Ruine Hofen (1), der hinter einem Regenabflussbecken liegt. Dort lassen wir das Auto stehen, gehen auf dem Schotterweg um das Abflussbecken herum und marschieren auf der Alfred-Moeck-Straße zur L1211 vor. Dort halten wir uns rechts und legen am Straßenrand weitere 400 Meter zurück. Die Straße wird zur Steige und führt bergab. Auf der anderen Seite erreichen wir einen stillgelegten Parkplatz, an dem wir einem breiten, langsam zuwachsenden Forstweg nach rechts folgen. Er verläuft zur Straße/Steige zurück, aber wir nehmen etwas vorher den Trampelpfad nach rechts, der uns zum Beginn des Tobels bringt. Hier geht es nun über Stock, Stein und Fels ohne Markierung bergab – wir suchen uns unseren Weg selbst. Der Abstieg wird nach 200 Metern angenehmer und flacher, und weiter unten sieht man bereits einen Forstweg durch die Bäume schimmern. Hier liegt nun rechter Hand der etwas schwierig zu findende Einstieg in den tollen Flankenweg des Ackerlesberges. Als Orientierungspunkte dienen zum einen ein Geröllfeld, das rechts großflächig beginnt und das der Pfad zum Fels hinauf durchquert, und zum anderen ein alter Kühlschrank, der linker Hand seit Jahrzehnten im Wald vor sich hin rostet. In Höhe dieses Zivilisationsschrotts entdecken wir den Einstieg (2). Der Flankenpfad führt erst bergan zu den Felsen, bevor er unterhalb dieser nach rechts abbiegt und durch den Hangwald verläuft. Es geht weiter moderat bergauf, der Oberkörper muss sich immer wieder durch mannshohes Gebüsch kämpfen und bekommt Kratzer ab. Dann passieren wir einen kleinen Felssporn, an dem

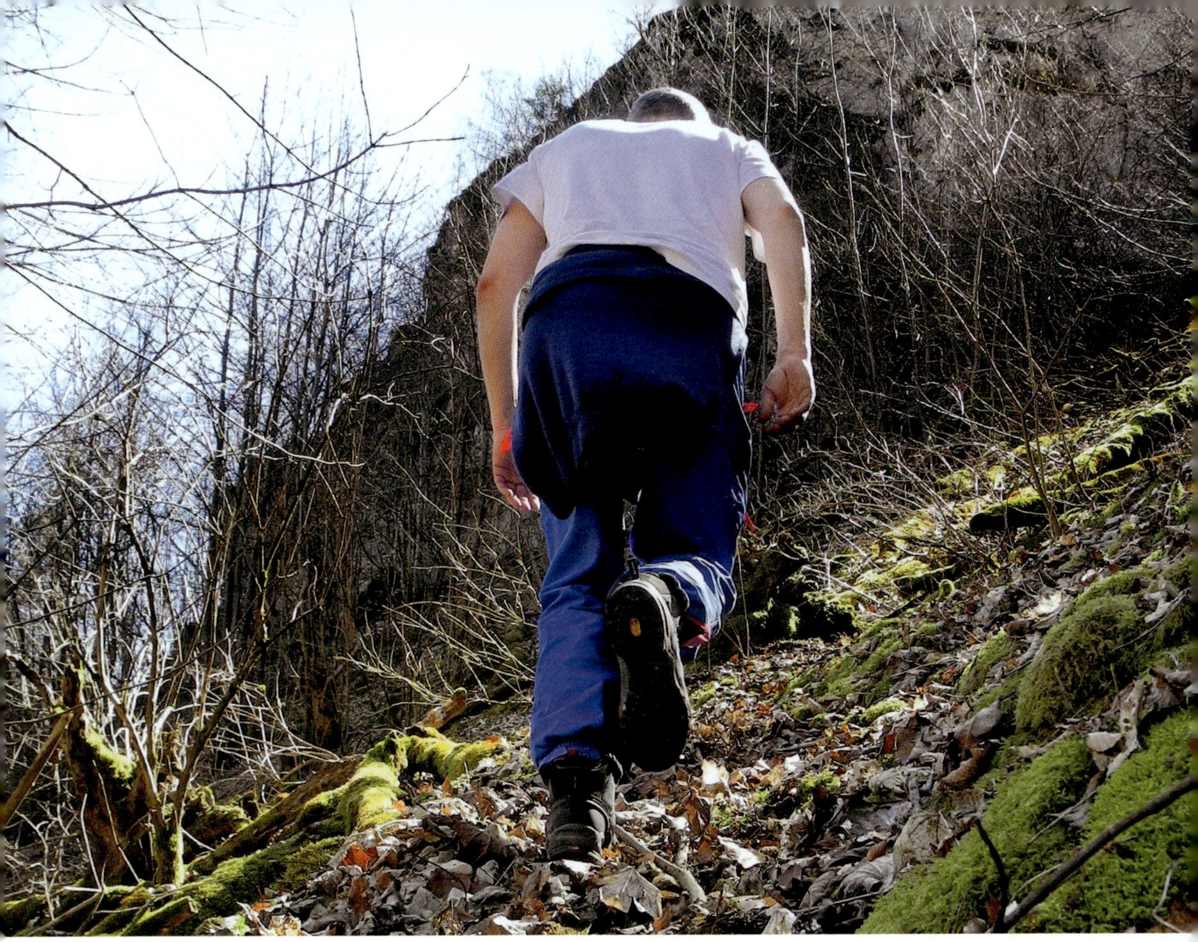

Der Einstieg in den wilden Pfad um den Ackerlesberg

eine Gedenkplakette angebracht ist, welche an den dortigen Absturz eines Bergkameraden erinnert. Nun müssen wir auf dem Pfad durch kleinteiliges Geröll und Wald. Gegenüber erkennen wir bereits das Felsmassiv, durch das die Gustav-Jakob-Höhle führt und auf der die Ruine Hofen steht. Der wundervolle Pfad leitet uns direkt an den Rand des Bachtobels ❸ (hier muss man genau schauen) unterhalb der Ruine beziehungsweise in diesen hinein. Jetzt haben wir verschiedene Optionen:

1. Wir gehen durch den Tobel zur Eisenleiter hinauf.
2. Auf dem unmarkierten Zugangspfad wandern wir zum Höhlenausgang und dahinter zur Eisenleiter hinauf.
3. Wir umgehen die Eisenleiterpassage.

Die schartige Bachtobelalternative erklärt sich von selbst, deshalb kommen wir gleich zur Wegbeschreibung der Varianten zwei und drei. Wir klettern den Bachtobel hinunter und sehen an dessen Ende linker Hand einen Forstweg. Rechts bemerken wir an einer Böschung oder einem Erdrutsch einen Trampelpfad, der sich nach rechts bergauf zieht. Nach wenigen Metern zweigt ein Pfad nach links ab. Wer die Leiter und den Steilabstieg von der Ruine meiden will, nimmt diesen Umgehungspfad, der unterhalb der Ruine auf das Ende des Steilabstiegs trifft. Alle anderen folgen dem Verlauf des Trampelpfads, auf dem es nun auf der linken Seite des Bachtobels steil aufwärts geht. Links von uns erhebt sich das Felsmassiv der Ruine, wo auch der Aus- beziehungsweise Eingang (je nach Laufrichtung) der Gustav-Jakob-Höhle liegt. Der Pfad wird kurzfristig noch steiler (Fährtensucherqualitäten sind hilfreich), bevor er am Felssockel entlang zur Leiterpassage führt. Die Leiter ist schmal und ganz oben am Aufstieg etwas wackelig. Dann geht es vollends durch den Tobel auf die Hochfläche. Linker Hand sehen wir die Ruine, an der man auch gut eine Rast einlegen kann. Rechts davon beginnt der kurze Steilabstieg, an dessen Ende von links der Umgehungspfad dazustößt. Wir folgen dem wurzeligen und steinigen Pfad nach rechts. Rechter Hand von uns stehen tolle Felsformationen, denen sich der Pfad immer weiter annähert. Nach etwa 200 Metern erreicht man dann den im Fels etwas versteckt liegenden Eingang der Gustav-Jakob-Höhle. Für die Höhlenbefahrer beginnt hier das Abenteuer, für uns geht es aber weiter, denn wir wandern dem Verlauf des Pfades, der immer schmaler und ausgesetzter wird, Richtung Schrecken nach. Diesen Pfad sind wir bereits etliche Male gegangen und er hat sich durch diverse Erdrutsche immer wieder ver-

Tipp

Wer die Höhle befahren (so nennt man das) will, braucht: unempfindliche Kleidung, feste Schuhe, Helm, funktionierende Taschenlampe, Handschuhe. Auf www.youtube.com findet man Videos und kann sich schon einmal darauf einstellen, was so eine Durchquerung bedeutet. Die Höhle ist zum Schutz überwinternder Tiere mehrere Monate im Winter/Frühjahr geschlossen.

Anforderungen

SAC-Wanderskala: Der Flankenweg am Ackerlesberg ist abschnittsweise T3, vor allem der Einstieg. Nach starken, lang anhaltenden Regenfällen sollte der Aufstieg über die Bachklinge bei der Ruine Hofen gemieden werden. Ansonsten ist diese Passage auch wegen der Leiter T3. Der Abstieg von der Ruine Hofen: T3. Der komplett unmarkierte, teilweise abgerutschte Pfad Richtung Schrecken hinter dem Höhlenausgang der Gustav-Jakob-Höhle: T3 bis T4.

Kletterei und Seilpassagen: Die Begehung der schmalen Leiter ist vor allem am Ende nicht ohne, da der rechte Leiterholm direkt an der Kante endet. Für den kurzen Steilabstieg rechts an der Ruine Hofen vorbei wird im Internet manchmal zu einem Seil als Abstiegshilfe nach Regenfällen geraten. Wir haben es auch so geschafft.

Rechte Seite oben: Oben die Ruine Hofen, unten die Höhle und dazwischen die Felswand
Unten: Hinten die etwas wackelige Leiter hinter dem Ausgang der Gustav-Jakob-Höhle

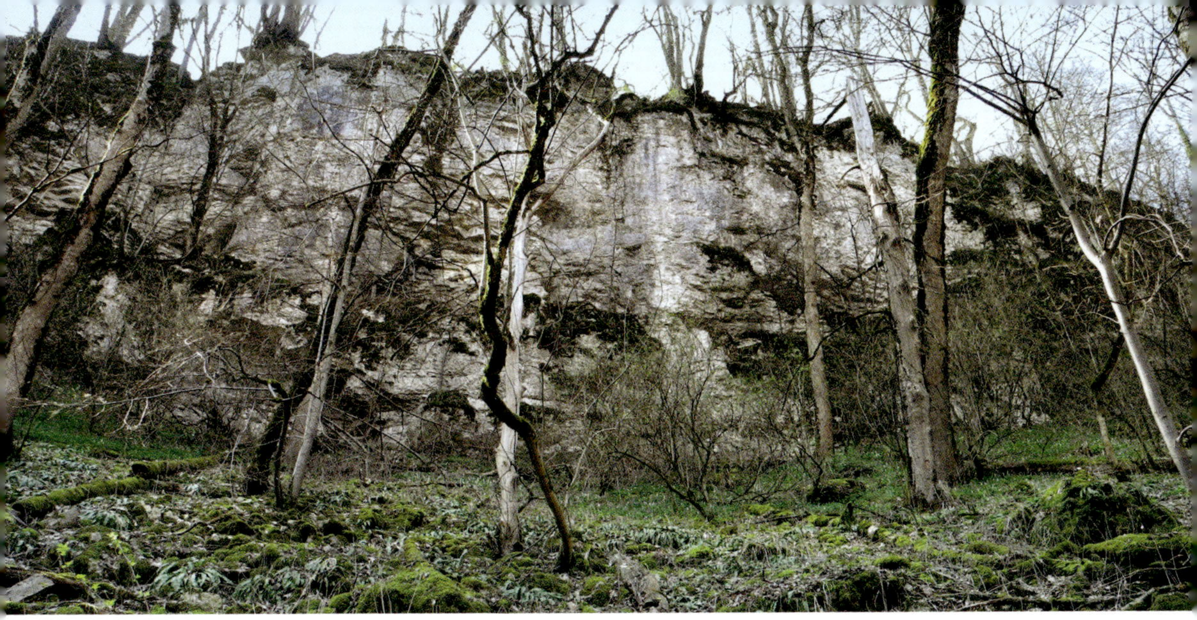

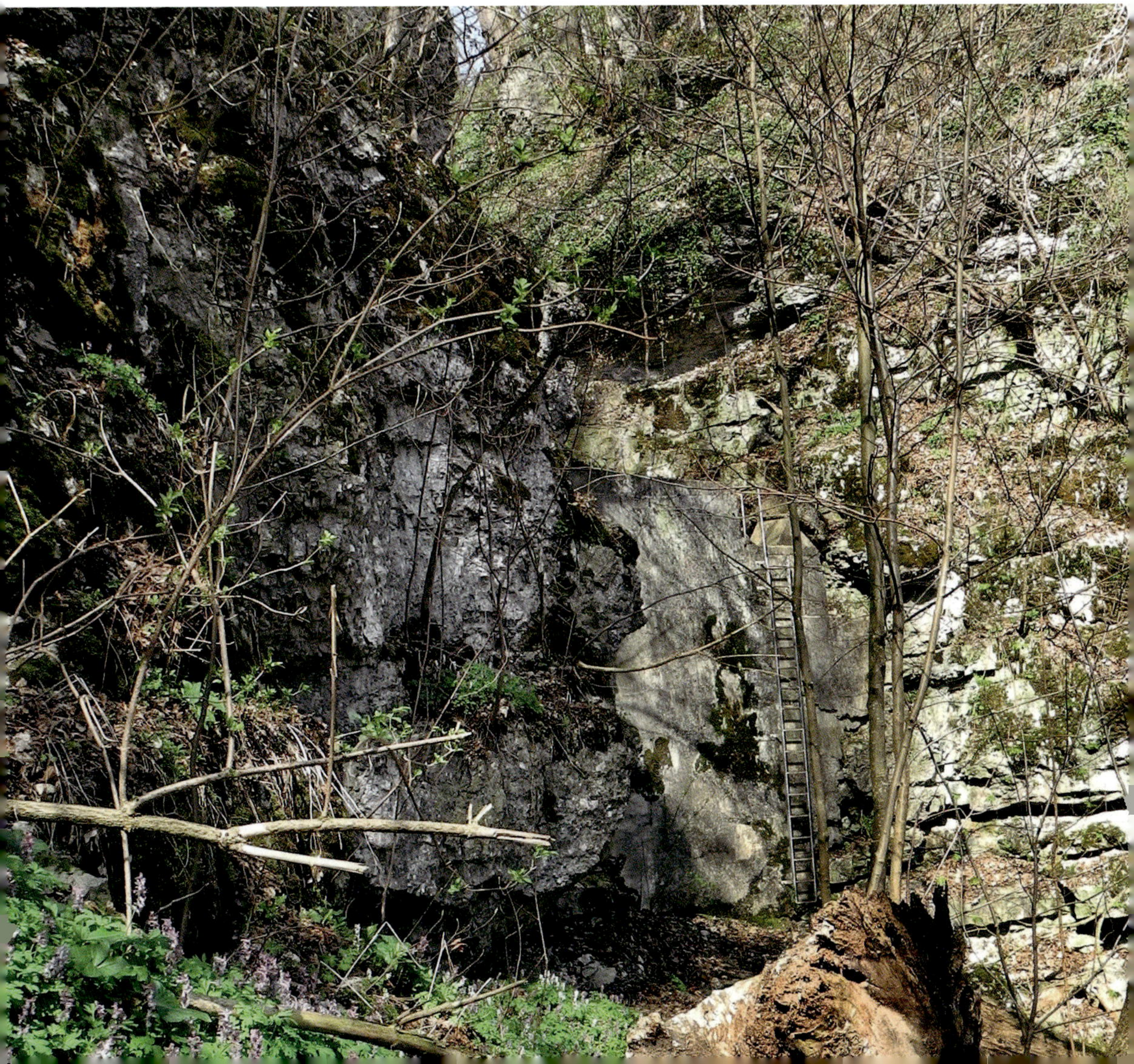

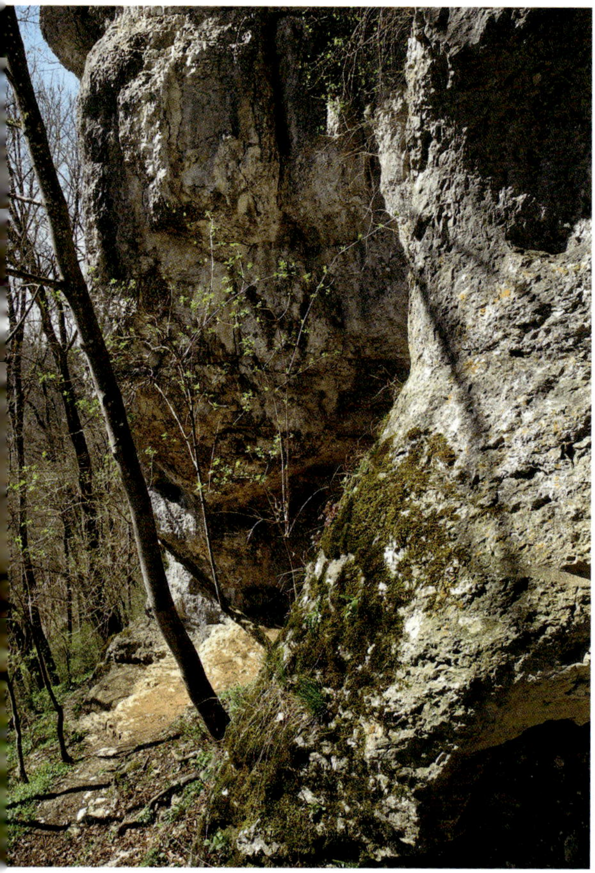

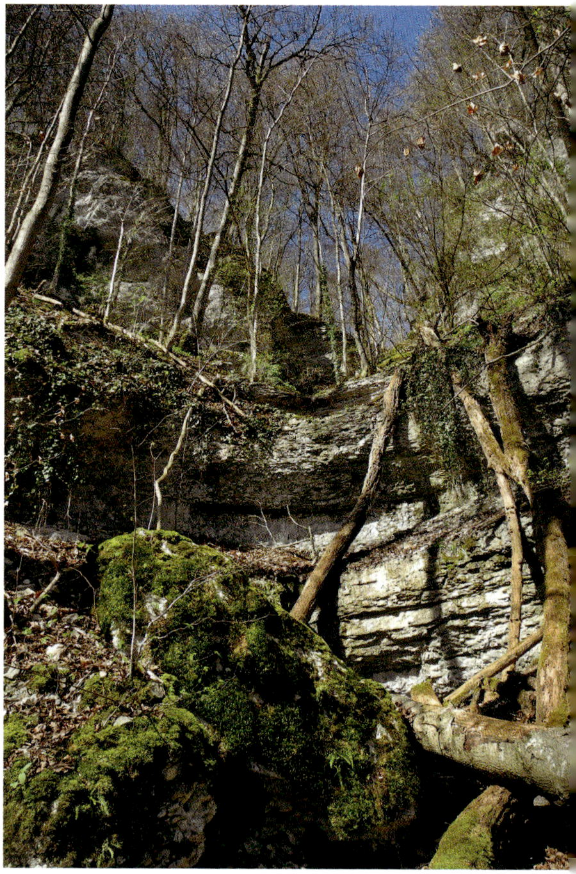

ändert. Direkt hinter dem Ein-/Ausgang der Höhle ist der Pfad zweimal durch Erdabgänge unterbrochen. Diese relativ kurzen Aussetzer sind eine Herausforderung für sich, aber machbar. Die Pfadbeschaffenheit wechselt ständig und reicht von sehr schwierig (eher einer Spur ähnelnd) bis sehr gut zu laufen. Links von uns fallen Berg und Hangwald nun immer steiler ab. Echtes Entdeckerfeeling macht sich breit, denn man merkt förmlich, dass hier bislang nur wenige Wanderer unterwegs waren. Rechter Hand zeigen sich immer wieder sehenswerte Felsformationen. Eine davon findet man circa ei-

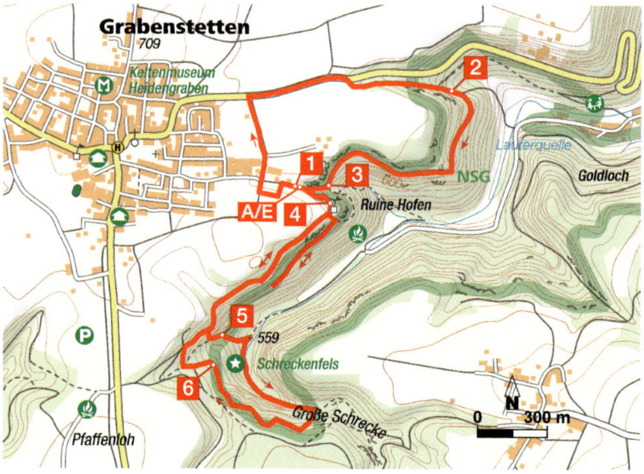

nen Kilometer hinter dem Höhlenausgang – die grandiose Felstobelwand dient bei längerem Regen einem kleinen Wasserfall als Fallstufe. Dahinter verläuft der Pfad noch etwa 20 Meter weiter und endet dann an einem Hangrutsch. Ursprünglich hatten wir gehofft, dass sich dieser Pfad bis zur Kleinen Schrecke zieht, aber wir wollten unser Glück nicht weiter strapazieren und im gefährlichen Terrain abrutschen. Wir haben also umgedreht und sind den Pfad bis zur Ruine zurückmarschiert. Oben an der Ruine halten wir uns links und wandern nun den lokal ausgelobten Achsnagelweg 4 (Keltenthematik) zu den Schrecken vor. Dieser Weg erstreckt sich im Prinzip parallel zum wenige Höhenmeter unterhalb verlaufenden Pfad, den wir gerade eben gegangen sind, diesmal allerdings über den Felsen anstatt unterhalb von ihnen. Kurz vor Ende dieses Abschnitts heißt es aufgepasst, denn ein kurzer Stichweg bringt uns zu einem namenlosen Felsen mit Aussicht und dem sogenannten »Wilhelm's Bänkle«. Ein Briefkasten an einem Baum mit Gipfelbüchern darin lädt dazu ein, sich zu verewigen. Kurz hinter diesem Punkt geht es gleich bergan und dann leicht bergab, ehe wir auf eine Kurve eines Waldwegs treffen. Wir wandern nach links und halten die Augen offen, denn sogleich zweigt ein Pfad nach links ab und führt uns zum Einstieg der Kleinen Schrecke 5. Der Pfad, der uns durch die kleine Schlucht abwärts führt, ist wirklich klasse. Unten angekommen, halten wir uns rechts. Es geht zunächst leicht bergauf und kurze Zeit später durch die Große Schrecke steil, aber wunderschön weiter in die Höhe. Nach einer Stufenpassage müssen wir uns rechts halten (rote Gabel) und einem Hangweg folgen, der durch zwei kleine Erdabgänge unterbrochen wird. Er leitet uns durch die Bergflanke zum Schreckenfelsen 6. Auch hier erwartet uns ein »Wilhelm's Bänkle« und eine fabelhafte Aussicht. Linker Hand liegt die komplette Bergflanke, die wir bereits geschafft haben. Rund 100 Meter hinter dem Felsen geht's nach rechts zur Kleinen Schrecke, von wo aus wir dann den Achsnagelweg zurück zum Parkplatz an der Ruine Hofen nehmen.

Linke Seite links: Nach der Leiter müssen wir hier hochkraxeln. Rechts: Hinter dem Eingang zur Höhle folgen wir diesem ausgesetzten unmarkierten Pfad.

Einkehr und Unterkunft

Einkehr: Pizza & Pasta La Calabrese, Uracher Straße 65, 72582 Grabenstetten, Telefon (07382) 93 68 86

Einkehr und Unterkunft: Gasthof Lamm, Uracher Straße 17, 72582 Grabenstetten, Telefon (07382) 823, www.lamm-grabenstetten.de

4 Wo sich Wanderer und Kletterer das Revier teilen

Die Wolfsschlucht und die Wittlinger Kletterfelsen

mittel | 15 km (+ 9 km) | 910/670 Hm | 4 Std.

Tourenverlauf
Bad Urach, Parkplatz/Bushaltestelle Hohenwittlingen – Wittlinger Kletterfelsen – Wolfsschlucht – Geschlitzter Fels – Ruine Baldeck – Wittlingen – Schillerhöhle – Bad Urach, Parkplatz/Bushaltestelle Hohenwittlingen

Anfahrt
Mit dem Zug nach Bad Urach und dann mit dem Bus 345A in Richtung Münsingen, oder man reist mit dem Auto an und parkt direkt am Wanderparkplatz Rulaman.

Ausgangspunkt
Bushaltestelle Hohenwittlingen beziehungsweise dort gelegener Wanderparkplatz.

Endpunkt
Bushaltestelle Hohenwittlingen beziehungsweise dort gelegener Wanderparkplatz.

Information
Kurverwaltung Bad Urach, Bei den Thermen 4, 72574 Bad Urach, Telefon (07125) 943 20, info@badurach.de, www.badurach-tourismus.de und www.bad-urach.de

Karte
Reutlingen, Bad Urach, 1:35 000, SAV Blatt 19, 2016. Die Zugangswege zum Geschlitzten Felsen und um die Ruine Baldeck sind in der Karte nicht eingezeichnet.

Oberhalb der Wittlinger Felsen verläuft ein verschollener Pfad, der an den Felsköpfen vorbei zur Wolfsschlucht führt. Durch dieses wilde, felsige Kleinod gelangen wir entlang von Stahlseilen und einer Leiter zur Ruine Hohenwittlingen. Auf schmalen Pfaden wandern wir dann zum Geschlitzten Fels und zur Ruine Baldeck. Via Schillerhöhle erreichen wir den Ausgangspunkt der Wanderung.

Unsere Runde beginnt am Wanderparkplatz Rulaman beziehungsweise an der dortigen Bushaltestelle »Hohenwittlingen« ❶. Wir überqueren wegzeichenlos den Parkplatz und treffen auf ein Feld, das nach rechts und parallel zur Wittlinger Steige leicht ansteigt. Auf diesem Feld wandern wir etwa 200 Meter nach rechts, erklimmen dann die Böschung, übersteigen die Leitplanke und erkennen auf der gegenüberliegenden Straßenseite 50 Meter weiter einen Forstweg, der nach links abgeht. Normalerweise parken hier auch Kletterer, die zu den Wittlinger Felsen wollen. Wir kreuzen die Straße und folgen dem Verlauf des Forstwegs, der eine langgezogene Rechtskurve beschreibt. Haben wir 300 Meter hinter uns gebracht, zweigt nach rechts ein Trampelpfad ❷ ab, der zusätzlich mit Bohlenstufen ausgestattet ist. Wer übrigens das Klettergebiet umgehen möchte, der hält sich einfach auf dem Forstweg und ignoriert alle Abzweigungen nach links. Kurz vor dem Trauf knickt dann der Hangpfad, der über den Felsen verläuft, nach rechts ab. Der Pfad bringt uns zum linken Rand der Wittlinger Felsen. **Ist nichts los, dürfen(!) wir nach rechts die Felssockel erkunden, müssen aber, da es sich um eine Sackgasse handelt, nachher wieder hierher zurück. Ist Kletterbetrieb, unterlassen wir das und folgen dem unmarkierten Trampelpfad, der uns links um das Felsende herum und hinauf zu dem Felsmassiv führt. Oben müssen wir aufpassen, denn es geht nach rechts steil hinab. Wenige Höhenmeter weiter oben erkennen wir einen Waldpfad, dem wir nun im abschüssigen**

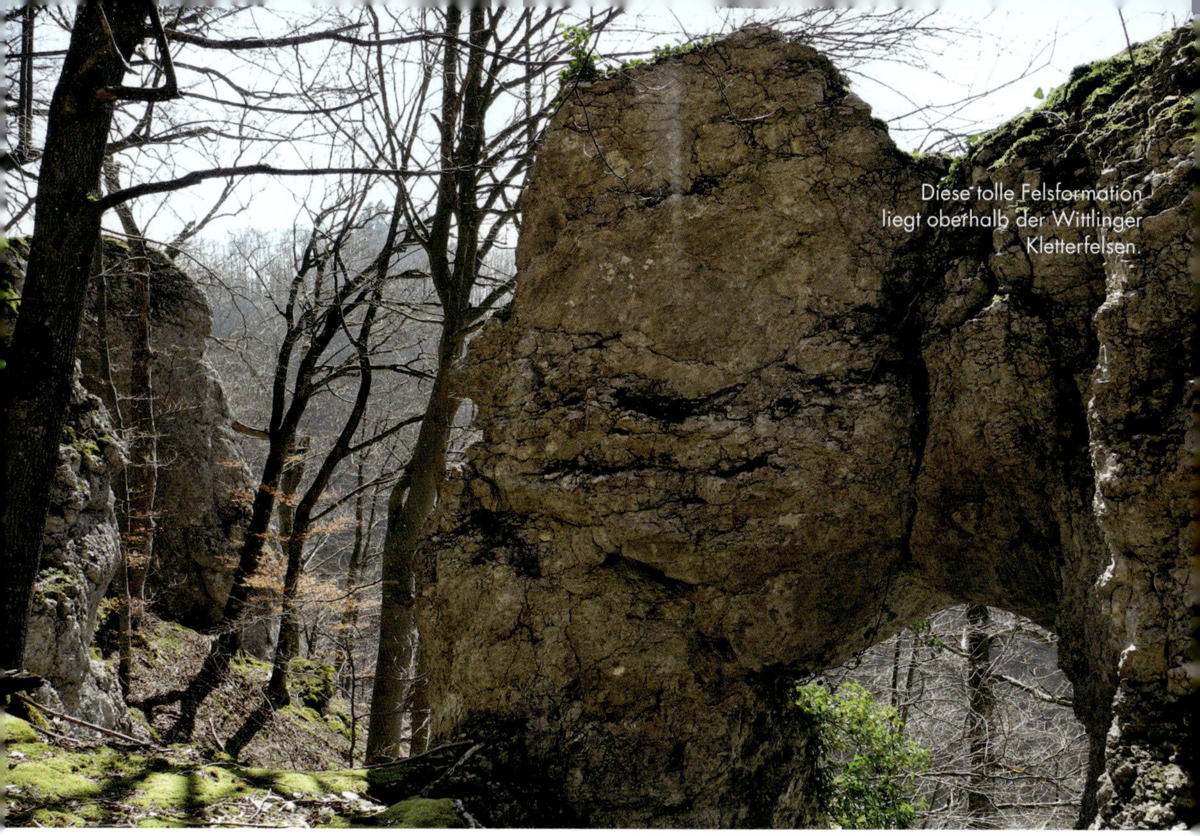

Diese tolle Felsformation liegt oberhalb der Wittlinger Kletterfelsen.

Gelände nach rechts folgen. Immer wieder erkennt man bei genauerem Hinschauen Stichpfade, die zu ein bis zwei Felsköpfen führen. Auch hier gilt: Ist Kletterbetrieb, gehen wir nicht weiter, zudem muss man äußerst schwindelfrei sein, um den Blick von den Felsköpfen überhaupt ertragen zu können. Der Waldpfad mündet nach einem Kilometer unmarkiert in die Wittlinger Steige. Auf der anderen Straßenseite erkennen wir leicht rechts versetzt eine Art wilden Parkplatz. Zu diesem begeben wir uns und folgen an dessen Ende dem zunehmend verwilderten Pfad ins Wolftal zum Wittlinger Bach 3 hinunter. Hier heißt es

Anforderungen

SAC-Wanderskala: Der alte Pfad über den Wittlinger Kletterfelsen: T3. Die Passage durch den Bach und die Böschung hinauf: T3. Durch die Wolfsschlucht: schweres T2. Der Weg am Geschlitzten Felsen entlang, falls man die Wegalternative direkt am Felsen wählt: T3. Die kurzen Aufstiege zu den verschiedenen Ruinenpunkten der Ruine Baldeck: T3.

Kletterei und Seilpassagen: Für die Bachbettdurchquerung im Wolfstal braucht man an den steilen Böschungen alle Extremitäten. Eine mit einem Seil gesicherte kurze glitschige Passage führt durch die Wolfsschlucht. An deren Ende wartet eine ebenfalls kurze, aber steile Leiter. Wer möchte, kann wenige Meter höher, parallel zum ausgezeichneten Wanderweg am Geschlitzten Felsen, etwas kraxeln. Auch um den Burgfelsen der Ruine Baldeck zu erkunden, braucht man an einigen Stellen alle Sinne beisammen.

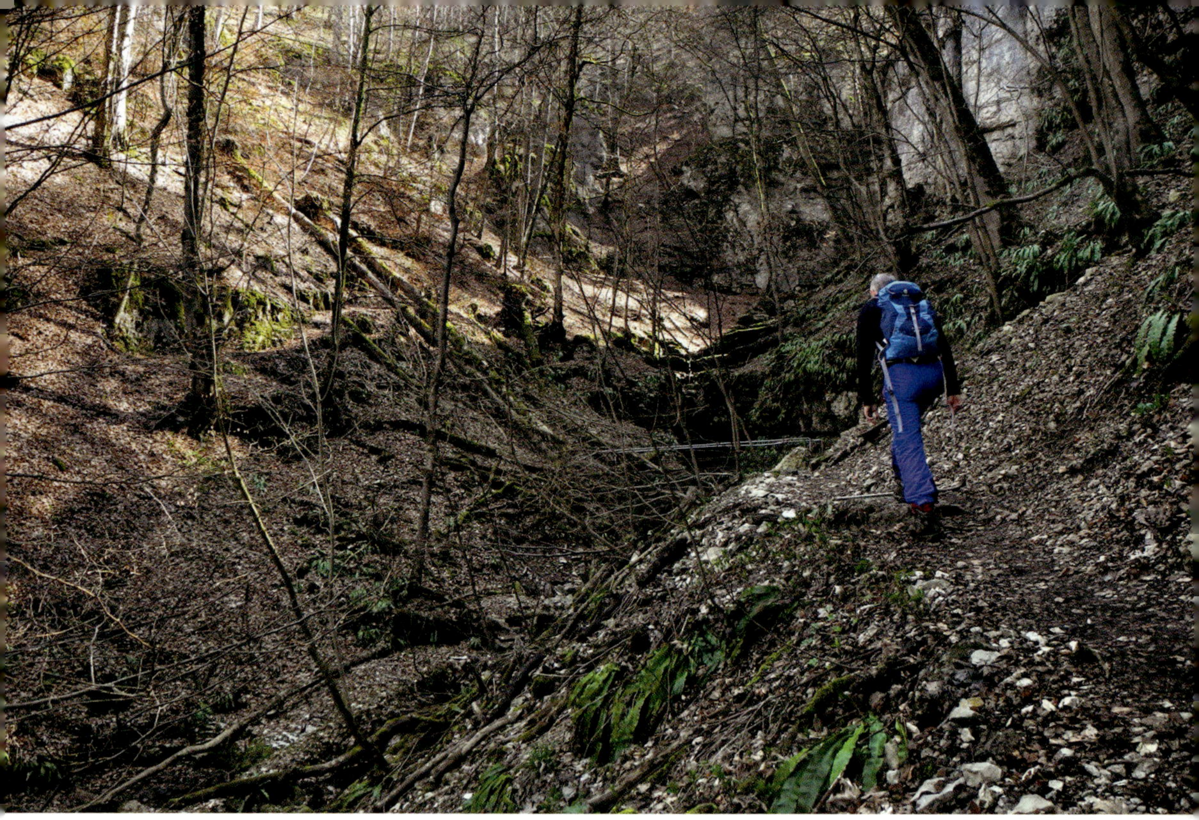

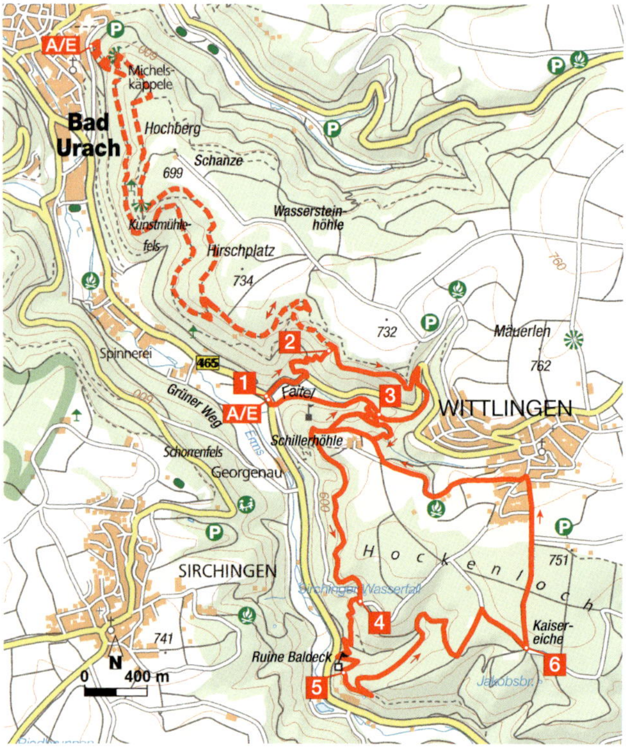

aufgepasst, denn das wilde Gewässer muss überquert werden, was bei hohem Wasserstand nicht einfach ist. Zudem sind die Bachböschungen ganz schön steil. Ist es geschafft, befinden wir uns auf dem offiziellen Wanderweg. Die Talabzweigung nach rechts zur Schillerhöhle ignorieren wir, denn wir wollen die urwüchsige Wolfsschlucht durchqueren. Erst wandeln wir auf schmalen, steilen Pfädchen, dann mithilfe von Seilen direkt entlang des Baches und zum Schluss durch eine Leiterpassage. Am Ende dieses Teilstücks stoßen wir auf eine Bank. Achtung, hier folgen wir dem hinter der Sitzbank verlaufenden unmarkierten Bergflankenweg, der nach etwa 500 Metern auf den Bergabzweig hinunter zur Schillerhöhle trifft. Diesen igno-

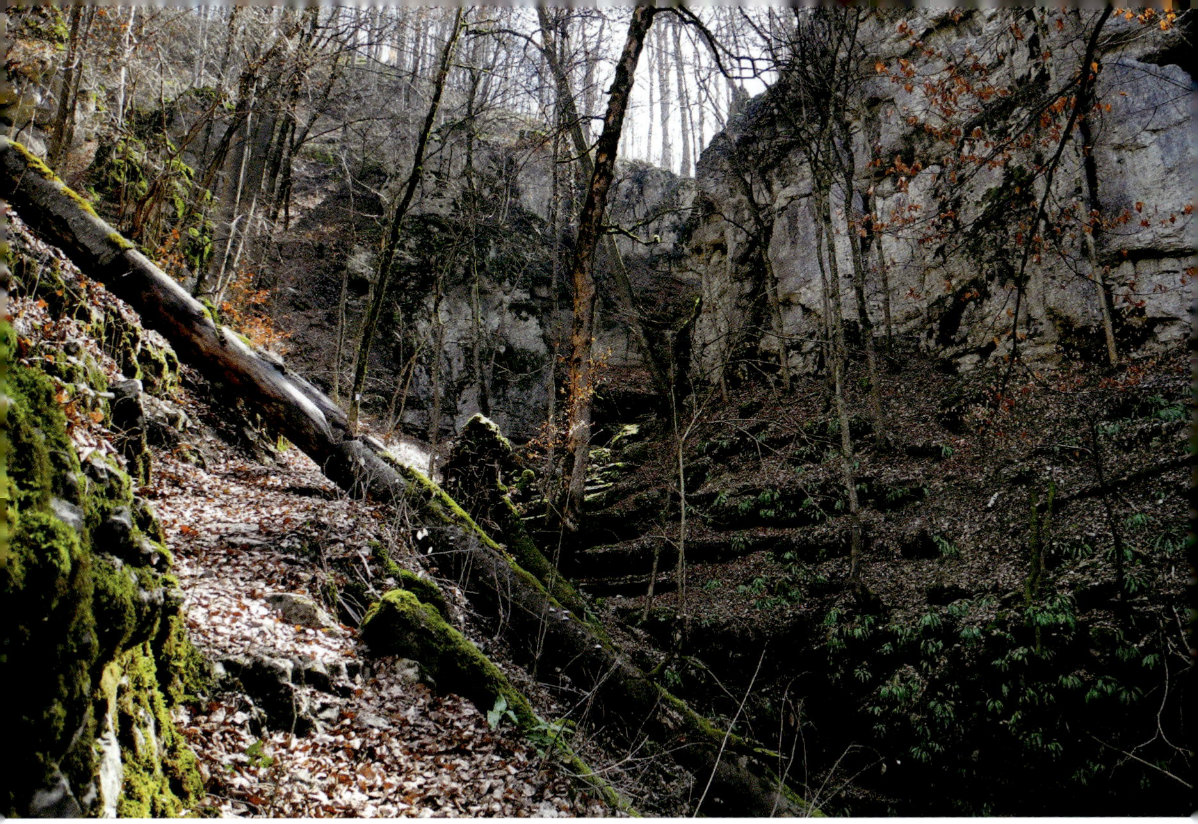

rieren wir und stoßen circa 100 Meter weiter auf die schöne Ruine Hohenwittlingen, wo sich eine Rast anbietet. Danach folgen wir der gelben Gabel Richtung Buckfelsen. Der ist nach einem Kilometer erreicht, wobei wir unterwegs noch andere Aussichtspunkte passieren. Wir marschieren noch 500 Meter weiter und entdecken eine Wegkreuzung mit Rastbank. Hier orientieren wir uns nicht mehr an der gelben Gabel, sondern wandern kurz nach rechts, bevor der Grafensteig nach links abzweigt ❹. Auf diesem spannenden Teilabschnitt – ein früherer Kletterzugangsweg – gelangen wir fast direkt am Fels entlang zum Klettergebiet um den Geschlitzten Felsen. Der ausgewiesene Wanderpfad führt wenige Höhenmeter unterhalb des Felses entlang, es gibt aber auch einen Pfad direkt am Fels. **Auch hier gilt wieder: Nur wenn keine**

Der steile Pfad durch das Wolfstal

Linke Seite: Nach der Überquerung des Wittlinger Bachs geht's bergan.

Tipp

Verlängerbar ist diese Tour, wenn man von Bad Urach aus den vergessenen, aber tollen Pfad unter den Hochfelsen zu den Wittlinger Kletterfelsen nimmt. Zurück kann man dann auf dem regulären Wanderweg direkt an den einzelnen Hochfelsen vorbei. Oberhalb des Sanatoriumswegs, kurz hinter dem gleichnamigen Wegweiser, zeigt ein verwittertes Schild des Uracher Verschönerungsvereins zum Steilanstieg zu den Hochfelsen. Etwa nach zwei Dritteln des Anstiegs durch eine sehr steile Waldschneise geht's dann nach rechts unter die Felsen.

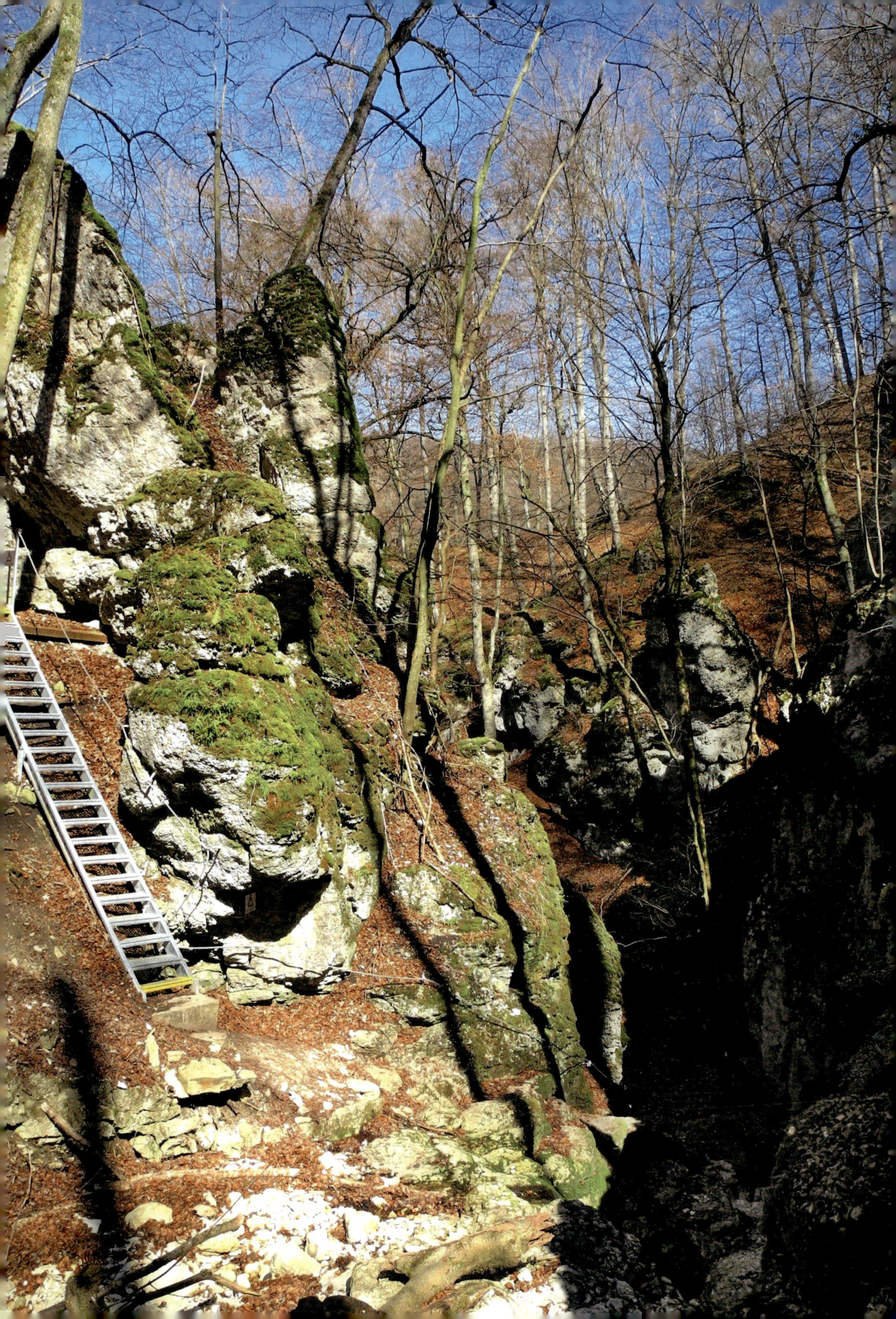

Kletterer da sind, sollte er begangen werden. Hinter dem Fels führt ein Kletterzugangspfad, der Grafensteig, zu einem Wirtschaftsweg hinunter. Dort wenden wir uns kurz nach links, um gleich darauf einem weiteren Zugangspfad ins Tal hinunter zu folgen. Er endet hinter einer kleinen Hütte beziehungsweise vor der B465. Hier müssen wir wieder aufpassen und genau hinschauen. Hinter der Hütte geht es erneut auf einem reinen Zugangspfad weiter, diesmal allerdings bergan. Eine Pfadabzweigung nach rechts zu einem Felsen ist gesperrt. Wir passieren die Baldecknadel und erreichen kurz darauf die ehemalige Ruine Baldeck 5. »Ehemalig« sagen wir deshalb, weil von der Ruine selbst nichts mehr übrig ist. Dafür gibt es aber den großen Burgfelsen zu sehen, der verschiedenste Aussichtspunkte mit fantastischem Blick hinunter ins Ermstal bietet, die durch kleine, leichte Kraxeleien erreicht werden können. Nach der Erkundung des Felsens folgen wir dem Wanderpfad, der nach rechts leicht bergauf führt, und treffen gleich darauf auf den mit der gelben Gabel markierten Wanderweg. Hier nach links und 500 Meter weiter stoßen wir auf die Wegabzweigung zur Kaisereiche 6, welche wir nach einem weiteren Kilometer erreichen (hier bitte an der Karte im Buch orientieren). Einen etwas eintönigen Kilometer weiter wartet schon Wittlingen, aber noch kurz davor bemerken wir wieder das gelbe Dreieck, welches uns via Buchenweg in den Ort leitet. Von dort zweigt dann nach links die Hohen-Wittlinger-Straße und die gelbe Raute ab. Dem Wegzeichen hinterher wandernd, stoßen wir etwa 1,5 Kilometer später auf den bereits bekannten Bergabzweig zur Schillerhöhle hinunter. Diesmal folgen wir der Abzweigung und erreichen auf steilen Pfaden bergab zuerst die Höhle und dann die Wolfsschlucht beziehungsweise den Wittlinger Bach an der Stelle, an der wir das Gewässer vorher überquert haben. Hier halten wir uns links und erreichen nun bequem entlang des Baches und des urzeitlichen Lehrpfades die Bushaltestelle Hohenwittlingen und den dazugehörigen Wanderparkplatz.

Einkehr und Unterkunft

Einkehr: TSV Wittlingen, Am Hockenloch, 72574 Bad Urach, Telefon (07125) 2063 oder in Bad Urach

Unterkunft (Auswahl): JH Bad Urach, Seltbachstraße 9, 72574 Bad Urach, Telefon (07125) 8025, www.jugendherberge-bad-urach.de; Einkehrhaus Stift Urach, Bismarckstraße 12, 72574 Bad Urach, Telefon (07125) 94990, www.stifturach.de

Linke Seite: Über diese Eisenleiter wird das Wolfstal verlassen.

5 Felsig auf Deutschlands schönstem Wanderweg

Unterwegs auf alten und vergessenen Uracher Wanderpfaden

mittel	17 km	910/930 Hm	5,5 Std.

Tourenverlauf
Bad Urach, Bahnhof – Alter Tiergarten Pfad – Hanner Felsen – Kreuzhütte – Känzele – Hölle – Runder Berg – Maisental – Bad Urach, Bahnhaltestelle Wasserfall

Anfahrt
Mit dem Zug oder Auto nach Bad Urach zum Bahnhof, dort sind Parkplätze vorhanden. Beim Wanderparkplatz an der Jugendherberge weiter vorn und direkt an der Haltestelle »Wasserfall« gibt es auch kostenfreie Parkplätze.

Ausgangspunkt
Bahnhof Bad Urach.

Endpunkt
Bahnhaltestelle Bad Urach/Wasserfall.

Information
Kurverwaltung Bad Urach, Bei den Thermen 4, 72574 Bad Urach, Telefon (07125) 943 20, www.badurach-tourismus.de und www.bad-urach.de

Karte
Reutlingen, Bad Urach, 1:35 000, SAV Blatt 19, 2016. Der Pfad zwischen Hanner und alter Sirchinger Steige ist in dieser Karte nicht eingezeichnet. Ebenso fehlt ein Teil der Pfade um den Runden Berg. L7522 Bad Urach, 1:50 000, 1998. In dieser Karte sind alle Pfade zu finden.

Ein aufregender Abschnitt liegt gleich zu Beginn der Route: ein alter Pfad, der uns durch eine steile Bergflanke zu den Hanner Felsen bringt. Hinter diesen steuern wir über einen weiteren unmarkierten Hangpfad den Eppenzillfelsen und das Känzele an, eine Felsnadel, die exponiert vor dem gewaltigen Rutschenfelsen steht. Durch das Geröllfeld der Hölle gelangen wir schließlich zum Runden Berg.

Wir starten die Tour am Bahnhof von Urach (1). Gleich hinter dem Bahnhof verläuft ein asphaltierter Rad- und Wanderweg nach links in Richtung Hanner Felsen, Georgenau und Seeburg. Auf diesem wandern wir nun in Richtung Haus auf Alb, ein denkmalgeschütztes Bauhaus-Gebäude, das an der Hanner Steige liegt. Nach 150 Metern sehen wir linker Hand ein Einkaufszentrum. Es geht bergauf und zwei Wege biegen nach links ab, unter anderem der Radweg nach Seeburg. Wir marschieren weiter aufwärts und treffen nach wenigen Metern auf einen weiteren Wegabzweig nach links. Hier steht auch die erste Staatslehre, die über die Geschichte des Hauses auf der Alb informiert – diese Stelen tauchen nun etwa alle 50 Meter auf. Es geht nach rechts die sogenannte Himmelsleiter hinauf, eine steile und lange Treppe, die uns zum Parkplatz des Hauses auf der Alb bringt. Der Parkplatz liegt hinter dem Haus, sodass wir nun das Areal des Geländes durchqueren und dann die kurze Zufahrt zum Haus zur Hanner Steige hinaufwandern. Hier halten wir uns links und marschieren kurz auf der schmalen Fahrstraße auf der linken Straßenseite bergab. Gegenüber beginnt die Alte Sirchinger Steige. Wir folgen dann einem breiten Forstweg erst mal gemütlich einen Kilometer bergauf. Dann endet der gut ausgebaute Weg und ein schmaler Pfad geht nach rechts ab. Allerdings hat ein Erdrutsch, der in Richtung Fahrstraße abgegangen ist, diesen Pfad auf einer Länge von circa drei Metern ebenfalls mitgenommen. Wir haben versucht, diese drei Meter auf dem abgerutschten steilen Gelände

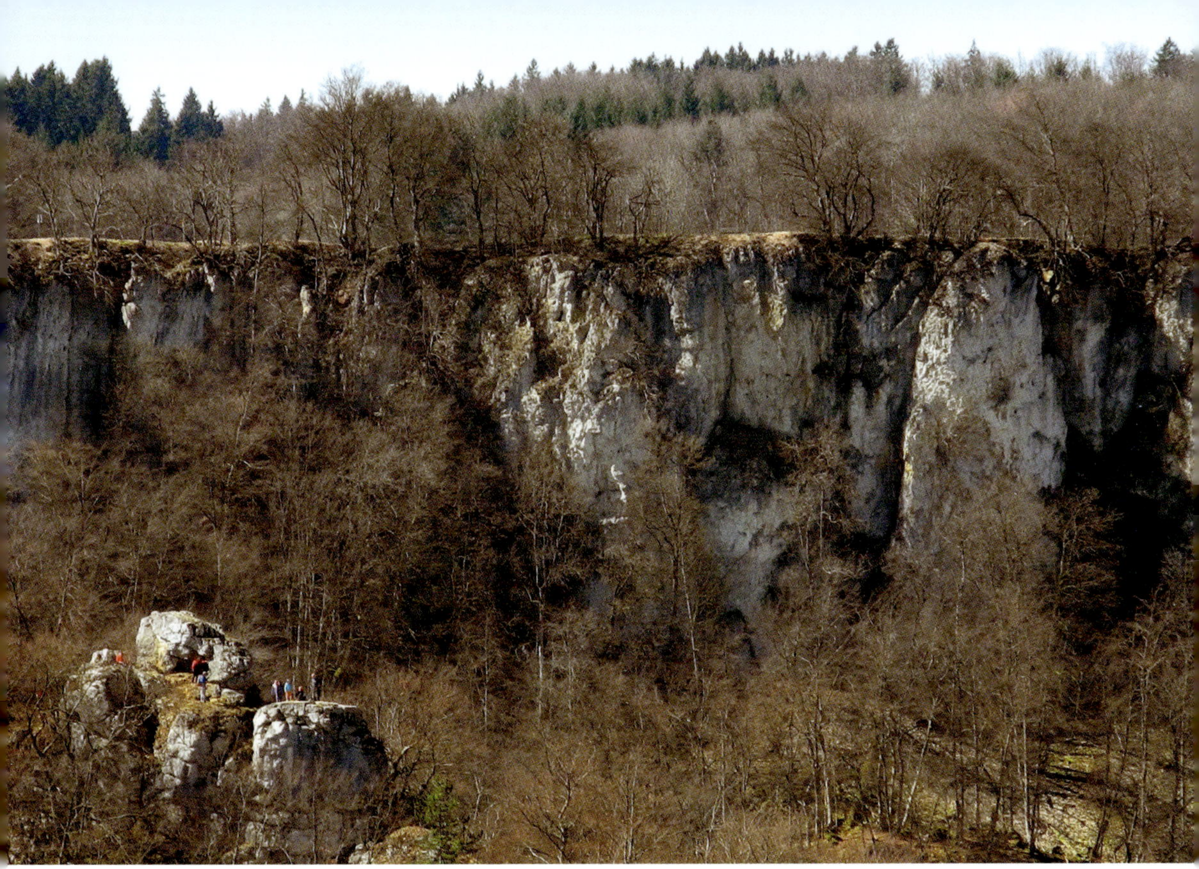

Das Känzele, das vor dem mächtigen Rutschenfelsen liegt

zu überwinden, es dann aber sein lassen. Stattdessen sind wir wenige Meter zurückgewandert und haben eine günstige Stelle gesucht, wo das Gebüsch nicht zu dicht war und genügend stabiles Gehölz zur Verfügung stand. Dort sind wir den Hang beziehungsweise die Böschung hinaufgestiegen und haben die abgerutschte Stelle einige Höhenmeter oberhalb umgangen. Schließlich sind wir wieder zum jetzt sichtbaren Pfad hinuntergestiegen oder vielmehr gerutscht. Ab hier wird dann der Aufstieg steiler, wurzeliger und steiniger. Nach 500 Metern erreichen wir den unterhalb einer Felswand gelegenen Abzweig ❷ zum vergessenen Tiergartenpfad. Ein Holzschild weist uns nach rechts und eine tolle Wegpassage in einer steilen Bergflanke führt uns auf

Anforderungen

SAC-Wanderskala: Ein besonderes Augenmerk muss man auf eine abgerutschte Stelle an der Alten Sirchinger Steige legen und diese umgehen: T3. Der alte Tiergarten-Weg in der Bergflanke zur Hanner Steige: T3. Schwindelfreiheit ist auf dem Känzele und in der Hölle gefordert: T3. Der Flankenpfad um die linke Seite des Runden Bergs ist schwer zu finden: schweres T2.

Kletterei und Seilpassagen: Auf den vorderen Hanner Felsen auf keinen Fall gehen! Ansonsten kurze Kletterei am Mittleren Hannerfels und zum Känzele möglich.

einem schmalen, ausgesetzten Pfad zur Hanner Steige und den Hanner Felsen. Es geht über umgestürzte Bäume, abgerutschte Stellen und Totholz, bis wir nach circa einem Kilometer einen markanten Taleinschnitt passieren. Entlang eines bemoosten umgestürzten Baumstamms geht es in die Trichterform hinein. Direkt dahinter müssen wir sehr gut auf die Wegfortführung achten. Hier wird der Pfad kurz zur Spur, verläuft ein bis zwei Höhenmeter bergab und verzweigt sich dann. Eine Spur führt leicht bergan, eine leicht bergab. Ein umgestürzter schmaler Baum erschwert hier auch noch die Orientierung. Wir entscheiden uns für die Spur bergauf, und schon wenige Meter später wird sie zum gut erkennbaren Pfad. Falls wir den unteren Pfad nehmen, kommen wir an der Fahrstraße

Einkehr und Unterkunft

Einkehr: Maisentalstüble, Vorderes Maisental 3, 72574 Bad Urach, Telefon (07125) 4241 oder Wasserfallhütte

Unterkunft: (Auswahl): NFH Seltbachtal, Seltbachtal, 72574 Bad Urach, Telefon (07125) 7420, www.naturfreunde.de/haus/naturfreundehaus-seltbachhaus; Hotel Ristorante Rostica, Wilhelmsplatz 1, 72574 Bad Urach, Telefon (07125) 4467; Haus Am Eichhaldehang, Eichhaldestraße 48, 72574 Bad Urach, Telefon (07125) 70246

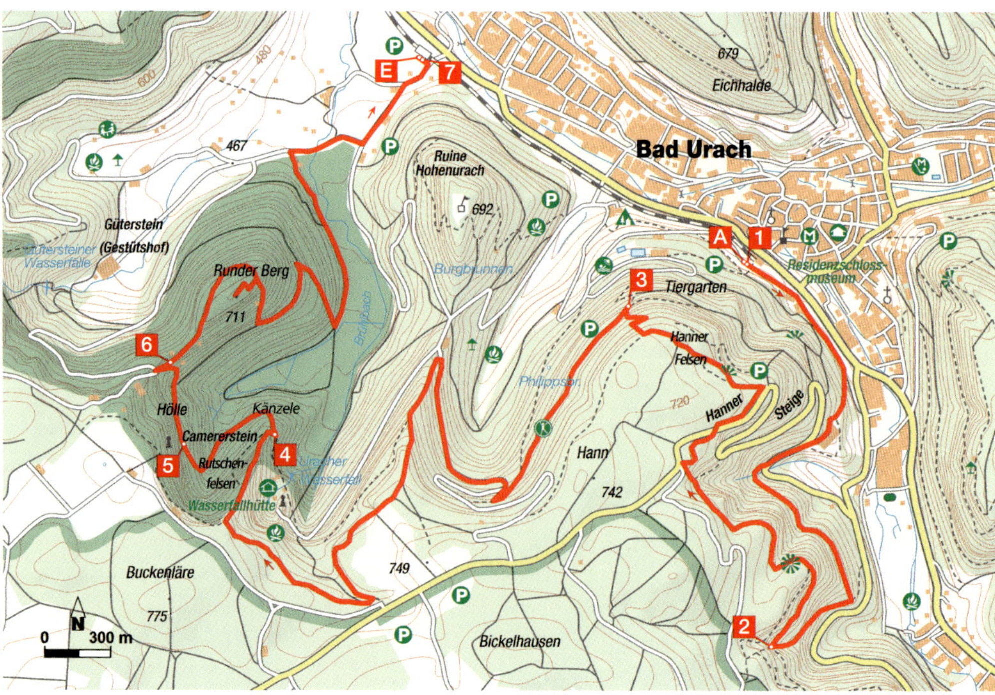

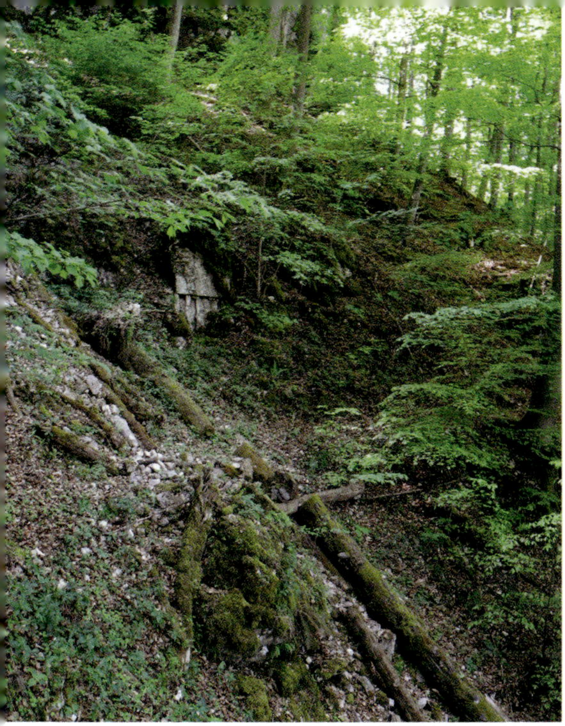

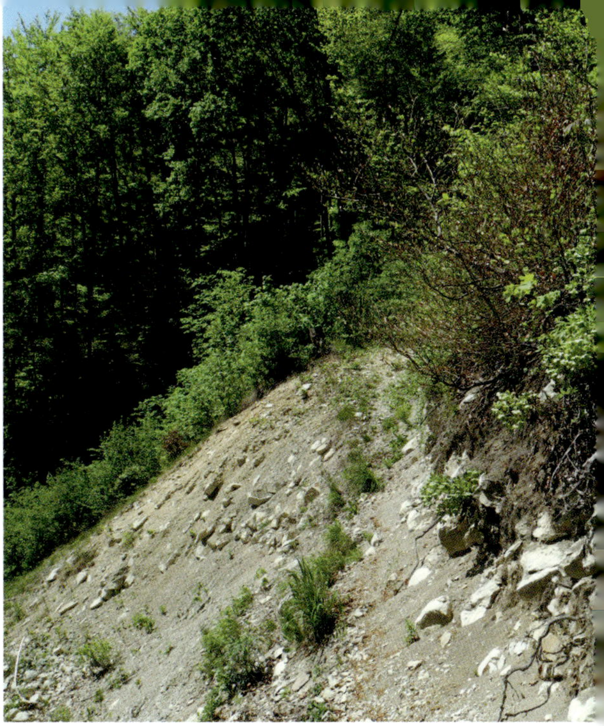

Beide: Der zu umgehende Hangrutsch kurz vor dem alten Tiergarten-Hangpfad

kurz vor dem unteren Hanner Felsen heraus. Ein markierter Pfad würde hier etwas weiter zum Vorderen Hanner Felsen hinaufführen. Unser Pfad endet an einem steilen Waldtobel, durch den wir nach links zur Fahrstraße hinaufsteigen. Dort treffen wir auch auf den offiziellen Wanderweg (gelbes Dreieck) und wandern diesem nach rechts nach. Kurz darauf erreichen wir den Stichweg zu einer Felsengruppe mit tollen Aussichten. Dahinter geht es weiter entlang der Fahrstraße, zuerst rechts von dieser, dann links davon, bis wir nach 500 Metern auf den Wanderparkplatz oberhalb des Vorderen Hanner Felsens (rote Gabel) stoßen. Wer möchte, kann hier den Rucksack ablegen und über eine kurze, aber steile Treppenpassage den unteren Hannerfelsen, eine schmale Felsnadel mit kleinem Gipfelkreuz, anschauen. Vorsicht! Man könnte meinen, dass man dieses Gipfelkreuz auf einem schmalen, bereits unterhöhlten Felsgrat erreichen könnte, aber uns ist bei dem Versuch das Herz in die Hose gerutscht – das ist nur was für Profikletterer. Nach dem kurzen Abstecher steigen wir wieder zum Vorderen Hannerfelsen hinauf und gelangen mit der roten Gabel auf einem Pfad entlang des Traufes zum Mittleren und zum Hinteren Hannerfelsen (707 m). Überall lockt eine tolle Aussicht, und am Mittleren Hannerfelsen kann man rechts sogar eine kurze, leichte Kletterpartie auf einen Felsausläufer einlegen. Am Hinteren Felsen folgen wir der roten Raute auf einem schmalen Pfad bergab.

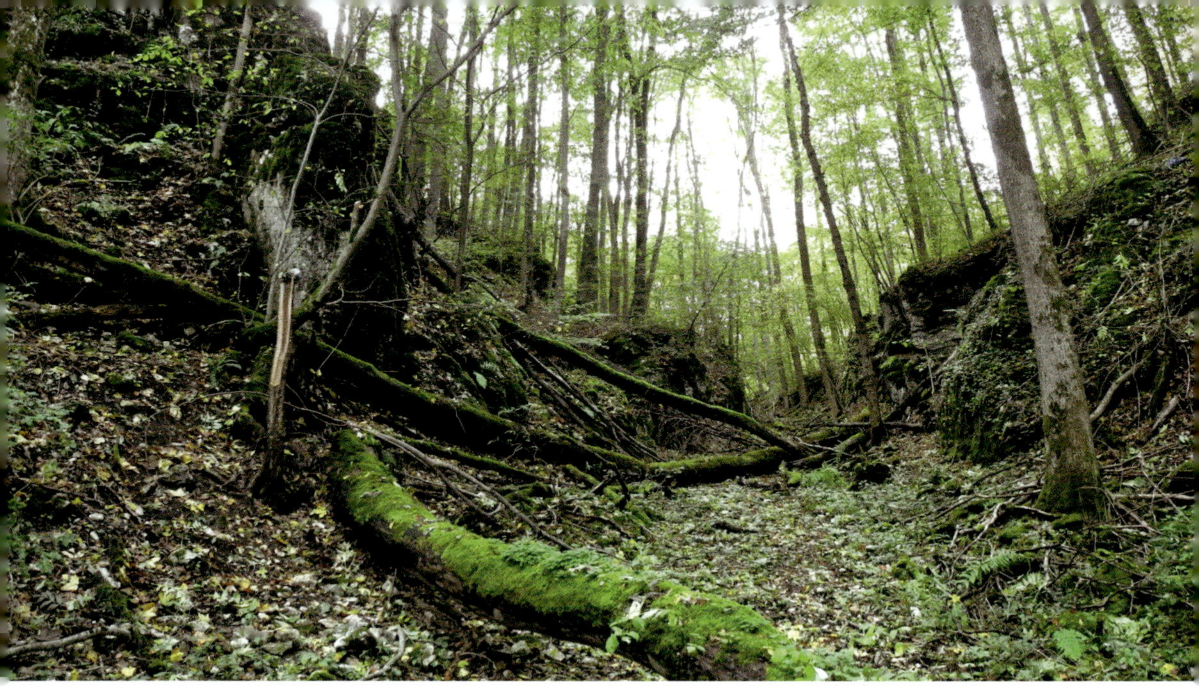

Durch diesen namenlosen Tobel geht es vollends hinauf.

Bereits nach rund 150 Metern heißt es aufgepasst: Ein unmarkierter Pfad geht nach links ab **3** und führt uns nach einem Kilometer im Waldhang in eine Spitzkehre eines Forstwegs. Diesem folgen wir einen Kilometer nach rechts hinunter zur Kreuzhütte. Dort halten wir nach der Markierung des »Grafensteigs« Ausschau und folgen dieser, der sogenannten Pfaffensteige, auf einem schmalen felsigen Pfädchen bergauf. Rechts von uns befindet sich der Trauf und wir haben eine tolle Aussicht auf zukünftige Ziele: das Känzele, den Runden Berg und den Rutschenfelsen. Oben angekommen, geht's nun via Eppenzillfelsen der roten Gabel nach in Richtung Rutschenfelsen, überwiegend halten wir uns direkt am Trauf. Nach knappen drei Kilometern passieren wir den Abzweig zum Uracher Wasserfall und zum Känzele. Hier haben wir die Möglichkeit, vollends zum Rutschenfelsen vorzuwandern, einem beeindruckenden Aussichtspunkt. Wir marschieren an der Abzweigung nach rechts, wo ein steiler Abstieg wartet, und kommen unterwegs am sogenannten Känzele **4** vorbei, das wir über eine kleine Klettereinlage erreichen, wofür wir mit einer spektakulären Aussicht belohnt werden. Hier sollte man unbedingt schwindelfrei sein. Bergab gelangen wir oberhalb des Wasserfalls zur temporär bewirtschafteten Wasserfallhütte, von der wir dann auf abschüssi-

Tipp

Das schönste Freibad der Alb wartet unserer Meinung nach in Bad Urach. Es ist ein Höhenfreibad und liegt nicht allzu weit von unserer Route entfernt.

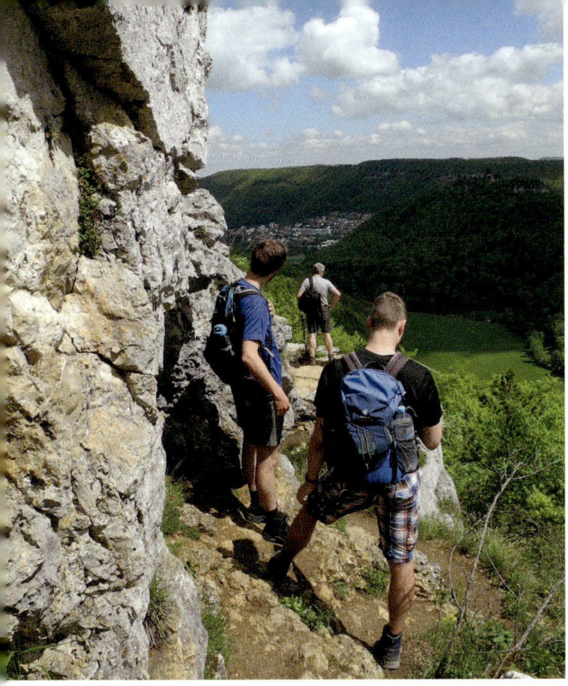

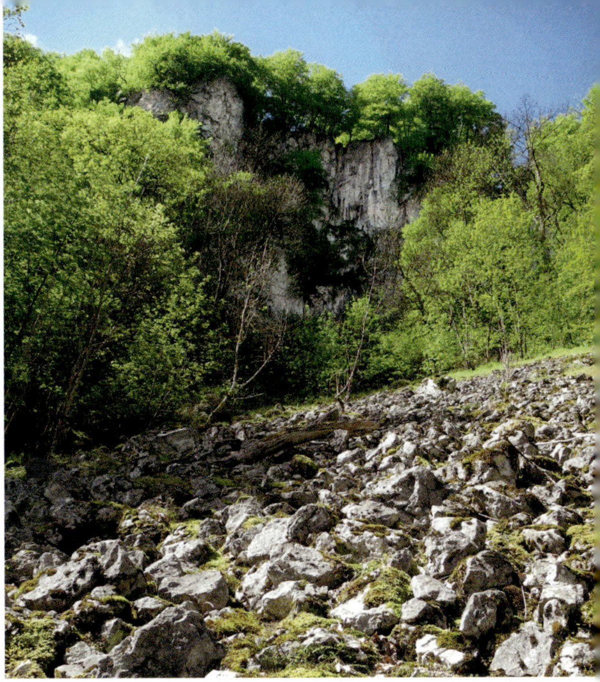

Das Geröllfeld (»Hölle«) unterhalb vom Rutschenfelsen

Links: Am Känzele muss man schwindelfrei sein.

gen Pfaden ganz zum Wasserfall hinunterwandern. Unterwegs passieren wir eine Abzweigung nach links in Richtung Hölle, zu der wir später zurückgehen. Zuerst besichtigen wir aber die »Wasserspiele« unterhalb des Falls, um dann die Hölle 5 in Angriff zu nehmen. Ein wurzeliger Pfad führt hier unterhalb des Rutschenfelsens durch ein kleines Geröllfeld. Nach dieser einen Kilometer langen Passage zweigt ein Waldweg nach rechts und ein Pfad nach links oben ab (rote Gabel). Auf diesem Weg treffen wir auf eine Hütte 6. Rechts davon gelangt man über einen komfortablen Weg zum Runden Berg. Wer will, kann dies aber auch über einen Pfad machen, dessen Einstieg allerdings schwer zu finden ist. Der komfortablere Weg verläuft nach wenigen Metern bergauf. Kurz bevor es wieder eben wird, zweigt nach links kaum merklich ein alpiner Pfad ab, der uns um die nordwestliche Flanke des Bergs herumführt. Dort kann man zu dem wenige Meter höher gelegenen unspektakulären Wiesenplataeu des Berges hinaufwandern oder dem Verlauf unseres Pfads ins Tal folgen. Der Pfad trifft auf den vom Ende der Hölle kommenden Waldweg. Hier müssen wir nach links, um dann nach 200 Metern rechts abzubiegen. Wir marschieren noch 500 Meter weiter und sind damit im Brühlbachtal. Um dem Trubel am Wasserfall zu entgehen, wandern wir auf der linken Talseite Richtung Bad Urach zum Eingang des Maisentals. Dort queren wir den Bach nach rechts und gehen auf der asphaltierten Zugangsstraße am Maisenstüble vorbei zur Bahnstation Bad Urach/Wasserfall 7.

6

Alpine Momente, Höllenlöcher und ein Matterhörnle

Über den Glemser Felsenkranz zu den Dettinger Höllenlöchern

mittel	11 km	660 Hm	4 Std.

Tourenverlauf
Glems, Haltestelle Waldhorn – Wolfsfelsen – Wiesfels – Carolafels – Höllenlöcher – Calverbühl – Dettingen/Erms, Bahnhof

Anfahrt
Mit der Buslinie 100 von Dettingen/Erms–Mitte nach Glems.

Ausgangspunkt
Bushaltstelle Waldhorn, Glems.

Endpunkt
Dettingen/Erms Bahnhof.

Information
Gemeindeverwaltung Dettingen an der Erms, Rathausplatz 1, 72581 Dettingen an der Erms, Telefon (07123) 72070, www.dettingen-erms.de

Karte
Reutlingen, Bad Urach, 1:35000, SAV Blatt 19, 2016. Es fehlt hier zum einen ein Teilstück des Trampelpfads zum Trauf beim Wolfsfelsen hinauf und zum anderen der alte Wanderwegverlauf zum Metzinger Ries.

Wir wandern auf dem aufgegebenen Traufwanderweg vom Wolfsfels zum Wiesfels, einem großen Kletterfels, den wir an seinem Sockel und durch ein kleines Geröllfeld umgehen. Es folgen weitere tolle Aussichtspunkte und Felsen wie z. B. der Carolafels, auf dem man etwas herumkraxeln kann. Gegen Ende werden die Höllenlöcher passiert. Diese kleine und enge Schlucht wird mit Hilfe von Eisenleitern durchstiegen.

Wir beginnen unsere Wanderung in Glems an der Bushaltestelle Waldhorn **1** in der Neuhauser Straße (440 m). Nach wenigen Metern geht links ein Fußweg ab, der uns in die Straße Im Baumgarten leitet. Hier halten wir uns rechts und folgen der Straße 300 Meter, bevor wir nach links in die Kirchstraße abbiegen. Nach 150 Metern zweigt nach rechts ein Fahrradweg ab, der

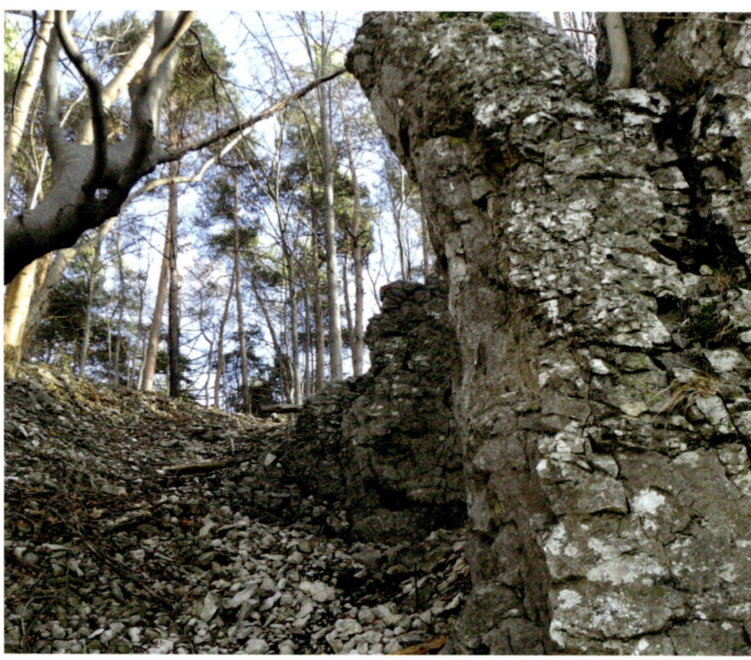

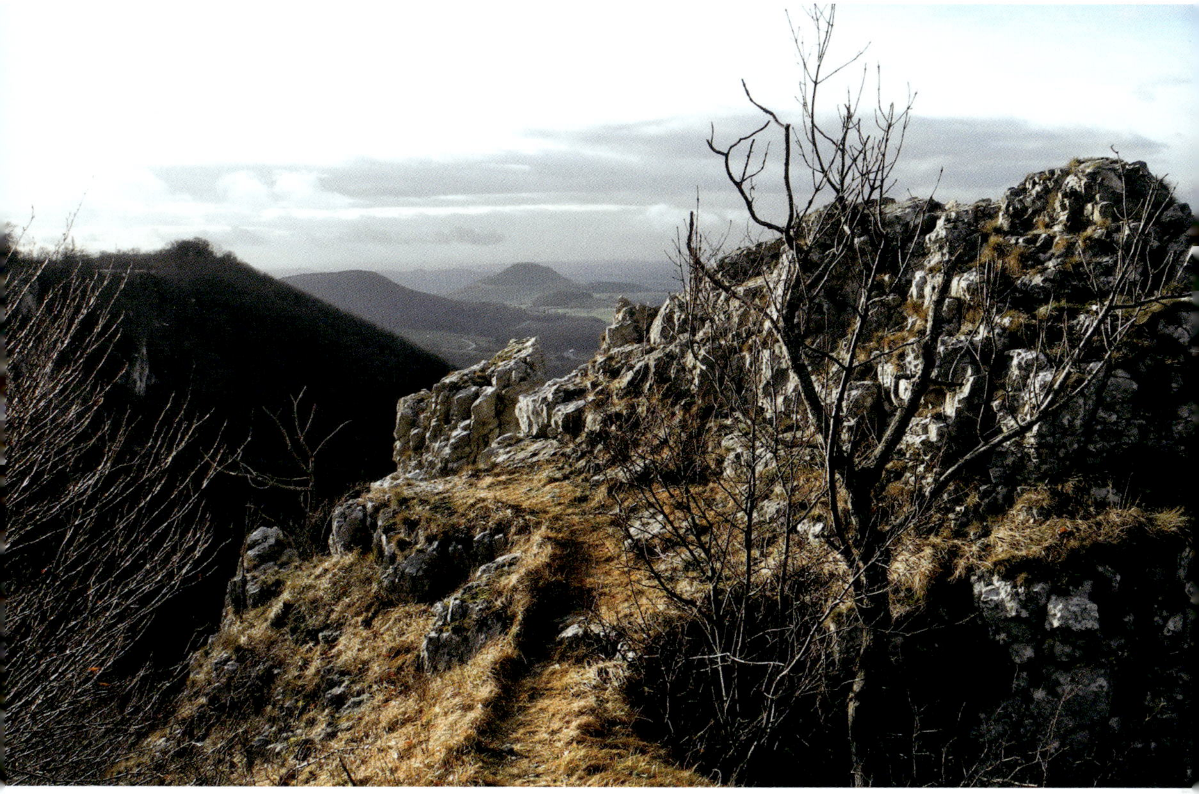

Kurzer Kammpfad zum Naturdenkmal Carolafelsen

Linke Seite: Anstieg über ein kleines Geröllfeld beim Wiesfels

uns einen Kilometer moderat bergauf führt. Am Waldrand beziehungsweise am Fuß des Traufs beginnt ein schmaler Pfad, der uns durch den Hangwald in direkter Linie über 200 Höhenmeter zum Trauf hinaufbringt. Dort treffen wir auf den alten aufgelassenen Traufwanderpfad, der Insidern zufolge ob seiner Schönheit als Premiumwanderweg wieder ins offizielle Wanderwegenetz integriert werden soll. Wir wandern nach links und stoßen gleich darauf auf den Wolfsfelsen (780 m) 2. Wir ignorieren die Wegzeichen und marschieren einfach am Trauf entlang beziehungsweise dem erkennbaren Pfad hinterher. Man merkt, dass nicht viele Wanderer auf diesem spannenden Pfad unterwegs sind, denn an einigen Stellen ist er etwas ausgesetzt und schwer zu be-

Einkehr und Unterkunft

Einkehr: in Dettingen/Erms

Unterkunft (Auswahl): Gasthaus Traube, Neuffener Str. 16, 72581 Dettingen, Telefon (07123) 8590, www.gasthaus-traube-dettingen.de; Hotel Restaurant Rößle, Uracher Str. 30–32, 72581 Dettingen/Erms, Telefon (07123) 97800

gehen. Nacheinander passieren wir den Höllenlochfels, und den Grünen Fels (780 m) und erreichen anschließend das Rossbergfeld. Nun geht es leicht bergab und wir stehen vor dem Wiesfelsen ❸, einem tollen Kletterfelsen. Nachdem wir die Aussicht genossen haben, wandern wir wenige Meter zurück. Nach rechts verläuft ein Pfad bergab, dem wir 200 Meter um den Felssockel herum folgen. Es eröffnen sich beeindruckende Perspektiven auf das tolle Felsmassiv. Am Ende des Wegs müssen wir ein kurzes Geröllfeld hinauf, um wieder zum Felskopf zu kommen. Dort treffen wir erneut auf den alten Traufpfad, dem wir nach links 150 Meter folgen. Jetzt mündet der Pfad in den offiziellen Wanderweg (rote Gabel), auf dem wir bequem den schönen Rossfels mit Gipfelkreuz und den Olgafels (760 m) erreichen, der direkt am Flugfeld und seinen Gebäuden liegt. Vom Olgafels aus kann man rechter Hand bereits eine großartige Felsformation sehen, den Carolafelsen ❹, der ob seines Aussehens und dem schwäbischen Humor nach auch kleines Matterhörnle genannt wird (mit der Betonung auf sehr, sehr klein). Wir orientieren uns weiter am offiziellen Wanderweg und achten darauf, dass wir nach 300 Metern nicht den Stichweg zum Carolafelsen verpassen. Dieser ist ein Naturdenkmal, auf dem man sich dementsprechend

Rechte Seite: Unterhalb des Wiesfels

Mitte: Kletterer beim Abmarsch ins Tal

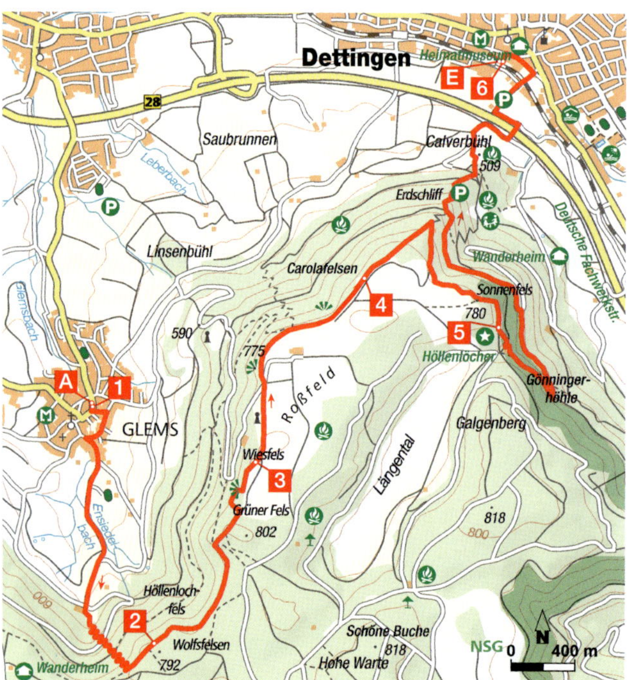

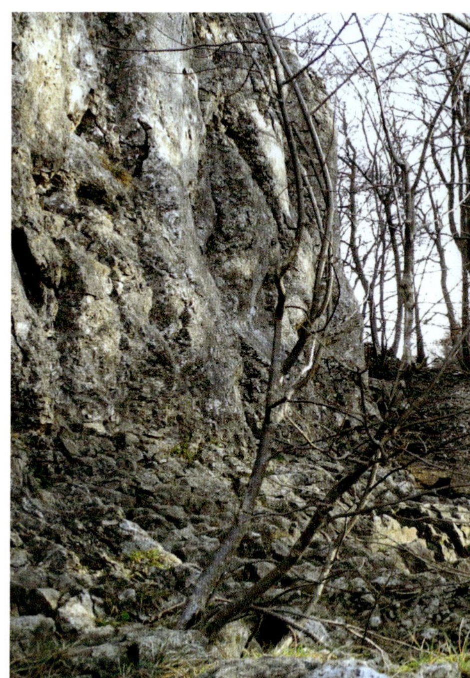

rücksichtsvoll verhält. Man kann an ihm problemlos circa drei Meter weit hinaufklettern, was diesen Abschnitt kurzzeitig zu einer T3-Wanderung »aufpimpt«. Wandern wir den Stichweg zurück, geht von ihm nach links der alte Traufwanderweg ab, der uns nun durch den lichten Traufwald zum nächsten Felsen führt. Auch bei diesem handelt es sich um ein Naturdenkmal, an dem eine Gedenktafel daran erinnert, dass hier 1956 ein Wanderkamerad abgestürzt ist. Wir marschieren auf dem alten Weg zur Spitze des Felsenkranzes vor, dem Metzinger Ries. Dort geht es nach rechts und wir folgen dem Pfad, der vor dem Sonnenfels (760 m) in den offiziellen Wanderweg mündet, zu den Höllenlöchern. Man muss aufpassen, dass man den

Anforderungen

SAC-Wanderskala: Vom Wolfsfels zum Wiesfels – ein spannender Pfad in einer Bergflanke, an schönen Felsen vorbei: anspruchsvolles T2. Die Geröllpassage am Wiesfels, die Kraxelei am Carolafels und durch die Höllenlöcher: T3. Der Abstieg hinter den Höllenlöchern: T2.

Kletterei und Seilpassagen: Am Ende des Zugangswegs, der am Sockel des Wiesfels entlangführt, wartet ein kleines, aber steiles Geröllfeld. Wer da nicht hinaufwill, geht einfach zurück. Wer auf den Carolafelsen steigt, braucht Schwindelfreiheit, weil es rechts davon senkrecht hinuntergeht. Durch die Höllenlöcher führen zwei einfache Leiterpassagen (Vorsicht bei Nässe) und ein steiler, rutschiger Abstieg.

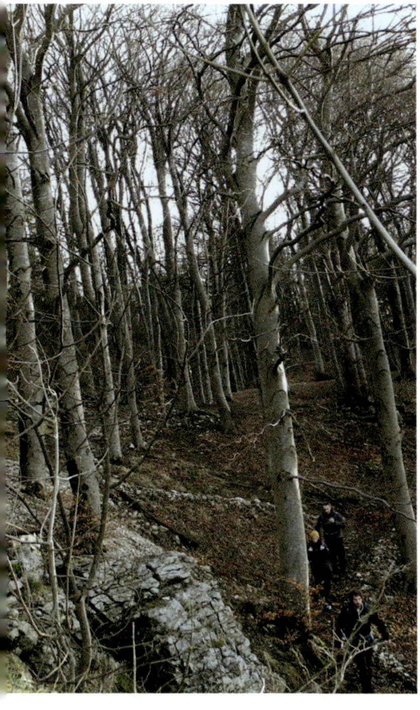

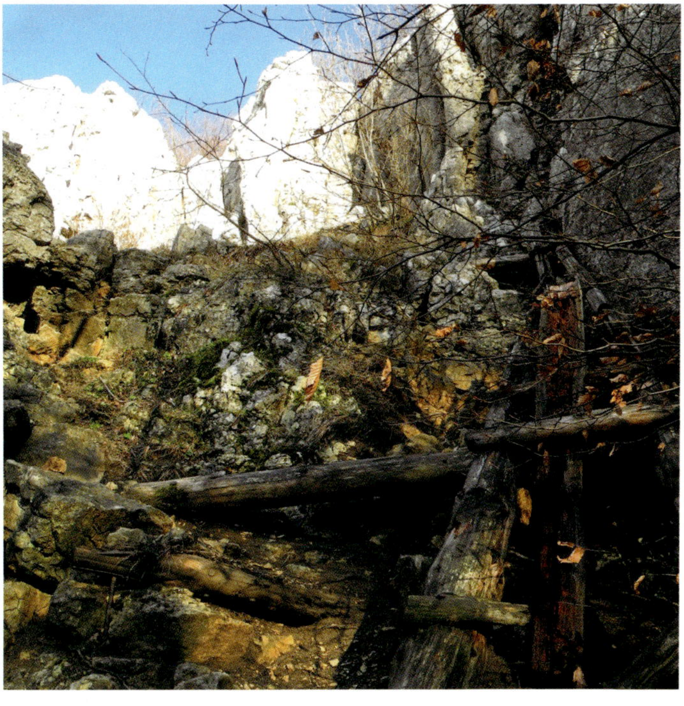

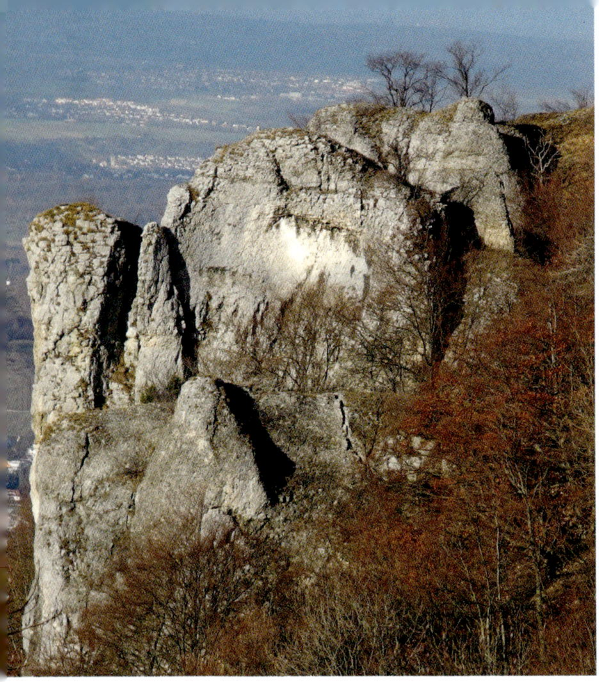

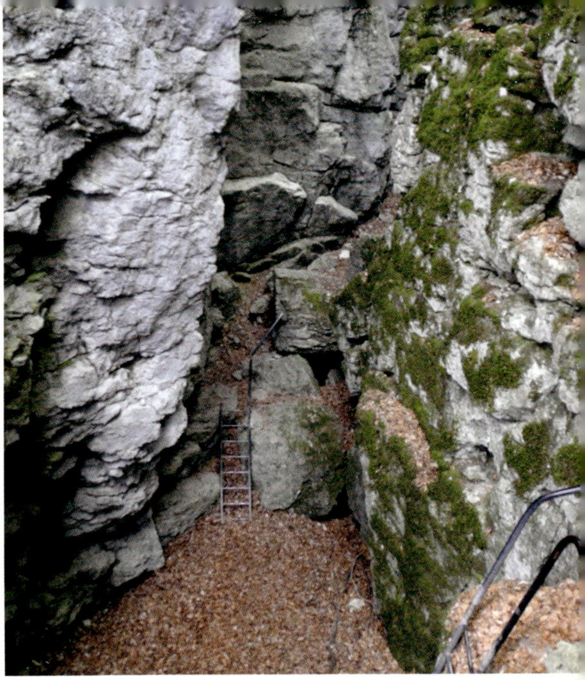

Blick zum Carolafels vom Olgafels aus

Rechts: Die Leiterpassage durch die Höllenlöcher

Rechte Seite: Hinter den Höllenlöchern liegt dieser tolle Pfad.

Einstieg in die kleine Schlucht nicht verpasst – er befindet sich 300 Meter hinter dem Sonnenfelsen. Der Abstieg in die Felskluft ist kurz, aber steil, danach führen zwei glitschige Leiterpassagen zum Ende der Höllenlöcher 5. Direkt gegenüber liegt unsere Wegfortsetzung, aber bevor es weitergeht, klettern wir noch kurz den schönen Felsen empor und genießen die Aussicht aufs Ermstal – eine weitere T3-Option! Anschließend wandern wir direkt dem blauen Dreieck folgend bergab. Der schmale, nicht einfach zu begehende, aber tolle felsige Weg endet nach 200 Metern an einem Forstweg, dem wir ohne Wegzeichen nach links folgen. Er trifft nach 400 Metern in einer Kurve auf einen anderen Forstweg, auf dem wir uns nach links bergauf bewegen. Kurz darauf leitet in einer weiteren Kurve das blaue Dreieck nach rechts hinunter beziehungsweise zum Sonnenfels hinauf, aber diesen Abzweig ignorieren wir. Stattdessen nehmen wir hier den Weg, der unmarkiert geradeaus in den Hang hinein und leicht bergab führt. Nach 400 Metern knickt ein extrem steiler unmarkierter Pfad ab und trifft kurz vor dem Calverbühl (500 m) auf die mit dem blauen Dreieck markierte Wanderroute. Vom Calverbühl geht's weiter bergab, Dettingen liegt bereits vor uns. Wir überqueren kurz darauf die B 28 und folgen dem blauen Dreieck erst nach links und dann nach rechts (Keckbronnenweg). Schließlich gelangen wir nach Dettingen/Ems (400 m) in die Karlstraße, gehen auf dieser 200 Meter nach links und sehen linker Hand den Bahnhof Dettingen 6.

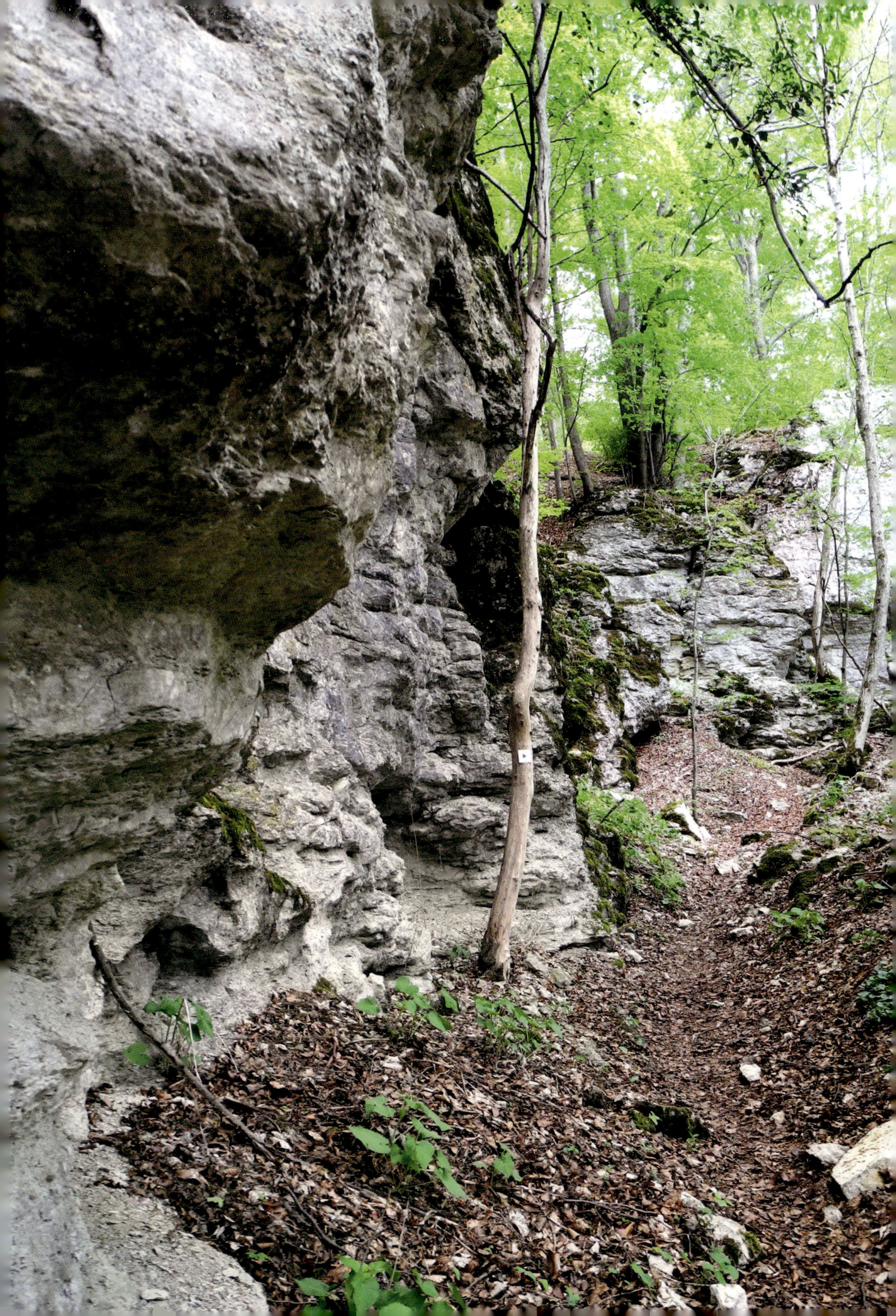

7 Steile Wege um das Märchenschloss

Die alpinen Wegabschnitte um den Lichtenstein

mittel | 9 km | 560 Hm | 3,5 Std.

Tourenverlauf
Lichtenstein, Parkplatz/Bushaltestelle Traifelberg – alte Passstraße – Ohafels – Felsenmeer – Alter Lichtenstein – Schloss Lichtenstein – Föhnerquelle – Sonnenfelsen – Lichtenstein, Parkplatz/Bushaltestelle Traifelberg

Anfahrt
Mit dem Zug nach Reutlingen und von dort mit dem Bus 400 oder 7606 zum Traifelberg, oder mit dem Auto direkt zum Wanderparkplatz Traifelberg.

Ausgangspunkt
Wanderparkplatz/Bushaltestelle Traifelberg, Lichtenstein.

Endpunkt
Wanderparkplatz/Bushaltestelle Traifelberg, Lichtenstein.

Information
Gemeinde Lichtenstein, Rathausplatz 17, 72805 Lichtenstein, Telefon (07129) 6960, www.gemeinde-lichtenstein.de

Karte
Reutlingen, Bad Urach, 1:35 000, SAV Blatt 19, 2016. Die alte Passstraße unterhalb des Tobelkopfs ist nicht eingezeichnet, aber leicht zu finden.

Es gibt drei als »alpin« gekennzeichnete Pfade, die um den Lichtenstein herum gruppiert sind und alle auf der rechten Seite des Echaztals liegen. Zu diesen Pfaden gelangen wir durch einen unheimlichen Tunnel und auf einer alten Passstraße, die langsam zuwächst und abrutscht. Auf der anderen Talseite geht es steil zum Sonnenfelsen und anderen schroffen Aussichtspunkten empor und die Wegpassage »Unter den Felsen« verbreitet nochmals alpines Flair.

Wir beginnen unsere Tour an der Bushaltestelle der Siedlung Traifelberg ❶. Zunächst wenden wir uns nach links und marschieren circa 300 Meter auf dem linken Seitenstreifen der – Vorsicht! – viel befahrenen Hanauer Steige hinunter. Links taucht eine erste Felswand auf, dann macht die Straße eine Spitzkehre. Hier geht nach links die alte Passstraße ab ❷. Nun folgt ein sehr spezieller Abschnitt, der etwas unheimlich ist und eher an eine urban-exploring-Tour durch alte abbruchreife Häuser erinnert. Links erhebt sich eine Felswand, rechts sehen wir abgerutschte Geländer und ein holpriger Weg führt auf einen nassen, dunklen Tunnel zu. Hinter dem Tunnel geht es steil und ausgesetzt nach rechts zu einem kleinen Felsen mit schöner Aussicht empor. Wenige Meter weiter treffen wir auf den von links kommenden offiziellen Wanderweg. Bald entdecken wir rechts den Einstieg in den ersten alpinen Wegabschnitt (Ernst-Etter-Weg) ❸, auf den ein Warnschild hinweist. Ein schmaler Pfad führt uns steil zum Ohafels-Tobel hinunter. Nach 300 Metern ist der schwierige Abschnitt bereits zu Ende und es geht schnurgerade zu einer 200 Meter entfernten Forstwegkreuzung. Hier halten wir uns links und wandern auf einem Forstweg 300 Meter leicht bergan. Dabei kreuzt unser Weg zwei Wanderweg, die von der Echazquelle heraufkommen. Dem zweiten kreuzenden Wanderweg folgen wir nach links zum Felsenmeer beim Kassenfels (700 m). Dort geht es erneut nach links weiter hinauf. Nach 200 Metern beginnt lin-

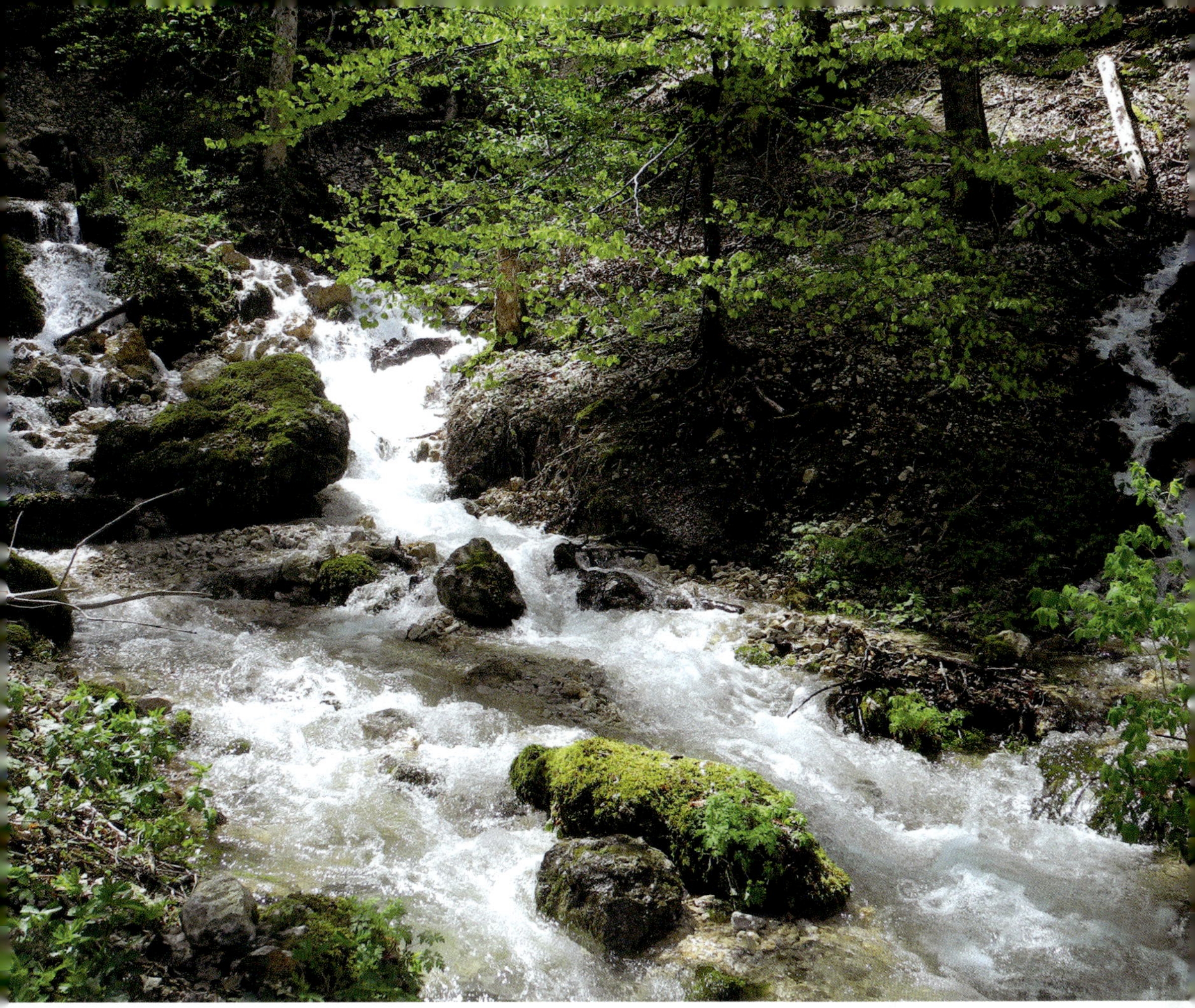

Im Tal bei der Föhnerquelle

ker Hand der zweite alpine Wegabschnitt 4, der uns zunächst steil unter die Felsen rund um die Ruine Alter Lichtenstein und schließlich zu diesen hinaufbringt. Ein rotes Sicherungsseil hilft bei einer etwas rutschigeren Passage. Oben angekommen, kann man die etwa 200 Meter lange Krippenformation erkunden, bevor es zum nicht weit entfernten Wanderweg (HW 1, rotes Dreieck) in Richtung Schloss Lichtenstein geht, dem schwäbischen Neuschwanstein. Nach einer Pause folgen wir dem roten Dreieck und gehen am Schloss und an dem Alten Forsthaus vorbei. Gleich da-

Anforderungen

SAC-Wanderskala: Trotz der expliziten Kennzeichnung der Wegabschnitte als »alpin« haben wir sie als zwar spannend, aber letztendlich doch gut zu gehen empfunden. Wir würden alle alpinen Wegabschnitte als anspruchsvolles T2 einordnen.

Kletterei und Seilpassagen: Kurze zehn Meter lange Seilpassage beim zweiten alpinen Wegabschnitt, die vollkommen problemlos ist.

Einkehr und Unterkunft

Einkehr: Schlossschenke Lichtenstein, Schloss Lichtenstein 1, 72805 Lichtenstein, Telefon (07129) 60381, www.schlossschenke-lichtenstein.de; Altes Forsthaus, Schloss Lichtenstein 1, 72805 Lichtenstein, Telefon (07129) 2440, www.altesforsthauslichtenstein.de

Unterkunft (Auswahl): Forellenhof Rössle, Heerstraße 20, 72805 Lichtenstein-Honau, Telefon (07129) 92970, www.forellenhof-roessle.de; Hotel Adler, Heerstraße 26, 72805 Lichtenstein-Honau, Telefon (07129) 4041, www.adler-lichtenstein.de

hinter wenden wir uns nach rechts in Richtung Honau hinunter und der dritte alpine Wegabschnitt beginnt (blaues Dreieck). Hier werden nun zwei Wegalternativen beschrieben, wobei die erste im GPX-Track verzeichnet ist, da die zweite Alternative aufgrund der Beschilderung leichter zu finden ist 5.

1. Nach der dritten Kurve des Wegs (gezählt ab dem Hinweisschild »Alpiner Pfad«, circa 150 Meter weiter) geht ein unmarkierter alpiner Wegabschnitt nach links ab, der steil, serpentinenartig und über das eine oder andere lose verlegte

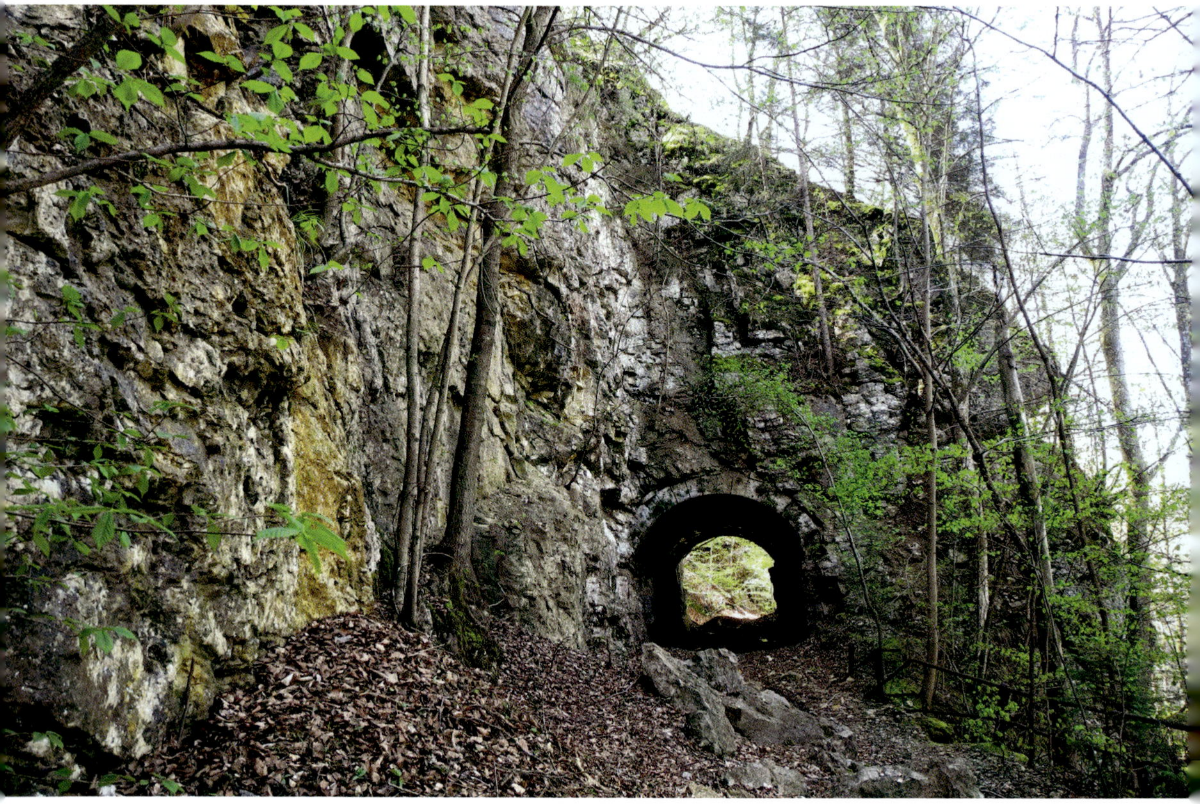

Versorgungskabel für das Schloss ins Tal hinunterführt. Kurz davor trifft er auf einen Forstweg, auf dem wir 50 Meter nach rechts wandern, dann leitet uns der offizielle Wanderweg mit der blauen Raute zur Föhner- und Echazquelle.

Linke Seite: Die zunehmend zuwuchernde und etwas unheimliche alte Passstraße

2. Wir folgen dem offiziellen Wegabschnitt, der ein kurzer Teil des Wanderwegs ist. Etwa 50 Meter dieses Wegs – der Abschnitt direkt unterhalb der Burg Lichtenstein – verlaufen auf sehr schmalen Pfaden. Daneben geht es extrem steil den Berg hinunter, hier muss man daher wirklich aufpassen! Wer an dieser Wegstelle den Halt verliert, der rutscht schnell und tief – mindestens 30 oder 40 Meter weit. Davor und hinter diesem Wegstück ist die Strecke »business as usual«, aber auch mit sehr steilen Abhängen. Beim Abstieg passieren wir den vorher gewanderten Einstieg zum zweiten alpinen Wegabschnitt und dahinter den Kassenfelsen am Felsenmeer, an dem wir nach links abbiegen und weiter bergab wandern. Nach 400 Metern geht's nach rechts zur Föhnerquelle (blaue Raute) hinunter, dann überqueren wir ein kleines Brückchen und gelangen schließlich, entlang der Forellenzucht wandernd, zur Echazquelle 6. Wenige Meter vor der Quelle gehen zwei Stege über die Echaz. Über diese gelangen wir zur Straße Alte Steige, wo wir uns nach links wenden und sofort an einer Spitzkehre auf die Heerstraße/B 312/Honauer Steige treffen. Wir gehen auf der Heerstraße in das Städtchen hinunter und stoßen nach 500 Metern rechts auf die Echazstraße.

Tobel unterhalb des Ohafelsens – die erste alpine Wegpassage

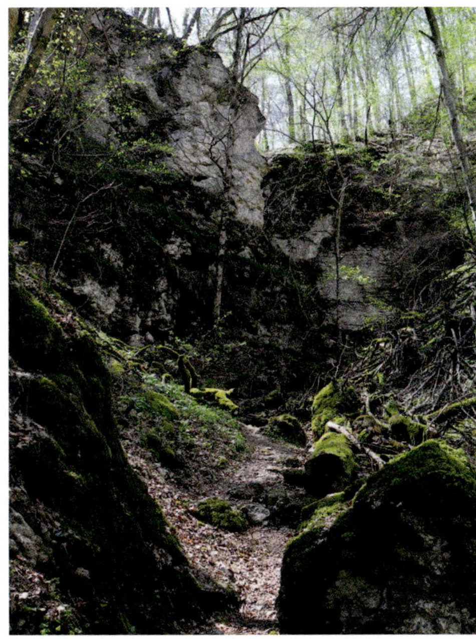

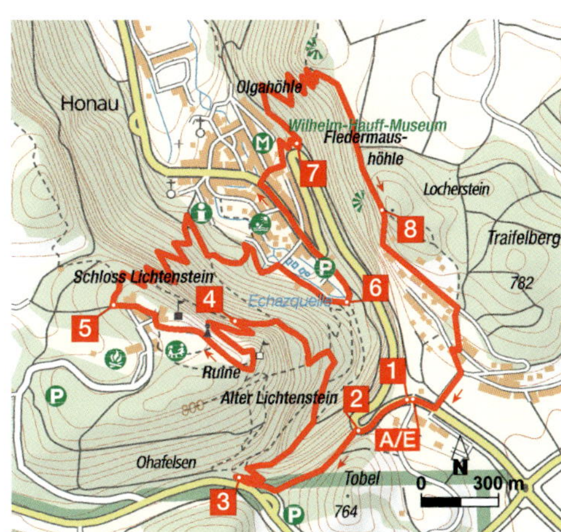

Am Freibad führt links eine Treppe hinauf. Wir gelangen in die oberhalb des Freibads verlaufende Hauffstraße und spazieren hier 100 Meter nach links. Rechts zweigt nun ein Pfad (Sonnenweg – Sonne auf blauem Untergrund) ab 7, der uns zur alten Honauer Steige/Zahnradstrecke – heute ein Fahrradweg – hinaufbringt. Wir überqueren den Weg und finden die Fortsetzung etwa 50 Meter links von uns (nicht von den digi-

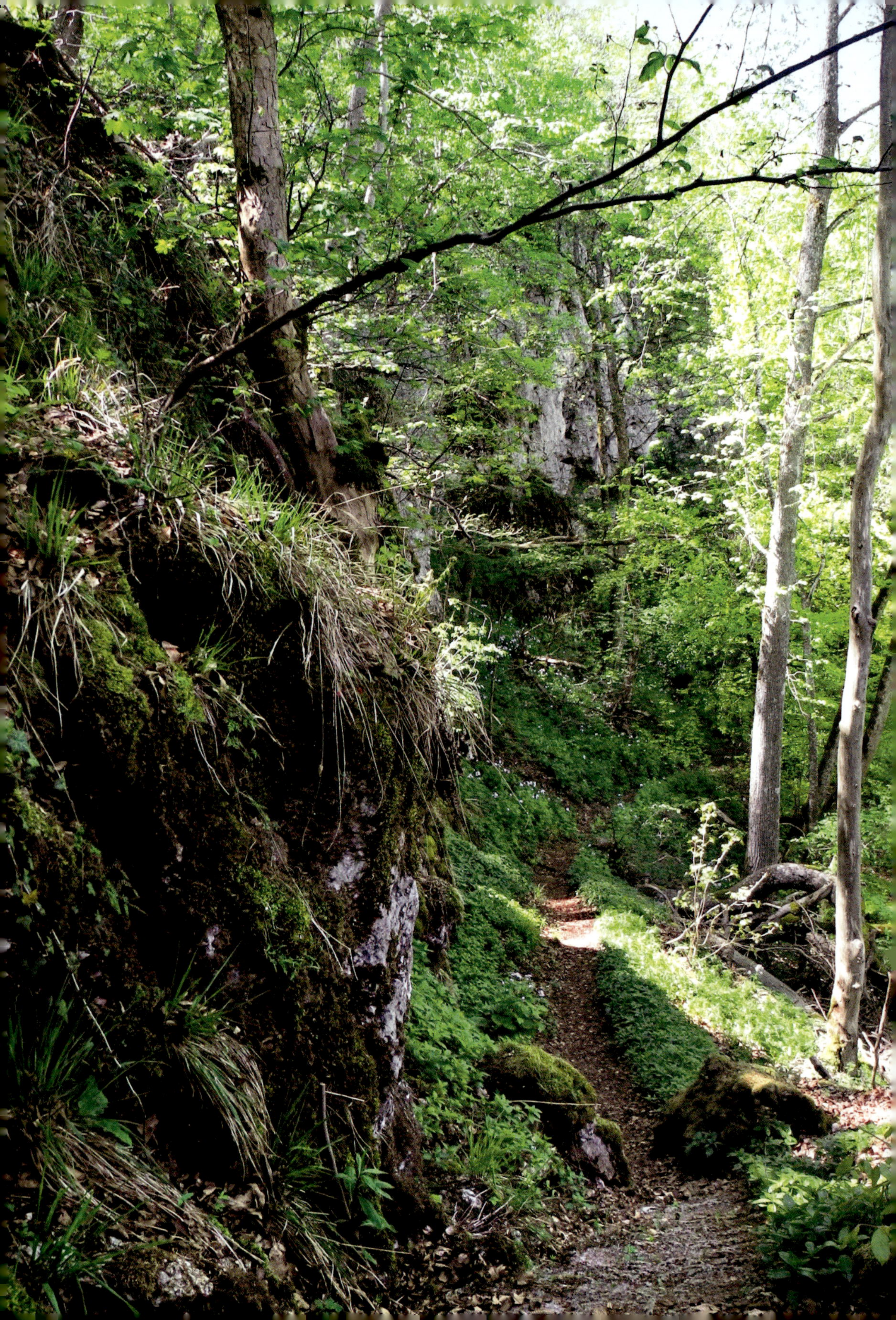

talen Karten irritieren lassen, in denen er weiter links verzeichnet ist). Es geht nun steil in etlichen Kehren zum Trauf hinauf. Der steile Pfad endet rechts des Rötensteins und das rote Dreieck des HW 1 weist uns nach rechts zum Traifelberg zurück. Wer einen kurzen Abstecher zum Rötenstein machen will, muss hier nach links. Wir passieren nun etliche Aussichtsfelsen, von denen wir tollen Blick auf das gegenüberliegende Schloss Lichtenstein und die vor uns beziehungsweise hinter uns liegenden Felsen haben. Nach 500 Metern auf diesem grandiosen Weg gelangen wir zu einer Weggabelung (Locherstein). Wir wählen die Alternative »Weg unter den Felsen« (rote Gabel) 8, die uns unterhalb des Lochersteins eindrucksvoll auf felsigem Weg zur Siedlung Traifelberg leitet. Auf der gleichnamigen Straße gehen wir in die Siedlung hinein. Nach 600 Metern folgen wir dem roten Dreieck in die Ernst-Glück-Straße nach rechts, welche wiederum auf die Traifelbergstraße trifft, die uns zu unserem Ausgangspunkt an der B 312 bringt.

Linke Seite: Der Steilpfad zum »Alten Lichtenstein«

Unten (beide): Auf der anderen Talseite liegen diese schönen Passagen.

Tipp

Wer eine Pause in Honau einlegt, kann sich überlegen, die dortige Olgahöhle zu besichtigen. Auch das Freibad ist sehr schön.

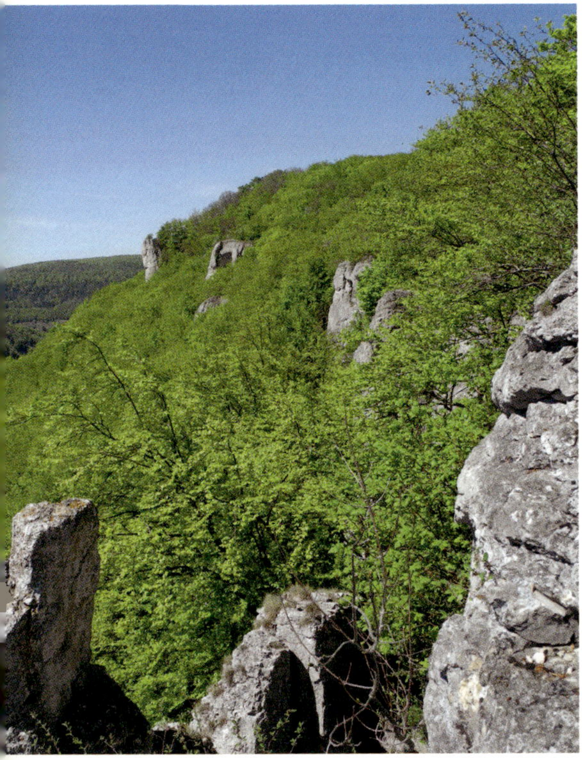

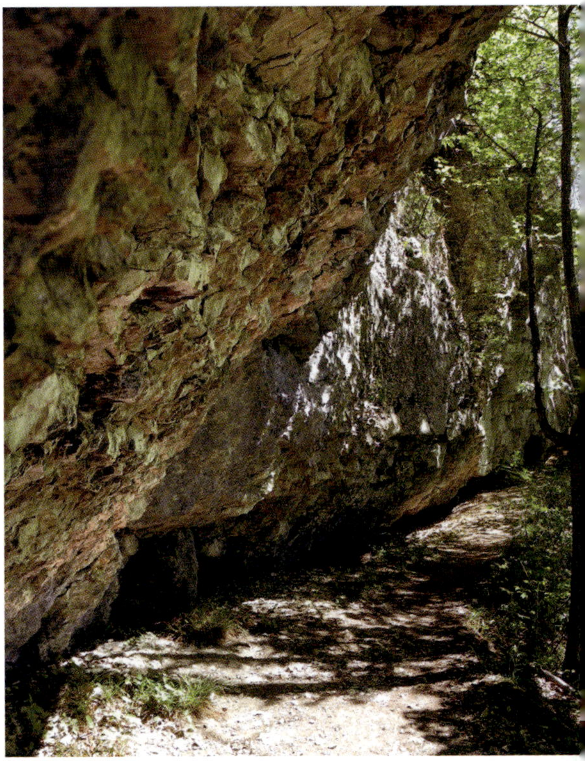

8 Eine Gebirgsjägerübung beim Felsenmeer

Der Muliweg und der Felsenmeersteig

mittel	12 km	560 Hm	4 Std.

Tourenverlauf
Burgfelden, Parkplatz Heersfeld – Kammweg – Schalksburg – Heersberg – Felsenmeer – Muliweg – Heersberg – Burgfelden, Parkplatz Heersberg

Anfahrt
Mit der Bahn nach Albstadt-Edingen, von dort mit dem Bus 44/45 nach Burgfelden, oder direkt mit dem Auto nach Burgfelden.

Ausgangspunkt
Wanderparkplatz Heersberg Albstadt-Burgfelden.

Endpunkt
Wanderparkplatz Heersberg Albstadt-Burgfelden.

Information
Albstadt Tourismus, Marktstraße 35, 72458 Albstadt, Telefon (07431) 1601204, www.albstadt-tourismus.de

Karte
Albstadt, Balingen, 1:35000, SAV Blatt WAB, 2011. Der Muliweg ist in der Karte nicht eingezeichnet.

Mit dem Edelweiss ist er markiert, der Muliweg. Früher haben hier die Gebirgsjäger mit ihren Lastenmulis für ihren Einsatz geübt. Die Bewältigung dieser durch Ketten gesicherten steilen Passage nimmt ca. 30 Minuten in Anspruch und macht viel Spaß. Zuvor lernen wir noch die Schalksburg, das Felsenmeer und die duftende Wacholderheide des Heersbergs kennen.

Los geht's am Wanderparkplatz Heersfeld ❶, der am südlichen Ortsende des Dörfchens liegt. Wir wandern wenige Meter in Richtung Dorf zurück, stoßen auf den Burgweg mit dem gleichnamigen Wegweiser (908 m) und halten uns dort links, um mit dem Traufgängerwegezeichen/roten Dreieck/grünen Baum des HW 3 über einen Wiesenpfad zum Trauf zu gelangen. Über einen tollen Gratpfad erreichen wir den Burgberg und den Wegweiser »Steinberggrat«. Hierher kehren wir nachher zurück, nun wandern wir aber zunächst zum Schalksburgturm ❷, von dem man eine herrliche Aussicht hat. Noch mehr Aussicht und massive Felsen findet man bei einem kleinen Rundweg hinter dem Turm (Traufgängerzeichen). Zurück am Wegweiser folgen wir den drei Wegzeichen nach rechts steil den Berg hinunter. Der Abstieg bringt uns an eine Forstwegkreuzung, wo wir uns weiter am Traufgängerzeichen orientieren und nach links marschieren. Bereits nach 100 Metern zweigt ein zuwachsender ehemaliger Holzabfuhrweg nach links ab ❸ und spaltet sich wenig später auf. Zwei Spuren werden zu einer, beschreiben eine kurze Rechtslinkspassage und treffen auf einen ebenfalls langsam zuwachsenden alten Forstweg. Wir folgen diesem bergauf. An einem Baum hängt rechter Hand ein alter Wegweiser und wir stellen fest, dass wir auf einem alten Wanderweg unterwegs sind. Der Pfad steigt nun sehr steil an und gibt uns einen kleinen Vorgeschmack auf den Muliweg. Wir erreichen den Heersberg und wandern ab hier auf einem Pfädchen (rote Raute) am Albtrauf entlang. Links sehen wir einen Spiel- und Rastplatz und 300 Me-

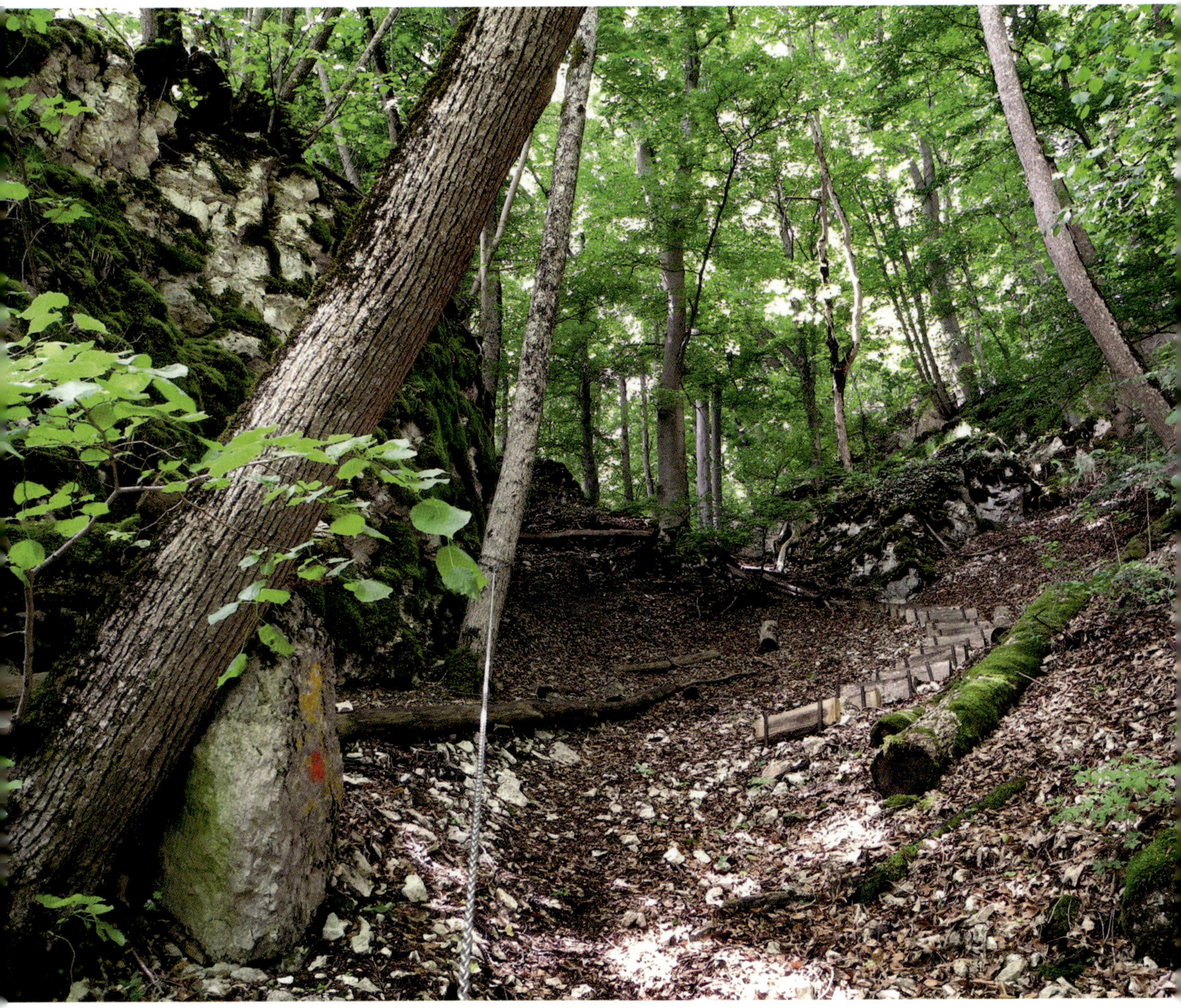

Ketten erleichtern den Aufstieg durch den Muliweg zur Albhochfläche hinauf.

ter weiter dann linker Hand den vorderen Heersberg mit seiner schönen Wacholderheide. Hier verläuft ein geschotterter Weg ohne Wegzeichen nach rechts in den Wald hinein: der Heersbergrundweg. Ihm folgen wir und nehmen nach 500 Metern die Abzweigung rechts hinunter zum Felsenmeer. Kurz vor und hinter der Abzweigung liegen zwei ausgeschilderte, aber namenlose Aussichtspunkte. Vor allem der hintere besticht durch

Anforderungen

SAC-Wanderskala: Der Ausstieg vom Felsenmeer und der Muliweg – T3. Alle anderen felsigen Abschnitte: T2.

Kletterei und Seilpassagen: Die Passage durch den Muliweg ist mit Ketten und Seilen als Aufstiegshilfe abgesichert.

Rechte Seite: Felsen bei der Schalksburg

eine tolle Felsformation. Dem Wegweiser (Felsenmeerweg) und der roten Raute folgen wir nun bergab. Nach 200 Metern entdecken wir dann das Stichwegzeichen, das uns nach links zum Felsenmeer 4 führt. Hier ist außerdem ein Hinweisschild angebracht, das den Weg durch das Felsenmeer nach Lautlingen hinunter veranschaulicht. Ein klein wenig Zeit sollte man sich nun nehmen, um die vielen bizarren Felsformationen zu erkunden, die mitten im Wald stehen und durch eine Art Rundpfad (Traufgängerzeichen) miteinander verbunden sind. Wir verlassen das Felsenmeer am gegenüberliegenden Ende über einen sehr schwierig zu gehenden mit Felsen übersäten alpinen Pfad. Rote Punkte auf den Felsen markieren die besten Durchgänge. Nach dem Abstieg halten wir uns links, das Traufgängerzeichen leitet uns auf einem Forstweg 300 Meter durch den Hangwald beziehungsweise durch eine Rechtskurve. 200 Meter weiter zweigt vom Forstweg der Traufgängerweg nach rechts Richtung Lautlingen ab. Wir bleiben ohne Wegzeichen auf dem Forstweg und nehmen nach weiteren 500 Metern den mit der roten Raute markierten steilen Pfad zum Heersberg hinauf. Oben

Einkehr und Unterkunft

Unterkunft: (Auswahl): Landhaus Post, Im Gäßle 5, 72459 Albstadt-Burgfelden, Telefon (07435) 1297, www.landhaus-post.de; Bergcafé Burgfelden, Im Gäßle 6, 72459 Albstadt-Burgfelden, Telefon (07435) 365, www.bergcafe-burgfelden.de

Einkehr: siehe Unterkunft

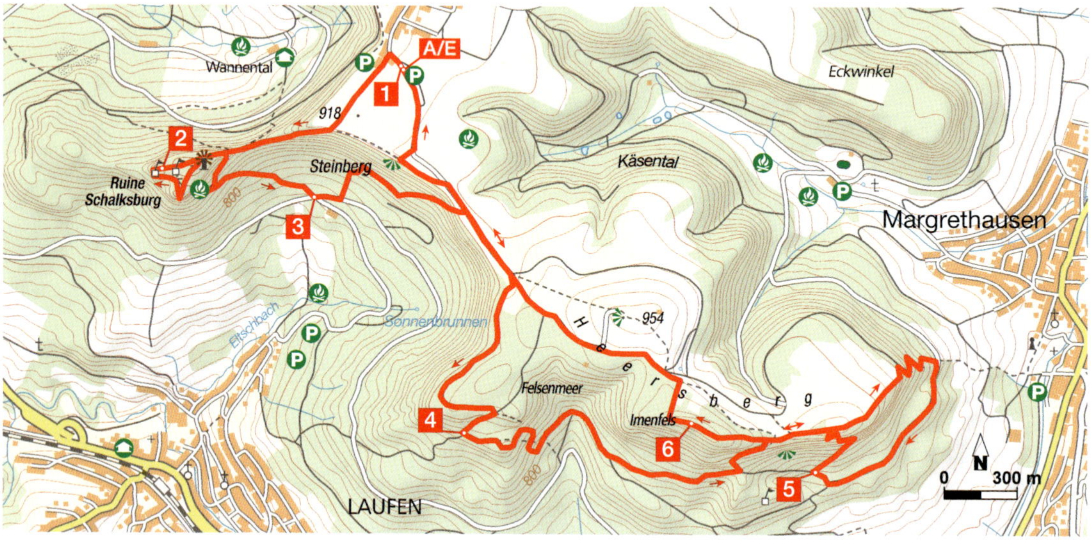

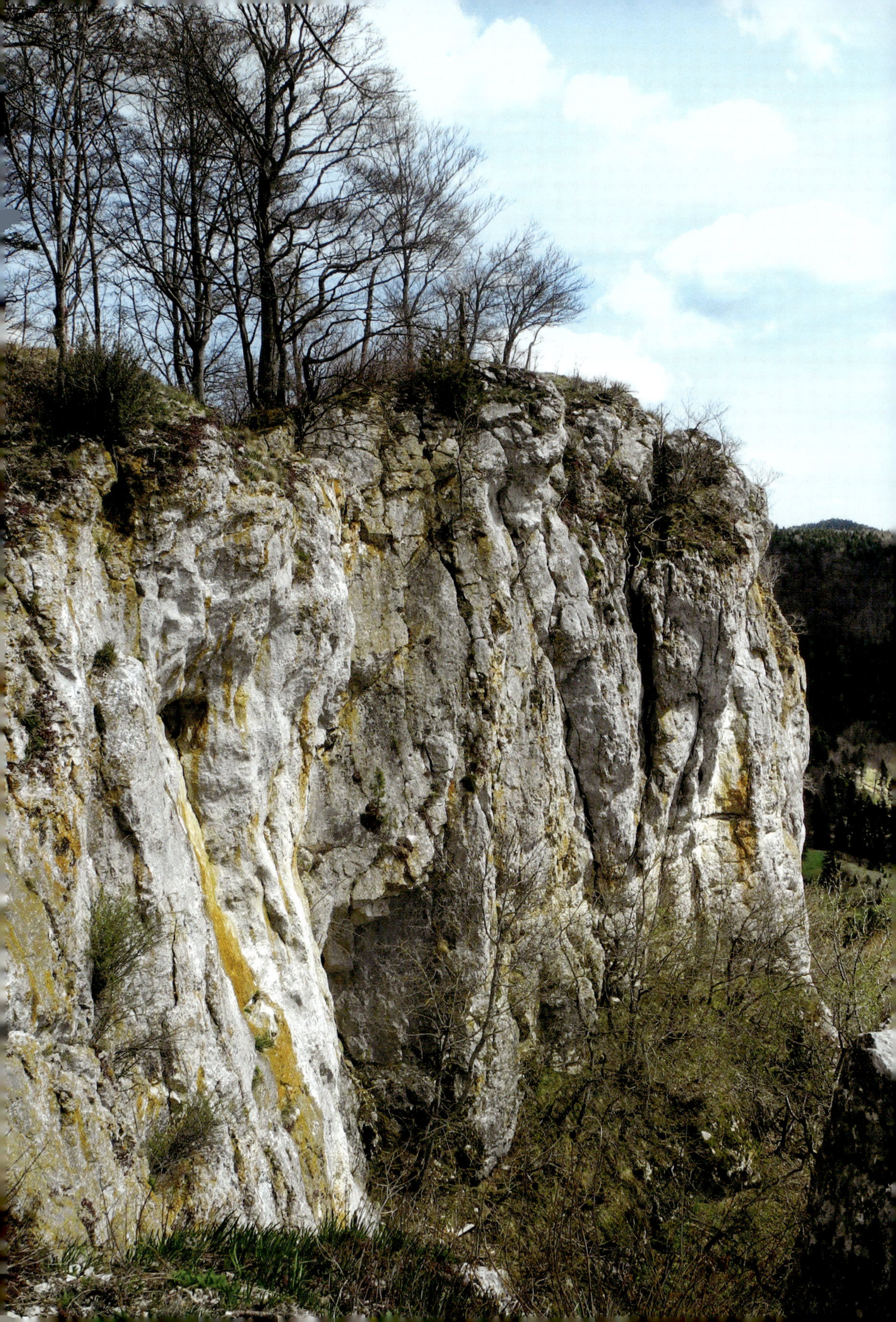

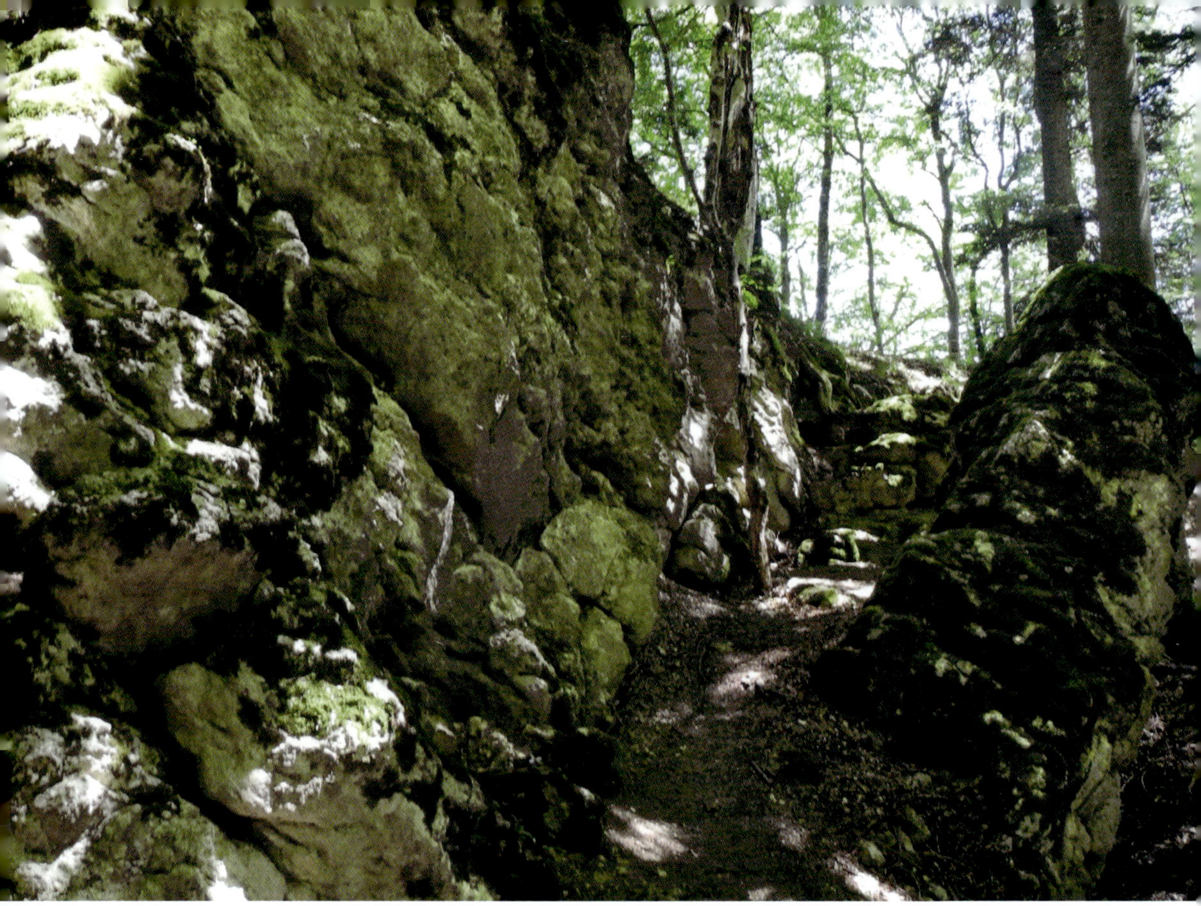

Hier geht es durch das sogenannte Felsenmeer.

Rechte Seite oben: Am Ende des Muliweges liegt diese Felsformation.

Unten: Vor dem Felsenmeer stoßen wir auf diesen namenlosen Aussichtspunkt.

angekommen, halten wir uns rechts und wandern am Trauf entlang (Traufgängerzeichen). Dabei passieren wir nach 200 Metern das Ende des Muliwegs, wo ein Gedenkstein für die Gebirgsjäger aufgestellt wurde. Diesem begegnen wir später erneut, nachdem wir den Muliweg absolviert haben, aber nun geht es hinter dem Gedenkstein noch 500 Meter am Trauf entlang, dann erfolgt ein kurzer, aber heftiger Abstieg. Dabei wird nach 200 Metern ein Forstweg gekreuzt, dem wir ohne Wegzeichen nach rechts folgen. 800 Meter weiter zweigt rechts ein mit der roten Raute markierter Pfad ab. Auf diesem marschieren wir 50 Meter bergauf. Jetzt heißt es aufgepasst: Etwas in der Vegetation versteckt weist links an einem Baumstumpf ein blaues Schild mit der Aufschrift »ENZ« – oder ist es ein Edelweiß? – nach rechts 5. Jetzt beginnt der eigentliche alpine Wegabschnitt, denn durch einen Felstobel geht es sehr steil hinauf. An Bäumen befestigte Ketten und Treppenstufen helfen beim Aufstieg. Die erste Etappe ist nach 500 Metern geschafft. Hier wartet auf einer Felspassage eine Aussichtsbank mit Blick auf einen mit einem Gipfelkreuz gekrönten Felsen und auf Lautlingen. Ein letzter steiler, felsiger Anstieg bringt uns vollends durch Felsformationen zum Gedenkstein hinauf. Das war es nun mit Auf- und Abstiegen, jetzt ist gemächliches Austrudeln über den Heersberg und seine wundervollen Wacholderheiden angesagt. Wir überqueren mit dem Traufgängerwegzeichen den eigentlichen »Gipfel« des Heersberg – eine kleine Erhebung 6. Danach mündet der Weg in den Wanderweg, der mit der roten Raute gekennzeichnet ist und den wir noch von vorher kennen. Der einen Kilometer entfernte Wanderparkplatz Heersfeld liegt in Blickweite, ein kühles Blondes winkt wenige Meter weiter direkt in Burgfelden.

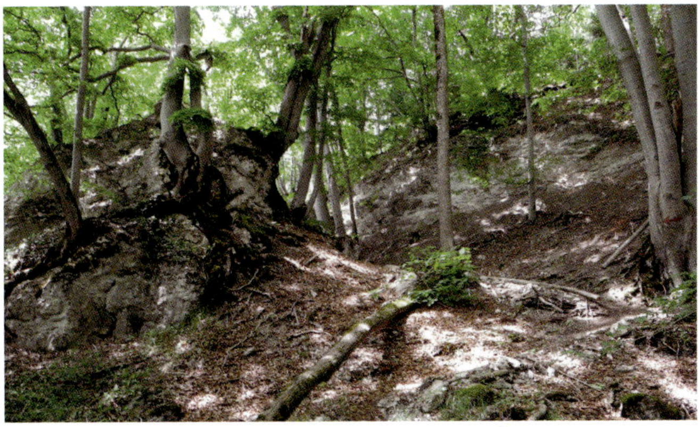

Tipp

Gegenüber vom Heersberg, auf der anderen Talseite, verläuft noch die sogenannte Hossinger Leiter: Eine schöne Felspassage, die über Leitern und Stege begangen werden kann.

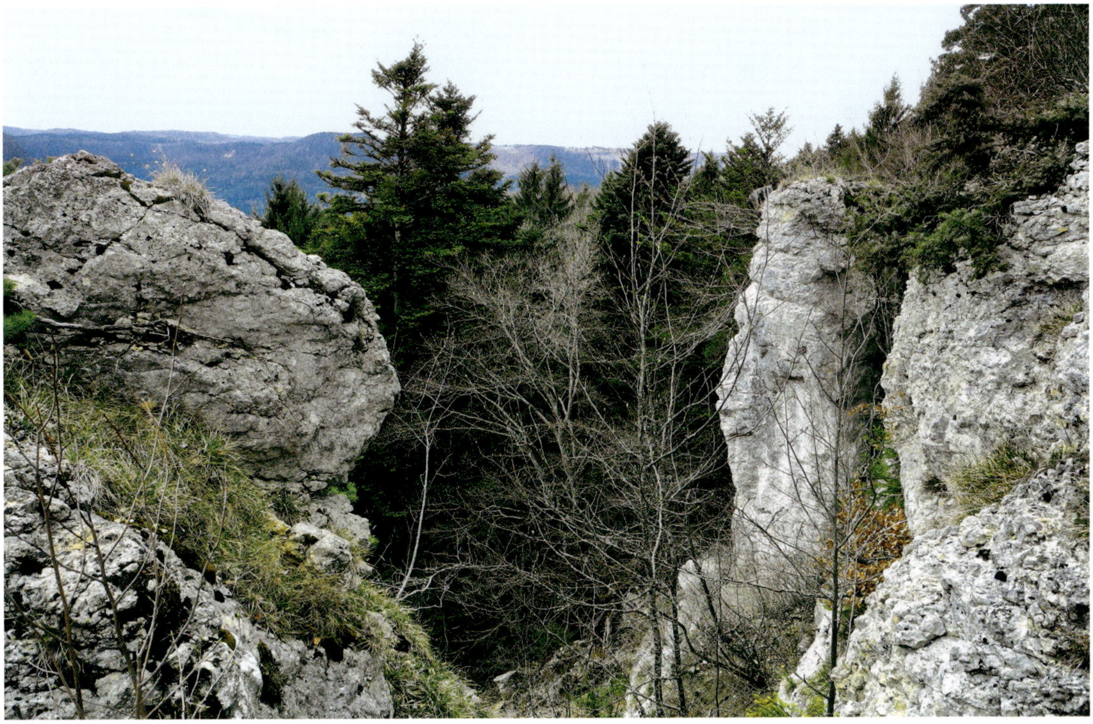

9 Wo die Alb die 1000-Meter-Marke übersteigt

Steil am Plettenberg

mittel | 15 km | 660 Hm | 5 Std.

Tourenverlauf
Dotternhausen, Parkplatz Plettenberg – Russawegle – Plettenberg – NSG Plettenkeller – Steilanstieg – Plettenberghütte – Querung Seilbahn – Steilabstieg – Dotternhausen, Parkplatz Plettenberg

Anfahrt
Mit der Bahn nach Balingen, dann mit dem Bus 7440 nach Dotternhausen (Rathaus) und von dort zu Fuß zum 600 Meter entfernten Plettenbergparkplatz, oder mit dem Auto direkt zum Wanderparkplatz.

Ausgangspunkt
Wanderparkplatz Plettenberg.

Endpunkt
Wanderparkplatz Plettenberg.

Information
Gemeinde Dotternhausen, Hauptstraße 21, 72359 Dotternhausen, Telefon (07427) 940 50, www.dotternhausen.de

Karte
Albstadt, Balingen, 1:35 000, SAV Blatt WAB, 2011. Das Russawegle und der Weg durch das NSG Plettenkeller sind in der Karte nicht beziehungsweise nicht vollständig eingezeichnet. Es fehlt zudem der kleine Stichweg von der Zufahrtsstraße (Plettenbergstraße) in den kleinen Steinbruch.

Ein kurzer, alpiner Zugangspfad, der sogenannte »Russaweg«, bringt uns durch ein Geröllfeld in steilen Serpentinen zum Plettenberg hinauf. Von dort geht´s in das wilde Naturschutzgebiet Plettenkeller, das direkt unter der Abbruchkante des Berges liegt und durch das ein abenteuerlicher Trampelpfad führt. Ein mit Aufstiegshilfen gesicherter, gratartiger Steilanstieg bringt uns schließlich wieder aufs Plateau zurück.

Unsere Wanderung starten wir am Plettenbergparkplatz (690 m) ❶. Von hier folgen wir ohne Wegzeichen der Zufahrtsstraße für etwa einen Kilometer in Richtung Plettenberg. An einer scharfen Linkskurve treffen wir auf einen Stichpfad, der in einen kleinen aufgegebenen Steinbruch führt, den sich Neugierige ruhig genauer anschauen sollten. Ansonsten halten wir uns hier rechts und folgen dem Verlauf des Forstwegs, der zuerst eine Linkskurve und dann eine scharfe Rechtskurve beschreibt. 200 Meter dahinter wandern wir bei der nächsten Abzweigung nach links und treffen wenig später wieder auf die asphaltierte Plettenbergstraße. Rechter Hand liegt nun der Wanderparkplatz Teufelsküche. Etwa in der Mitte des Parkplatzgeländes geht zwischen Büschen – man muss ein bisschen suchen – unser erster alpiner Pfad ab. Das »Russawegle« ❷ bringt uns über 300 Meter Serpentinen durch ein kleines Geröllfeld steil hinauf zum Plateau des Plettenberg (1002 m). Hier wandern wir nach rechts (rotes Dreieck, blau-grüner Kreis des Donau-Zollernalb-Wegs) und entdecken großartige Aussichtspunkte, die direkt am Trauf liegen. Dieser fällt hier sehr steil und direkt ab. Nach 200 Metern mündet der Pfad in die Zufahrtststraße ein, auf der wir zur nahen Plettenberghütte marschieren, einer urigen Berghütte mit tollem Jausenangebot. Wir bleiben noch einige Meter auf der Straße, dann geht nach links ein steiler und steiniger Pfad hinunter (blaues Dreieck). Nun stoßen wir auf die Wegkreuzung »Plettenberg-Ost« und sehen bereits 100 Meter weiter die

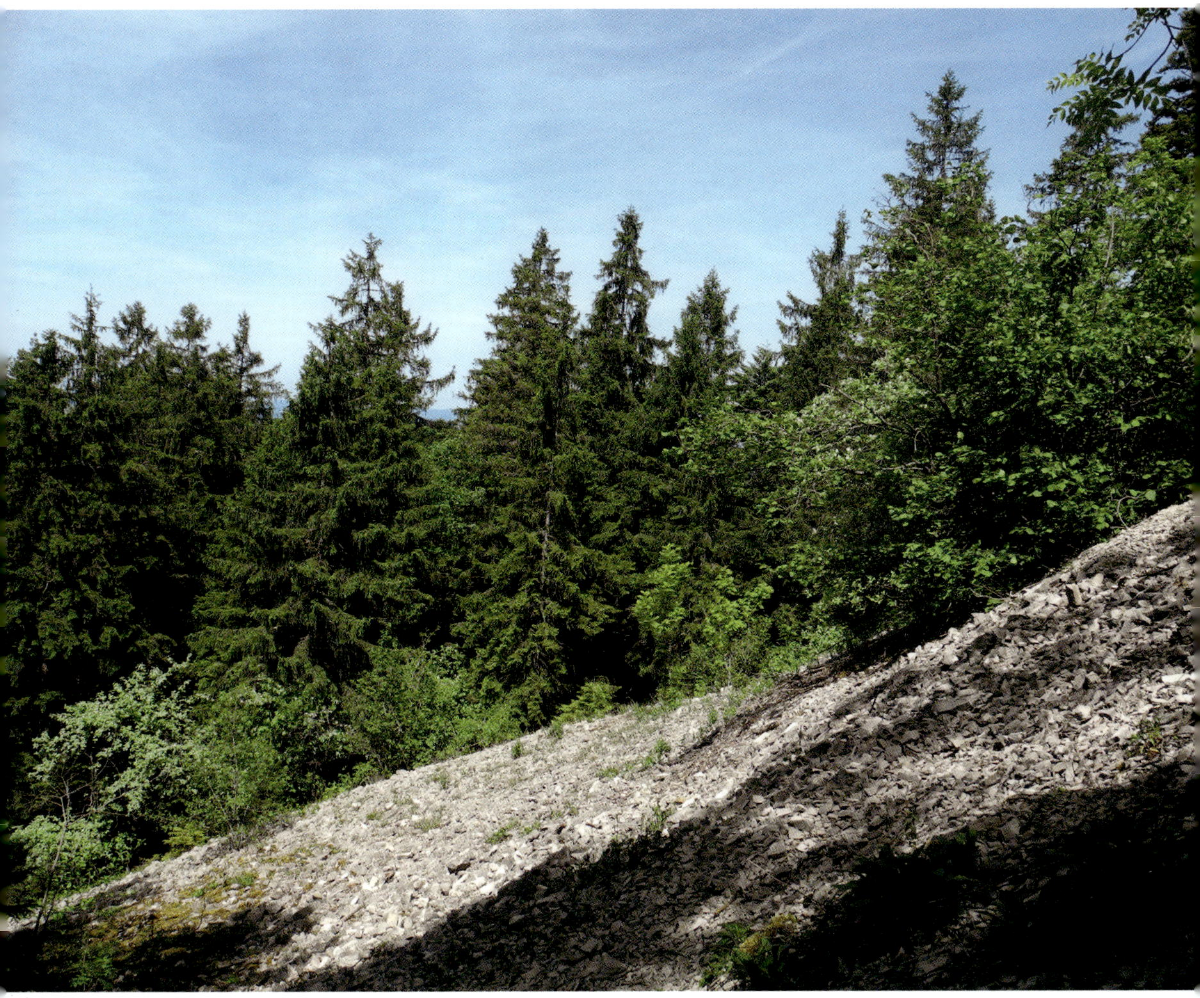

Durch dieses Geröllfeld führt das Russawegle.

Wegkreuzung »Plettenberg-West«. Zu dieser wandern wir aber nicht hinunter, sondern wir orientieren uns nach links und gehen damit wieder in Richtung Plettenbergflanke. Der unmarkierte Pfad führt uns in das NSG Plettenkeller ❸ hinein und einen guten Kilometer weit durch dieses hindurch. Zuerst durchqueren wir ein Waldstück, dann sehen wir linker Hand zunehmend die Felsen und Geröllfelder des Berges. Sollte der Pfad wegen Felssturzes gesperrt sein, verläuft rund 100 Höhenmeter tiefer ein Forstweg parallel dazu, der

Anforderungen

SAC-Wanderskala: Das Russawegle: schweres T2. Der Pfad durch das NSG Plettenkeller: teilweise T3. Der Steilaufstieg zum Plettenberg: schweres T2. Der Steilabstieg vom Plettenberg: schweres T2.

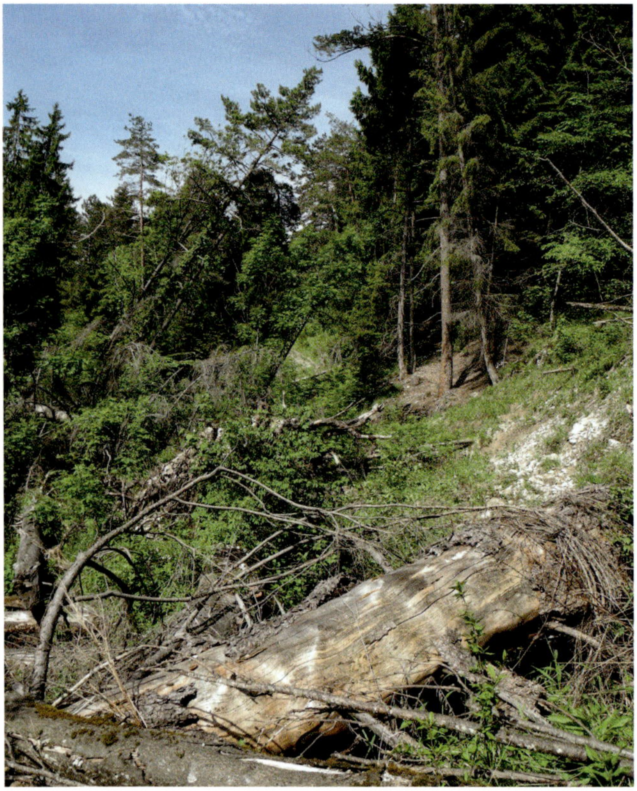

vom Wanderweg nach Ratshausen abgeht (siehe Wanderkarte). Nach der Durchquerung des NSG Plettenberg treffen wir auf die Wegkreuzung »Steilaufstieg« (866 m) ❹ und steigen – der Name ist Programm – steil auf einem Felsgrat wieder zum Plettenberg hinauf (rotes Dreieck), wobei uns schmale Treppenpassagen und Geländer helfen. Oben angekommen, geht es durch lichte Kiefernwälder am Trauf entlang, stets begleitet von subalpiner Vegetation und schönen Aussichtspunkten. Nach 500 Metern taucht rechter Hand eine wunderschöne Heidelandschaft auf. Gleich darauf erreichen wir wieder die Plettenberghütte ❺. Um nicht wieder den exakt gleichen Weg zurückgehen zu müssen, wandern wir zum Zaun des

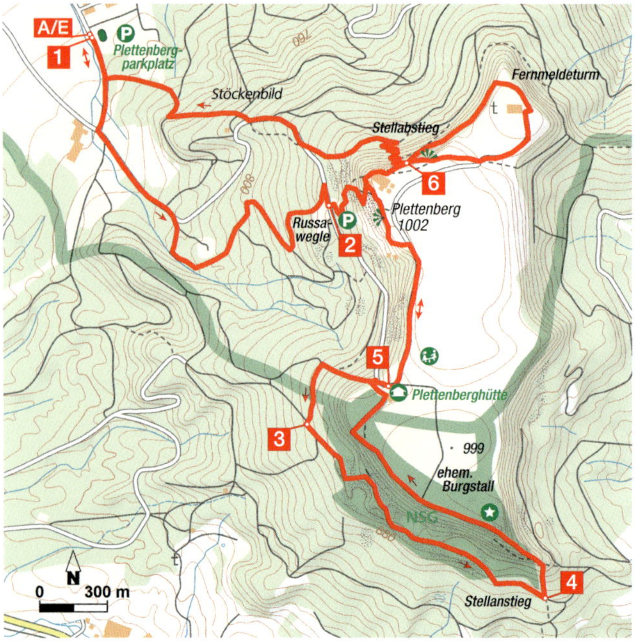

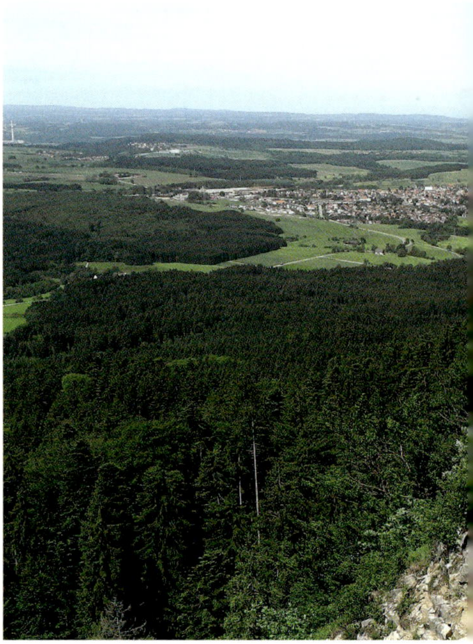

Steinbruchgeländes hinauf und marschieren an diesem entlang auf dem Trampelpfad in Richtung Abzweig »Russawegle«. Wir passieren den Abzweig, überqueren dann die Trasse der Materialseilbahn und gehen hinter dem Wegweiser »Reute« (992 m) mit dem gelben geflochtenen Kreis am Trauf entlang in Richtung Fernmeldeturm. Nun kommen wir an einem Gedenkkreuz vorbei und umrunden hinter dem Fernmeldeturm das nördliche Ende des Plettenberges. Über die Zufahrtsstraße zum Turm und ein kurzes Stück auf dem markierten Wanderweg (rotes Dreieck) gelangen wir entlang des Steinbruchs zum Wegweiser »Reute« zurück. Ein wenig weiter weist ein kleines Schild auf den zwei Kilometer langen Steilabstieg 6 nach Dotternhausen hin (blaues Dreieck). Auf dem markierten Pfad erreichen wir etwa 30 Minuten später unseren Ausgangspunkt, den Wanderparkplatz Plettenberg.

Linke Seite: Manchmal gesperrt: der Pfad durch das NSG Plettenkeller

Unten (beide): Der Steilanstieg zum Plettenberg wird mit einer grandiosen Aussicht belohnt.

Einkehr und Unterkunft

Einkehr: Plettenberghütte, Plettenberg 1, 72359 Dotternhausen, Telefon (07427) 4669905, www.plettenberghuette.com

Unterkunft (Auswahl): Hotel Conditorei Cafe Baier, Balinger Straße1, 72355 Schömberg, Telefon (07427) 2550, www.cafe-baier.de; Pension Netzer, Blumenstraße 41, 72355 Schömberg, Telefon (0171) 6228037, www.pension-netzer.de

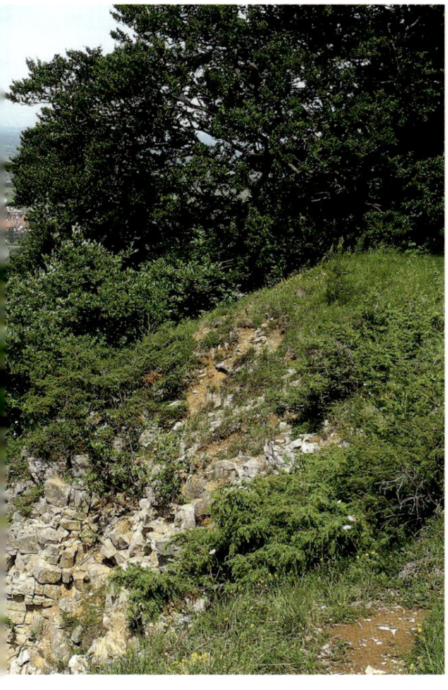

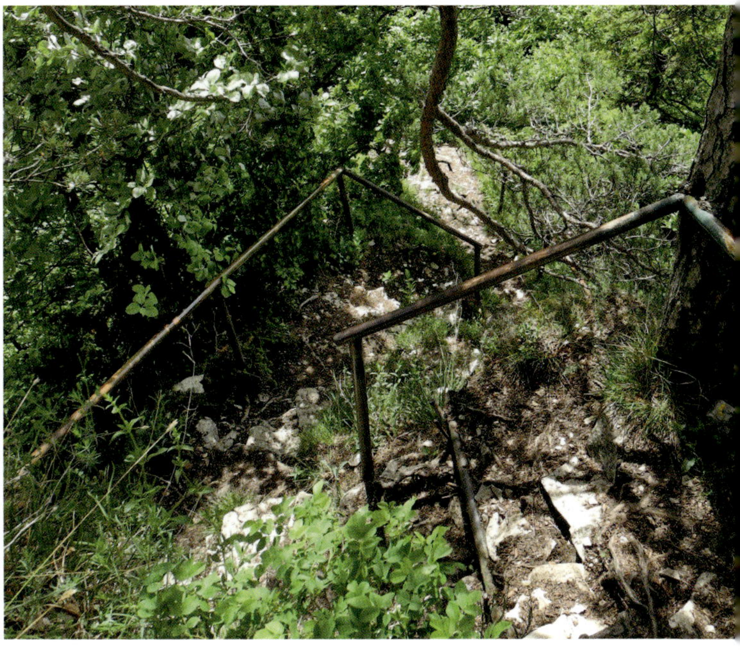

10 Eine Klinge, mit der nicht zu spaßen ist

Die Xanderklinge und der alpine Pfad bei Zavelstein

schwer | 10 km | 450/430 Hm | 3,5 Std.

Tourenverlauf
Bahnhof Bad Teinach-Neubulach – alpiner Wegabschnitt Zavelstein – Baiersbach – Ruine Waldeck – Talmühle – Xanderklinge – Talmühle, Haltestelle Talmühle

Anfahrt
Aufgrund dürftiger ÖPNV-Verbindungen reist man am besten mit zwei PKWs an und installiert eine »Autoschaukel« zwischen Anfangs- und Endpunkt. Alternativ mit der Nagoldtalbahn oder mit dem Auto zum Bahnhof Bad Teinach und per Taxi zurück.

Ausgangspunkt
Bhf. Bad Teinach-Neubulach.

Endpunkt
Bushaltestelle Talmühle.

Information
Teinachtal Touristik, Rathausstraße 5, 75385 Bad Teinach-Zavelstein, Telefon (07053) 9205040, www.teinachtal.de

Karte
Oberes Nagoldtal, 1:35000, Schwarzwaldverein Blatt WON, 2012. Sowohl in der Karte als auch im GPX-Track sind die Wegverläufe um die und in der Xanderklinge unvollständig oder nicht genau dem Wegverlauf entsprechend eingezeichnet, da sich dieser z. B. durch Starkregen immer wieder verändern kann.

Ein Abenteuer der Extraklasse! Führt unser Weg doch quasi durchs felsige Bachbett und über umgestürzte Bäume immer steiler und enger bergan. Dabei werden über 10 Meter hohe Felswände und 3 Meter hohe Wasserfälle passiert. Bei Zavelstein befindet sich ein weiterer Wegabschnitt mit kurzen Leiterpassagen. Diese zwei alpinen Teilstücke werden mit den schönen Wanderwegen um den romantischen Baiersbach und die imposante Burgruine Waldeck verbunden.

Wir starten am Bahnhof Bad Teinach-Neubulach ①, treten aus dem Bahnhofsgebäude heraus und halten uns rechts (blaue Raute). Es geht wenige Meter an den Gleisen entlang, dann unterqueren wir diese durch eine Unterführung. Direkt hinter der Unterführung führt uns ein nicht markierter, aber gut auszumachender Trampelpfad steil die Böschung zu einem Forstweg hinauf (der offizielle Wanderweg schlägt einen kleinen Bogen

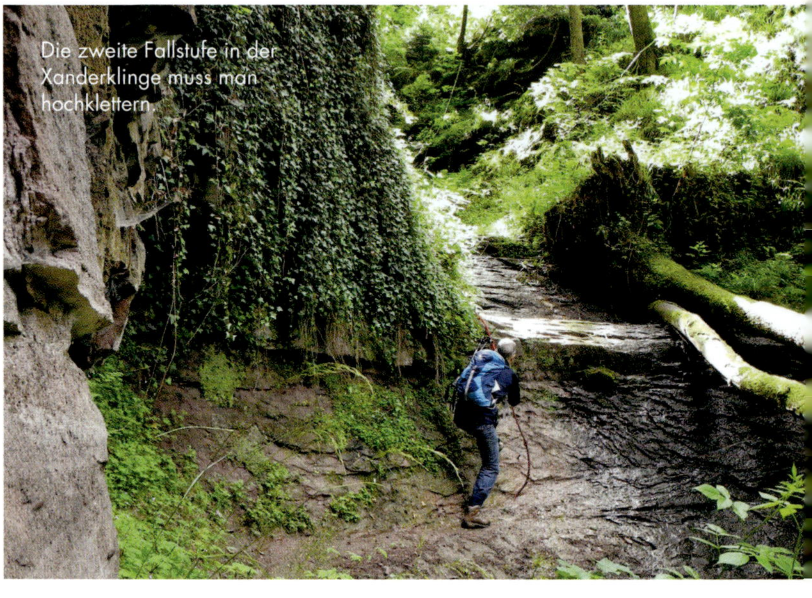
Die zweite Fallstufe in der Xanderklinge muss man hochklettern.

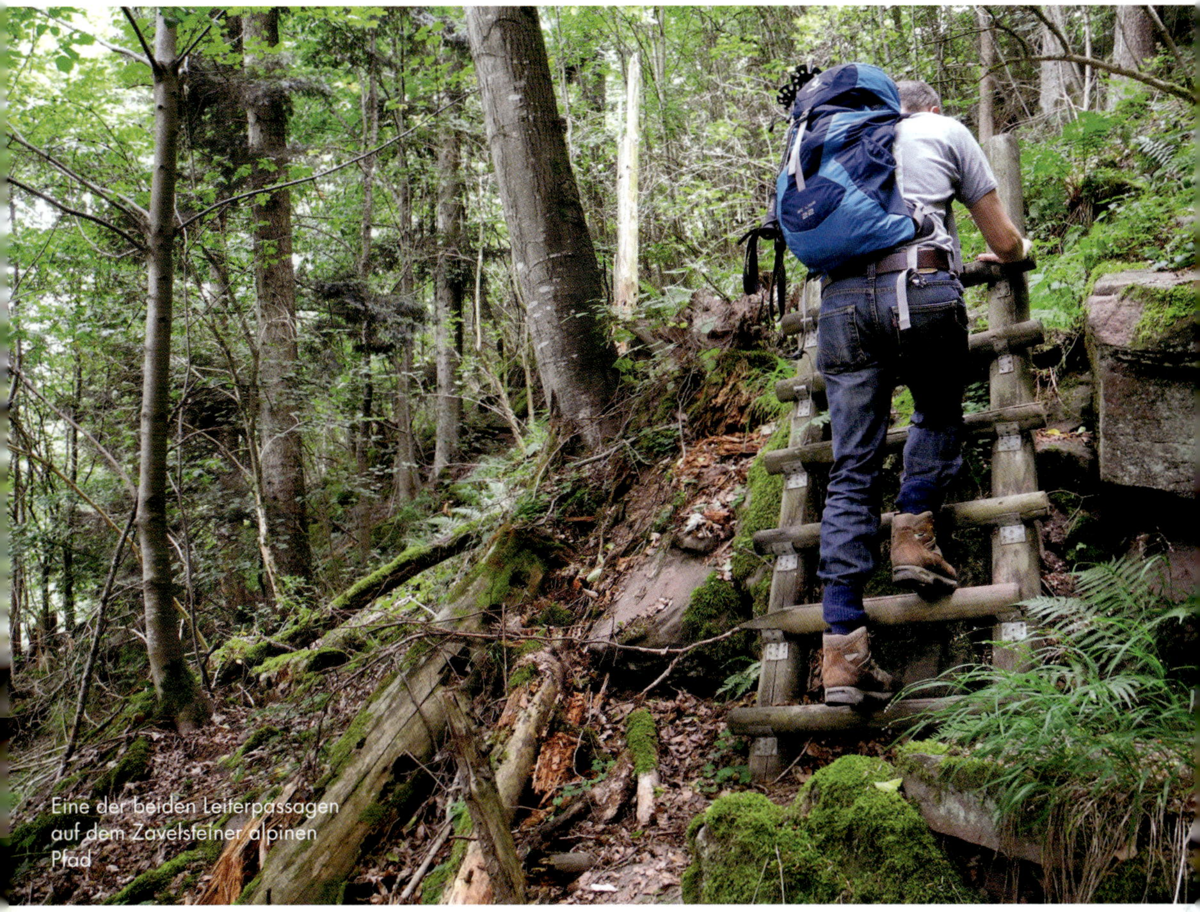

Eine der beiden Leiterpassagen auf dem Zavelsteiner alpinen Pfad

um diese Passage). Bei nasser Witterung ist dies eine wirkliche Herausforderung! Am Forstweg gehen wir 300 Meter nach rechts. Ein Wanderpfad (blaue Raute) zweigt nun nach links ab und leitet uns zu einem höher gelegenen Forstweg, von dem dann wenige Meter rechts versetzt der alpine Pfadabschnitt 2 nach links hinauf abgeht. Der rund 500 Meter lange alpine Pfad führt unterhalb des ehemaligen Burgbergs des Dickener Schlösschens entlang und ist spannend und schön zu gehen. Aller-

Einkehr und Unterkunft

Einkehr: Gaststätte Talmühle, Im Seitzental 51, 75387 Neubulach-Seitzental, Telefon (07053) 7415

Unterkunft (Auswahl): Gasthaus Hirsch, 75387 Neubulach-Liebelsberg, Telefon (07053) 7193, www.hirsch-liebelsberg.de; Landgasthof Löwen, Hauptstraße 21, 75387 Neubulach, Telefon (07053) 96930, www.schwarzwald-landgasthof-loewen.de

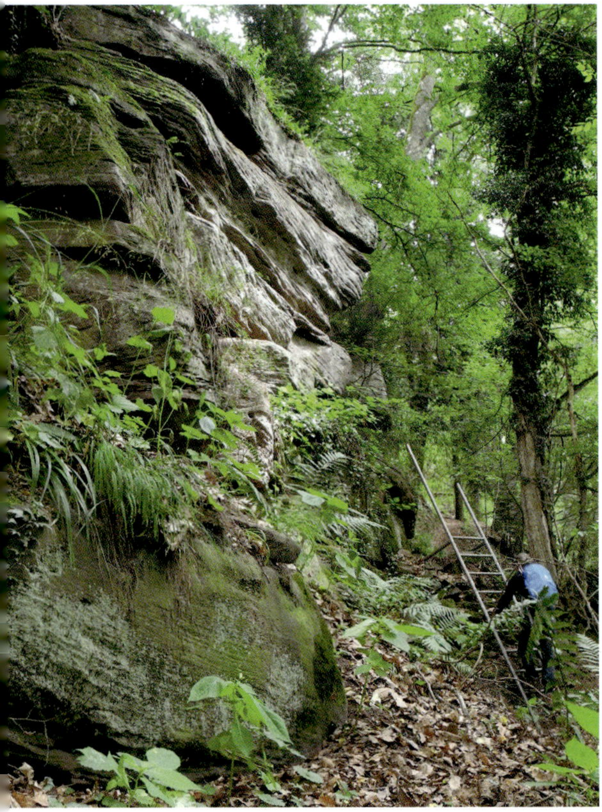 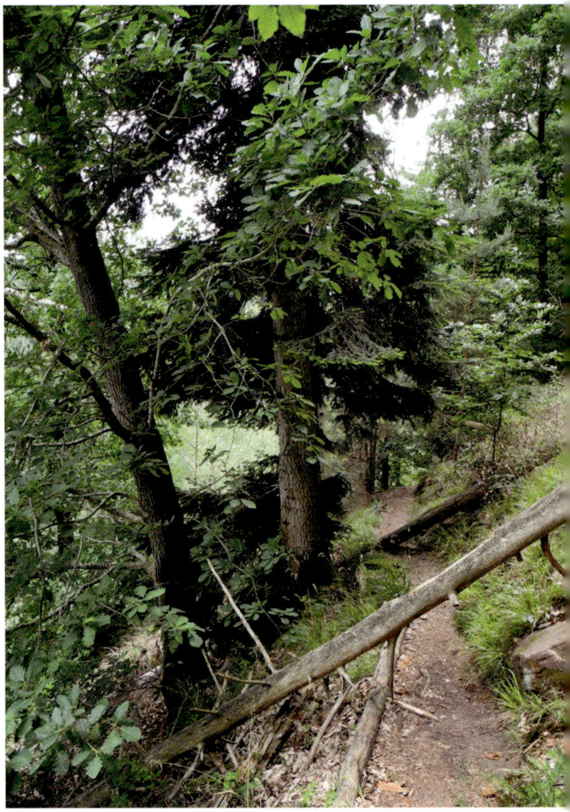

Beide: Unterwegs auf dem alpinen Wegabschnitt bei Zavelstein

Rechte Seite: So sieht die Pfadbeschaffenheit durch die Xanderklinge aus.

dings kann man hier fabelhaft darüber diskutieren, was alles als »alpin« bezeichnet wird und was nicht: Zwei Leitern – eine aus Holz und eine aus Eisen – lassen uns kleinere Felspassagen überwinden, doch nach der Eisenleiter ist leider auch schon Schluss mit dem alpinen Flair. Unterhalb des Geländes eines Bauernhofs wandern wir auf einem Forstweg nach rechts der blauen Raute hinterher. Bei der folgenden Wegkreuzung Hirschloch (500 m) gehen wir auf dem Forstweg erneut nach rechts (Hirschlochweg, grün-rote Raute der sogenannten Augenblickrunde) und erreichen nach 200 Metern in einer kleinen Senke den Baiersbach und den gleichnamigen Wegweiser (480 m) 3. Dem folgen wir nun an dessen rechter Seite auf einem tollen Waldpfad und halten uns nach 300 Metern auf einem Forstweg kurz links, dann geht es weiter am Bach bergab, bevor wir zu einem Parkplatz gelangen, der rechter Hand an der B 463 liegt (gelbe Raute). Achtung! Kurz davor muss der Bach überquert werden. Wir kreuzen die B 463 und müssen ob der Schnellfahrer aufpassen, dann wenden wir uns wieder nach rechts. Bald erblicken wir ein Gehöft (heute

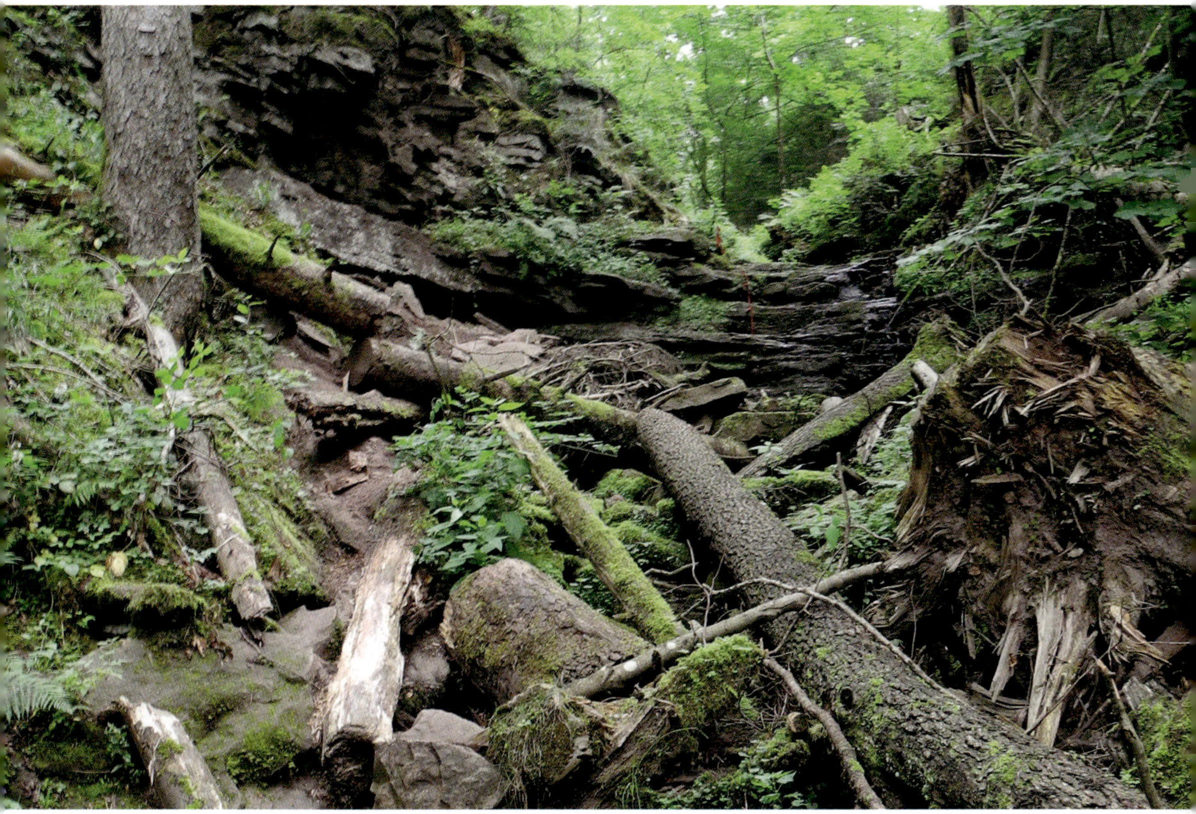

eine Seniorenresidenz) und erreichen dessen Gelände, indem wir die Nagold überqueren. Die Wegfortführung finden wir, indem wir rechts am Gehöft vorbei beziehungsweise zwischen den weiter außen gelegenen Gebäuden des Anwesens hindurchspazieren. Auf dem Fahrradweg halten wir uns links und zweigen nach 100 Metern mit dem hier nach rechts abgehenden unmarkierten Wanderpfad ab. Der Weg führt steil zur über uns thronenden Burgruine Waldeck 4 hinauf und endet an der Ostseite der Burg. Wer diesen Einstieg nicht findet, wan-

Anforderungen

SAC-Wanderskala: Generell: Bei nasser Witterung oder gar Regen sollte man die Tour verschieben. Der unmarkierte Steilanstieg hinter der Bahnunterführung zum Einstieg in den alpinen Pfad bei Zavelstein: T3. Der daran anschließende alpine Wegabschnitt: schweres T2. Das Überwinden der Felsstufen in der Xanderklinge, die bei längerem Regen zu Wasserfällen werden, ist für Ungeübte nicht einfach. Außerdem verläuft der Weg des Öfteren im Bachbett: T3–T4.

Kletterei und Seilpassagen: Es gibt insgesamt drei Felsstufen innerhalb der Klinge, die durch kleine Klettereien zu überwinden sind. Bei zweien davon sollen jeweils verankerte Seile eine Hilfestellung bieten. Diese sind jedoch alt und nicht mehr richtig fest verankert.

dert einfach den markierten Weg zur Ruine hinauf. Die Ruine ist ziemlich verschachtelt, sodass man nicht alle Bereiche, die von außen zugänglich erscheinen, erkunden kann. Da sie auf einem Felssporn (Reinhardsfelsen) in einer Spitzkehre des Flusses liegt, kann man bei der Wegfortsetzung (gelbe Raute) eventuell etwas Orientierungsprobleme bekommen. Also nicht wundern: Wir wandern nach der Besichtigung der Burg tatsächlich zunächst auf einem bewaldeten Bergkamm 400 Meter »zurück« in Richtung Teinach, bis wir auf die Wegkreuzung »Geigerle« treffen.

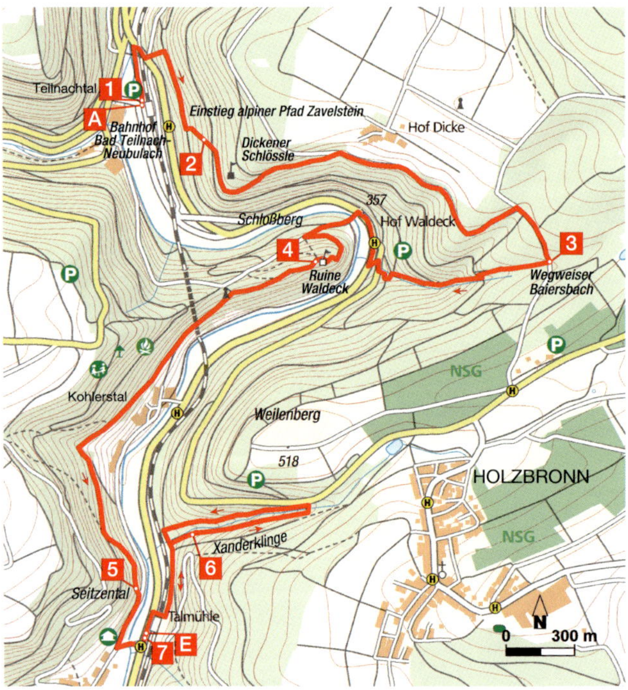

Hier folgen wir dem Wanderweg ins Nagoldtal hinunter, wandern oberhalb an der Siedlung Kohlerstal vorbei und erreichen wenig später die Siedlung Talmühle/Seitzental ❺, wo die Nagold und die B 463 erneut überquert werden. Hier befinden sich auch ehemalige Bahnhofsgebäude, die bewohnt werden. Ein unbeschrankter Fußgängerübergang bringt uns über die Gleise (Vorsicht!) zu einem geschotterten Feldweg. Folgen wir diesem nach links, erreichen wir 250 Meter später den mit einem Warn- und Hinweisschild markierten Eingang zur Xanderklinge ❻, unserem eigentlichen alpinen Abenteuer. Ein Pfad führt uns nach rechts durch ein Wäldchen entlang eines kleinen Baches. Er verzweigt sich und führt nun links und rechts des Bachbetts kontinuierlich bergauf. Eine erste kleinere Wasserfallstufe ist zu bewältigen, danach wird die Schlucht immer enger und der Pfad schwieriger und auch gefährlicher zu begehen. Totholz, spitze Äste, Wurzeln, rutschige Moose und Steine behindern das Fortkommen erheblich, aber so ist eben die Natur und das haben wir ja gesucht. Man muss sich hier definitiv entscheiden: Gehen oder die Natur bewundern, denn beides auf einmal geht nicht. Zwei weitere Wasserfallstufen müssen überwunden werden – es gibt lose verankerte nasse Hilfsseile –, danach marschieren wir noch ungefähr 150 Meter weiter, bis der etwas unübersichtliche Ausstieg erreicht ist, der uns auf die linke Klingenseite bringt. Ein Waldweg, der zwischen Klinge und der Straße nach Holzbronn liegt (K 4302), führt nach rechts zu einem Parkplatz hinauf, aber wir gehen stattdessen nach links ins Nagoldtal hinunter. Unterwegs passieren wir noch eine kleine Aussichtskanzel, von der man, sofern sie gerade intakt ist, einen tollen Blick auf die Bachklinge hat. Unten angekommen, wenden wir uns nach links und wandern auf dem bereits bekannten geschotterten Weg zur Bushaltestelle / Bahnhaltestelle Talmühle zurück 7.

Oben sieht man schon das rote Seil, das einem den Aufstieg an der dritten Fallstufe erleichtern soll.

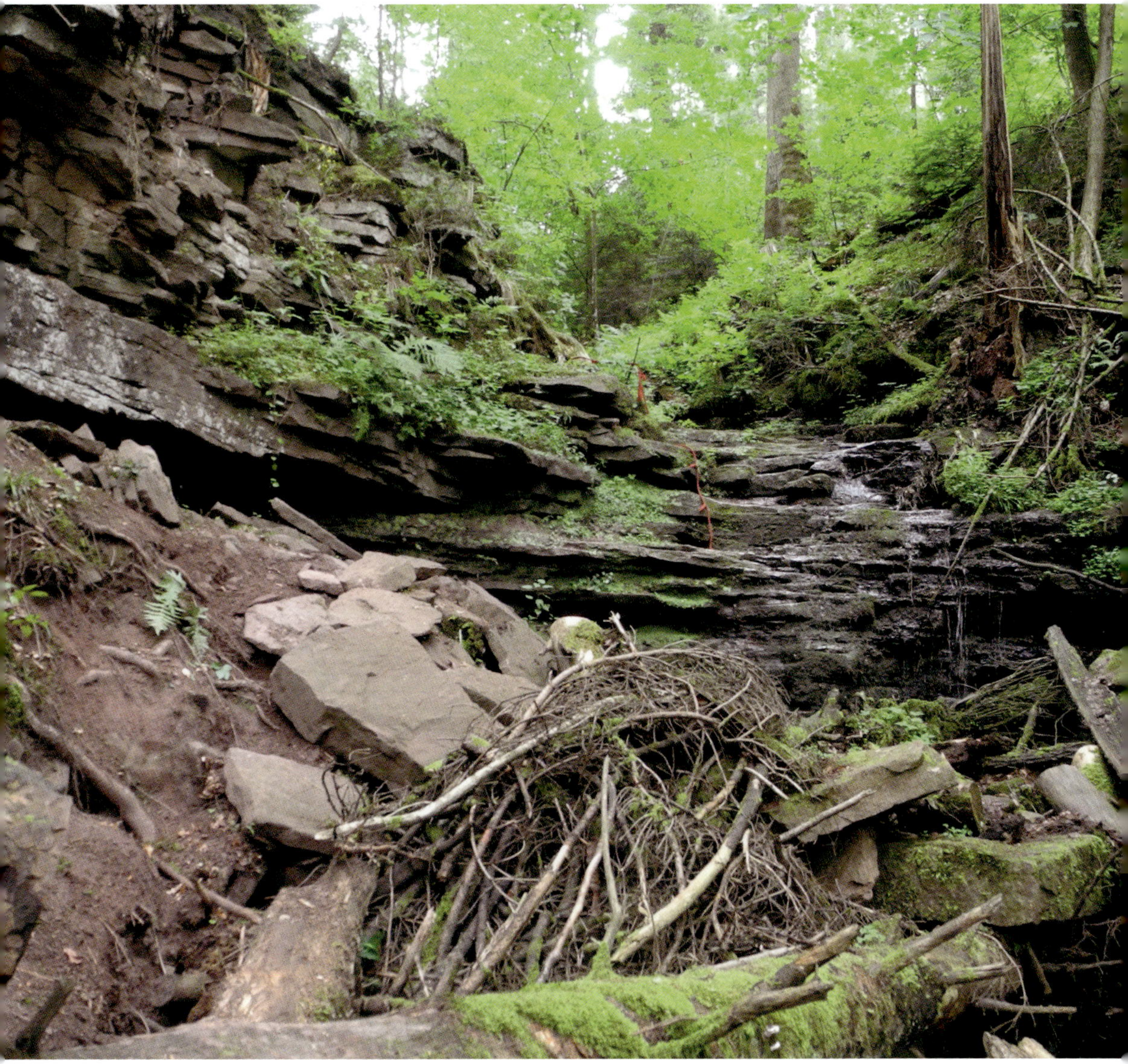

11 Die badische Miniaturvariante des Kungsleden

Die Beckerrunde im Nationalpark

leicht | 17 km (+4 km) | 610 Hm | 5,5 Std.

Tourenverlauf
Bühl, Haltestelle/Parkplatz Sand/Kapelle – Mehliskopf – Kohlplatten – Beckerrunde/Ochsenkopf – Aschenplatz – Hundseck – Mehliskopf – Bühl, Haltestelle/Parkplatz Sand/Kapelle

Anfahrt
Mit der Bahn nach Bühl oder Forbach, dann mit dem Bus 263 zur Schwarzwaldhochstraße hinauf, oder mit dem Auto direkt zum an der B500/Sand Kapelle gelegenen Wanderparkplatz.

Ausgangspunkt
Bushaltestelle Sand/Kapelle.

Endpunkt
Bushaltestelle Sand/Kapelle.

Information
Tourist-Information Bühl, Hauptstraße 41, 77815 Bühl, Telefon (07223) 935332, www.buehl-buehlertal-ottersweier.de

Karte
Oberes Murgtal, Baiersbronn, Freudenstadt, 1:35000, Schwarzwaldverein Blatt WOM, 2013. Der Verlauf des Beckerwegs ist in allen uns bekannten Karten nicht ganz korrekt eingezeichnet.

Der Hohe Ochsenkopf wird auf dem Beckerweg umrundet und überquert. Er leitet uns durch eine hochmoorartige, moosige Landschaft und kleine Blockhalden. Tote Bäume ragen in den Himmel und am Boden wächst wilder, neuer Wald nach. Die schwierige Pfadbeschaffenheit, die nicht einfache Orientierung und die karge, skandinavisch anmutende Natur lassen das Wandererherz höher schlagen.

Die Wanderung startet an der großen Straßenkreuzung mit der Bushaltestelle Sand ❶ gegenüber dem ehemaligen, etwas unheimlichen verlassenen Kurhotel. Wir überqueren die B500 beziehungsweise die L 83 und wandern parallel zur Hochstraße (B 500) in Richtung Hundseck. Nach etwa 400 Metern verlassen wir am Wegweiser »Schwarzberge« den Westweg und erreichen kurz darauf mit der gelben Raute den Skihang Mehliskopf. Wenige Höhenmeter oberhalb der Piste findet der Pfad seine Fortsetzung und wir spazieren einen weiteren Kilometer bergauf durch den Wald bis zum kleinen Mehliskopf-Turm ❷ und

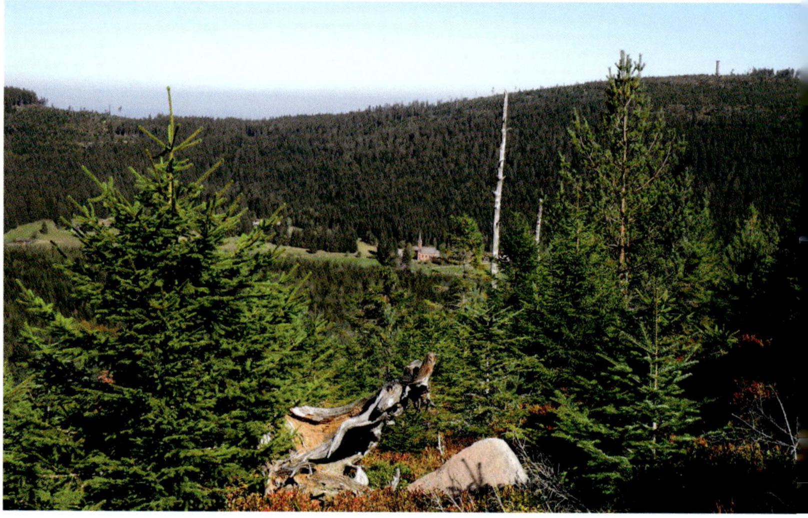

Blick auf die gegenüberliegende, vom Orkan Lothar schwer getroffene Badener Höhe

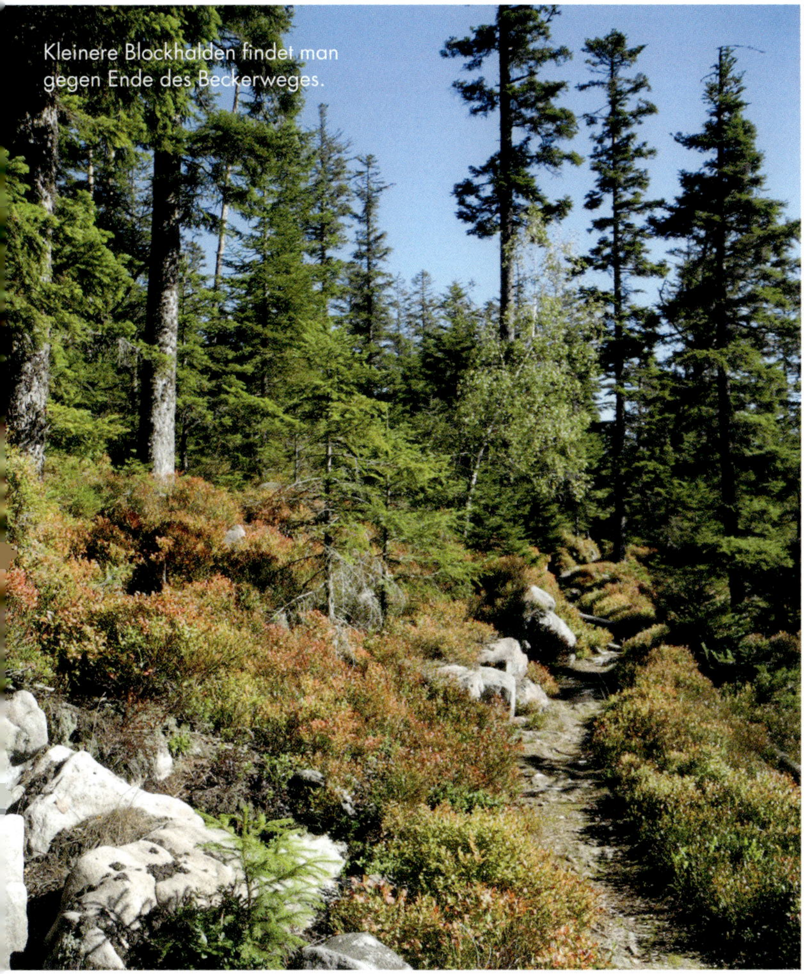

Kleinere Blockhalden findet man gegen Ende des Beckerweges.

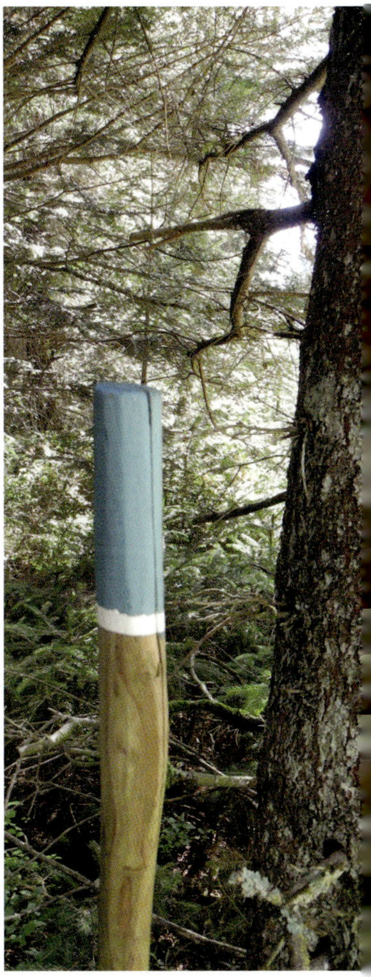

Der blau markierte Pfahl ist das Wegzeichen der Beckerrunde.

zum Skihang, der zum Hundseck hinunterführt. Wir folgen nun der gelben Raute schnurgerade zu den westlichen Kohlplatten (955 m), anschließend weist sie uns weiter zu den 200 Meter entfernten östlichen Kohlplatten ❸. Dort treffen wir auf einen etwas schief angebrachten, leicht verdrehten Wegweiser – wir müssen geradeaus nach Osten auf einem Waldpfad weiterwandern, um zum Beckerweg zu gelangen. Nach anderthalbfacher Umrundung und

Anforderungen

SAC-Wanderskala: Die Wanderung ist bei dichtem Nebel und im Winter bei Schnee kaum zu bewältigen, da die Markierungsstangen und der Weg nicht mehr zu erkennen sind und man sich verläuft. Trittsicherheit und Orientierungssinn sind auf dem Beckerweg erforderlich: anspruchsvolles T2.

der Überschreitung des Hohen Ochsenkopfs werden wir hierhin zurückkehren.

Da wir wissen, dass nun gleich der Beckerweg ❹ beginnt, halten wir nach einem am oberen Ende blau markierten Pfosten Ausschau. Dieser taucht nach 300 Metern auf und wir folgen dem Pfad halb links in den Wald hinein. Er verläuft zuerst durch den Wald, dann wird die Landschaft zunehmend offen, moosig und flechtig. Die blau markierten Pfosten tauchen in unregelmäßigen Abständen auf, aber immer so, dass bei Pfadabzweigungen klar ist, wohin es geht. Da der Weg steinig und wurzelig ist, sind wir während der Umrundung des Ochsenkopfs etwas langsamer unterwegs. Zudem müssen wir öfter umgestürzte Bäume übersteigen oder unter ihnen hindurchkriechen. Abgestorbene Bäume ragen in den Himmel und Mischwald wächst nach. Man hat schöne Ausblicke auf die gegenüberliegende Badener Höhe und das darunterliegende Herrenwieser Tal – »Schuld« daran ist Orkan Lothar, der 1999 die Fichtenmonokulturen wie Streichhölzer umknickte. Jetzt kann man in Echtzeit das Nachwachsen eines natürlichen Urwalds erleben.

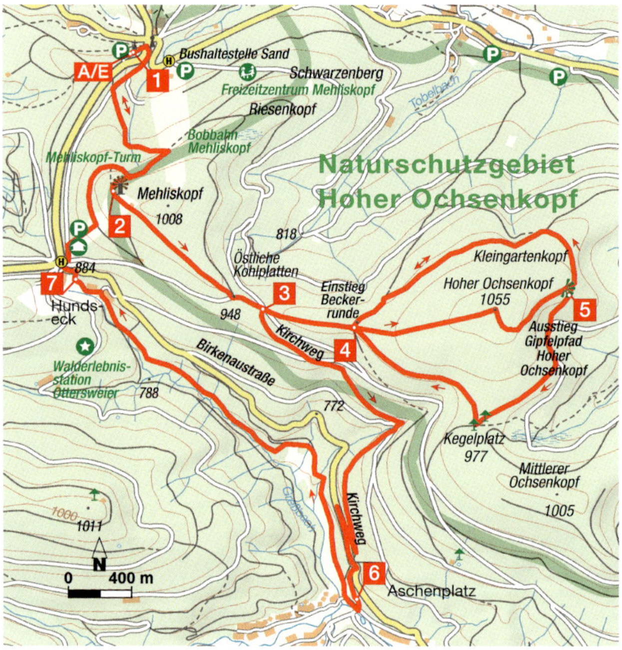

Nach dieser Wegpassage können wir bei genauerem Hinschauen linker Hand, circa 15 Höhenmeter unterhalb, einen Forstweg erkennen. Bald geht ein Pfad nach rechts vom eigentlichen Beckerweg ab ❺, der uns später von der anderen Seite genauso spannend über den Gipfel des Ochsenkopfs genau zu dieser Stelle leitet. Wir passieren den Teufelskamin, ein unspektakuläres Loch unterhalb des Wegs und erleben dahinter eine wunderschöne Hochmoorpassage, die skandinavisch anmutet. Hier macht der Weg auch eine scharfe Rechtskurve. Wir durchwandern nun kleinere Blockhalden und Geröllfelder und gelangen nach einer Pfadpassage durch den Wald wieder zum Ausgangspunkt des

Rechte Seite: Wir befinden uns mitten im Nationalpark und der Wald wächst, wie er will.

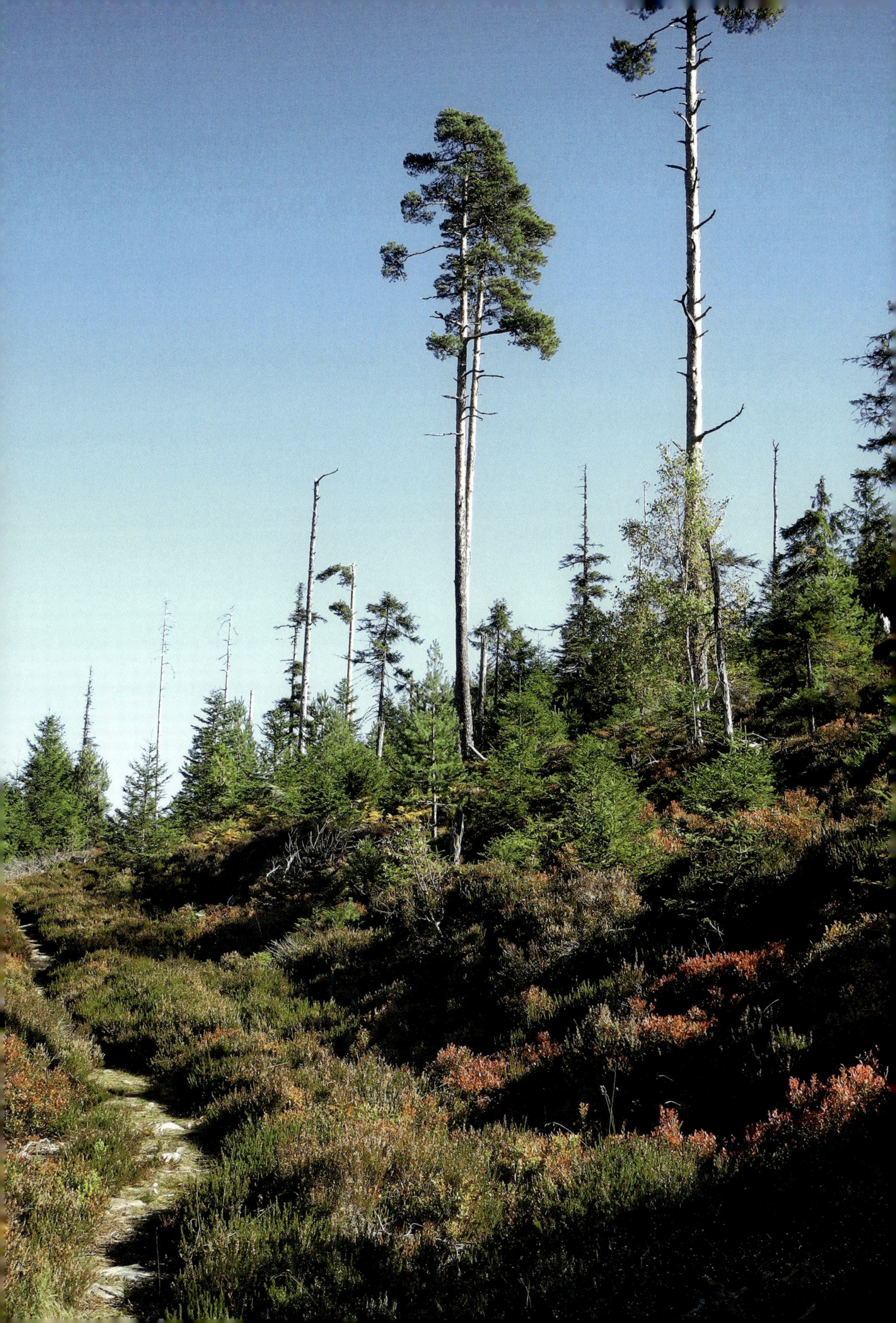

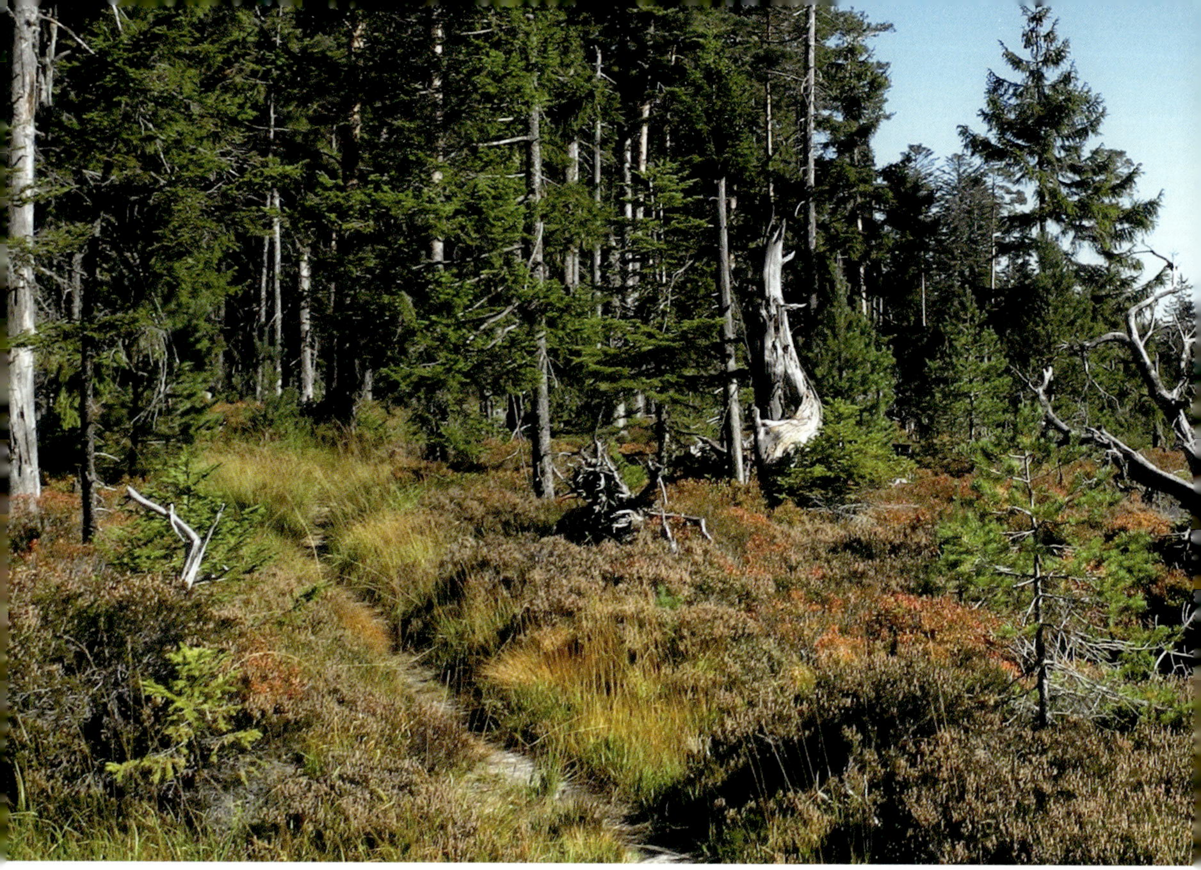

Skandinavisch anmutende Hochmoorlandschaft

Rundwegs. Jetzt wandern wir bergauf zum Gipfel des Ochsenkopfs und zu den kümmerlichen Trümmern des ehemaligen 1971 gesprengten Aussichtsturms, die heute im wilden Berg- und Bannwald stehen. Hier bietet sich eine Pause an, bevor wir über einen 700 Meter langen Abstieg entlang der östlichen Flanke des Ochsenkopfs über etliche umgestürzte Bäume zum eigentlichen Beckerweg hinuntergelangen. Dabei bleibt es jedem selber überlassen, welche Strecke man doppelt gehen will, ob links- oder rechtsherum. Wir haben uns für die linke Variante entschieden und tatsächlich nochmals neue Eindrücke gewonnen, da es schon einen Unterschied macht, in welcher Richtung man einen Weg läuft. Zurück am Ausgangspunkt der Runde marschieren wir zu den östlichen Kohlplatten zurück. Dort halten wir uns links und folgen der gelben Raute hinab. Dieser Wegabschnitt ist einfach schön, wandern wir doch ganz entspannt auf einem schma-

Tipp

Wer Lust auf ein klitzekleines »alpines« Extra hat, der steigt von Sand via Wiedenfelsen, Gertelsbacher Wasserfälle und der kurzen Klettersteigvariante des Engelssteigs, der in den steilen Weinlagen oberhalb von Bühlertal liegt, ins selbige ab.

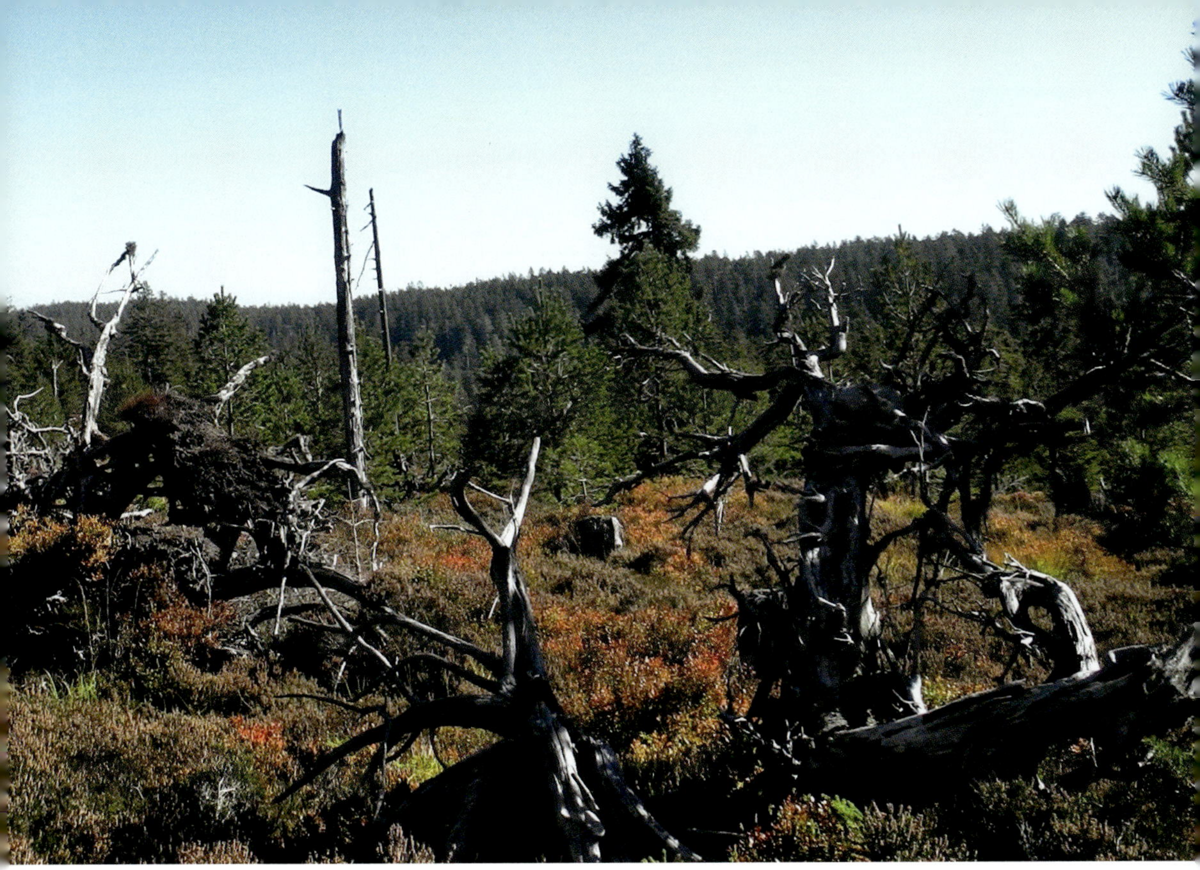

len farnumrankten Pfad. Nach zwei Kilometern überqueren wir die L80b und erreichen gleich darauf den Weiler Aschenplatz 6. Wir halten uns rechts und begeben uns an der rechten Seite des Greßbaches (blaue Raute) parallel zur L80b zum Hundseck 7 hinauf. Rechter Hand erhebt sich ein Skihang mit Lift und oben steht der Mehliskopf-Turm, der nun angesteuert wird. Wir wandern am linken Pistenrand (Waldrand) circa 200 Meter hinauf, dann stoßen wir auf einen Weg, der von rechts kommt und nach links in den Wald hineinführt. Diesem folgen wir wegzeichenlos – er beschreibt eine Rechtskurve – und treffen nach 600 Metern auf den vom Touranfang bekannten Pfad, welcher vom Skihang Mehliskopf zum gleichnamigen Turm hinaufführt. Auf den bekannten Wegen geht es nun zurück nach Sand.

Einkehr und Unterkunft

Einkehr: Höhengaststätte Hundseck, Schwarzwaldhochstraße, 77815 Bühl-Hundseck, Telefon (07226) 253, www.schwarzwald-hundseck.de

Unterkunft (Auswahl): NFH Badener Höhe, Schwarzwaldhochstraße 1, 77815 Bühl, Telefon (07226) 238, www.naturfreunde.de/haus/naturfreundehaus-badener-hoehe; Bergwaldhütte Sand, Stadtwald 2a, 77815 Bühl, Telefon (07226) 237, www.bergwaldhuette.info

12 Schrofen und Steige, eine Klamm und ein Grat

Alpines Premiumwandern um den Karlsruher Grat

schwer | 18 km | 1230/1130 Hm | 5 Std.

Tourenverlauf
Ottenhöfen, Bahnhof – Eichkopf – Gottschlägbachklamm – Schlickersteig – Xaver-Winkler-Steig – Herrenschrofen – Karlsruher Grat – Brennte Schrofen – Ottenhöfen, Bahnhof

Anfahrt
Ab Achern mit der Bahn SWE71726 (Südwestdeutsche Verkehrs-AG) nach Ottenhöfen, oder mit dem Auto zum Wanderparkplatz am ehemaligen Waldhotel Edelfrauengrab.

Ausgangspunkt
Bahnhof Ottenhöfen.

Endpunkt
Bahnhof Ottenhöfen.

Information
Tourist-Information Ottenhöfen, Großmatt 15, 77883 Ottenhöfen, Telefon (07842) 80444, www.ottenhoefen-tourismus.de

Karte
Oberes Murgtal, Baiersbronn, Freudenstadt, 1:35000, Schwarzwaldverein Blatt WOM, 2013. Der Pfad zum Schlickersteig ist wie der Xaver-Winkler-Steig in der Karte nicht eingezeichnet.

Der Karlsruher Grat gilt manchem als einziger Klettersteig des Nordschwarzwaldes, dabei ist diese Bezeichnung nicht richtig – der Grat ist nämlich nicht gesichert und ist deshalb ein ausgesetzter, alpiner Pfad. Trittsicherheit und Schwindelfreiheit sind Voraussetzung. Der Xaver-Winkler-Steig und der Schlickersteig vervollständigen mit steilen, schmalen Pfaden dieses alpine Abenteuer auf relativ engem Raum.

Die Runde beginnt am Bahnhof von Ottenhöfen (327 m) ❶ auf der Straße Am Bahnhof. Zunächst wenden wir uns nach links, biegen dann an der scharfen Linkskurve rechts ab und gelangen in den Forstweg, der zur Allerheiligenstraße führt. In dieser gehen wir nach rechts und folgen dem Verlauf der Straße 30 Meter, um dann nach links in die Albert-Köhler-Straße abzubiegen. Ca. 70 Meter weiter zweigt die Straße Hildahain zum Friedhof ab. Nach wenigen Metern führt ein Pfad zur Achertalklinik und die Markgraf-Bernhard-Straße hinauf. An deren Ende leitet uns ein Pfad am nördlichen Fuß des Eichkopfs entlang bis zum Wegweiser »Am Eichkopf«. Ab hier steigen wir kurz und knackig zum Eichkopf (526 m) ❷ hinauf und gleich darauf wieder hinunter via Eichkopfhütte zum Edelfrauengrab ❸, wo der Legende nach eine untreue Edelfrau ein gewaltsames Ende fand. Das Grab markiert quasi den Einstieg in die schmale Klamm. Ab hier geht es über viele Treppen und Stege bergan (gelbe Raute), immer entlang des romantischen Gottschlägbachs mit seinen bis zu acht Meter hohen Wasserfällen. Wir passieren gegen Ende der Klamm das »Romantische Brückle«. Langsam weitet sich das Tal, wir halten uns links und erreichen nach einem weiteren Kilometer durch den Wald auf einem Forstweg den sogenannten »Schnapsbrunnen«, einen kuriosen Selbstbedienungsverschlag einer örtlichen Brennerei. Hier machen wir fast eine 180-Grad-Wende und gelangen gleich darauf zu einem kleinen Teich. Kurz hinter diesem geht ein Weg nach links weg und bringt uns zu

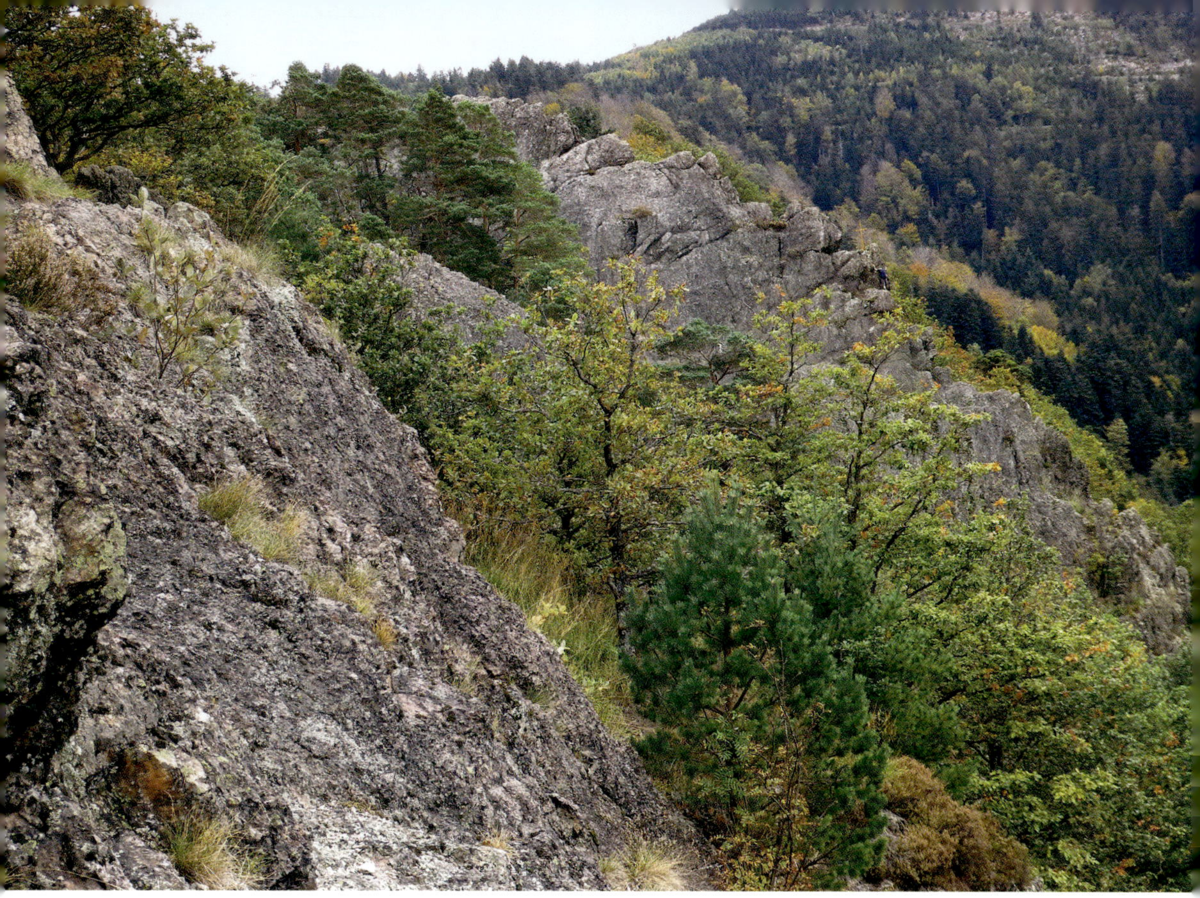

einem Bach, den wir überqueren. Wir folgen seinem Verlauf nach rechts und erreichen nach 300 Metern einen Waldweg, an dem wir eigentlich nach links müssten. Da wir aber noch den Falkenschrofen (640 m) samt Aussicht erleben wollen – letztere hängt ein wenig vom vorherrschenden Bewuchs ab –, spazieren wir zunächst einige Meter nach rechts, dann erneut nach links und erreichen den Schrofen auf einem kurzen Stichweg. Danach wandern wir zurück und an der Waldwegeinmündung 30 Meter weiter, bis wir auf eine Hütte treffen. Hinter dieser beginnt nun der alpine Schlickersteig 4, unsere erste steile Herausforderung des Tages. In schmalen Serpentinen leitet er uns 200 Höhenmeter hinauf bis kurz vor die Allerheiligenstraße und trifft dort auf die

Über diesen Felskamm zieht sich der Karlsruher Grat.

Anforderungen

SAC-Wanderskala: Durch das Gottschlägbachtal: T2. Schlicker-Steig und Xaver-Winkler-Steig: T3. Karlsruher Grat: T3/T4. Ab Brenneteschrofen: T2.

Kletterei und Seilpassagen: Auf dem 600 Meter langen Grat gibt es keine Sicherungen oder Markierungen, die Route muss selbst gewählt werden. Weil die Felsschrofen einige Male quer zur Kamm-Richtung liegen, muss sich mancher auf allen vieren fortbewegen.

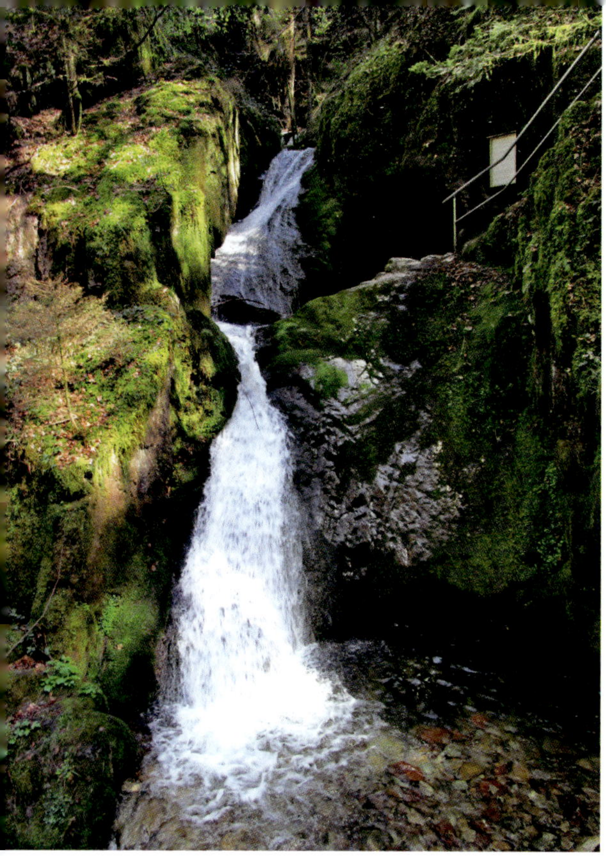

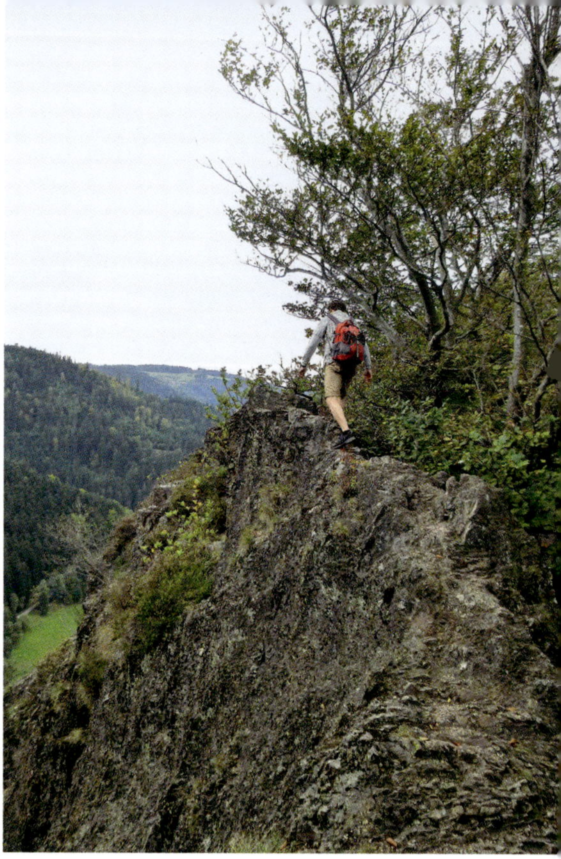

Durch die Klamm des Gottschlägbaches

Rechts: Rechts der sichere Wald, links der Abgrund – auf dem Karlsruher Grat

unmarkierte Karlsruher Gratfortsetzung. Diesen Pfad wandern wir nun bis zum eigentlichen Beginn des Karlsruher Grats hinunter. Kurz vor Beginn des Grats zweigt ein schmales, langsam zuwachsendes Pfädchen steil nach links den Berg hinunter ab, der Xaver-Winkler-Steig ❺. Dieser kaum begangene recht kurze, aber herausfordernde Weg führt in steilen Kehren bergab. Hier kann man die Aussichten ganz in Ruhe genießen, meist vollkommen ungestört. Er endet wieder kurz vor dem Schnapsbrunnen.

Wir marschieren zum nahe gelegenen Herrenschrofen (620 m) weiter, einer Felsenkanzel, von der aus man einen guten Blick auf den tiefen Taleinschnitt des Gottschlägtals und den Karlsruher Grat hat. Von hier sind es nur noch wenige Schritte, dann kann die Kraxelei auf dem Karlsruher Grat ❻ beginnen (Wegweiser »Am Karlsruher Grat«). Auf dem Grat selber verlaufen keine Drahtseile und Farbmarkierungen, die Route muss selbst gewählt werden. Der Steig ist an einigen Stellen ausgesetzt, deswegen sind Trittsicherheit und Schwindelfreiheit absolute Bedingung. Nach einer halben Stunde Klettertour über schartige Porphyrfelsen, die unsere Mühen mit wunderschönen Ausblicken über das Gottschlägtal belohnen und bei denen jeder selbst entscheidet, wie weit man sich vorwagt, ist das Ende des Grats erreicht. Hier orientieren wir uns an der blauen Raute und wandern zum Bosensteiner Eck hinauf (825 m). In der Nähe liegt das Bosensteiner Gasthaus, in dem man gemütlich einkehren kann. An einer Weidekoppel entlang stoßen wir nach 300 Metern auf einen steinigen Fußweg, der uns durch den Wald zum nahe gelegenen »Brennte Schrofen« 7 leitet, der über einen kurzen Stichweg erreicht wird und wunderbare Ausblicke auf die Schwarzwaldhöhen und die Rheinebene gewährt. Ab dem Schrofen beginnt der Abstieg auf normalen Wanderwegen über den Grenzweg nach Ottenhöfen. Zuerst noch relativ »moderat«, ab dem Wegweiser »Am Grenzweg« geht es steil via Kleineck, Bromberg und dem Gasthof Sternen (Hagenbruck) nach Ottenhöfen und über die Ruhesteinstraße zum Bahnhof.

Einkehr und Unterkunft

Einkehr: Berggasthaus Kernhof, Bosenstein 3, 77889 Seebach, Telefon (07842) 3692, www.kernhof-seebach.de; Gasthaus Bosenstein, Bosenstein 8, 77889 Seebach, Telefon (07842) 30822

Unterkunft (Auswahl): Gasthof Hotel Sternen, Hagenbruck 6, 77883 Ottenhöfen, Telefon (07842) 94960, www.hotel-sternen-ottenhoefen.de; Hotel-Pension Breig, Zieselmatt 10, 77883 Ottenhöfen, Telefon (07842) 2565, www.pension-breig.de Hotel Pflug, Allerheiligenstraße 1, 77883 Ottenhöfen, Telefon (07842) 99420, www.hotel-pflug.de

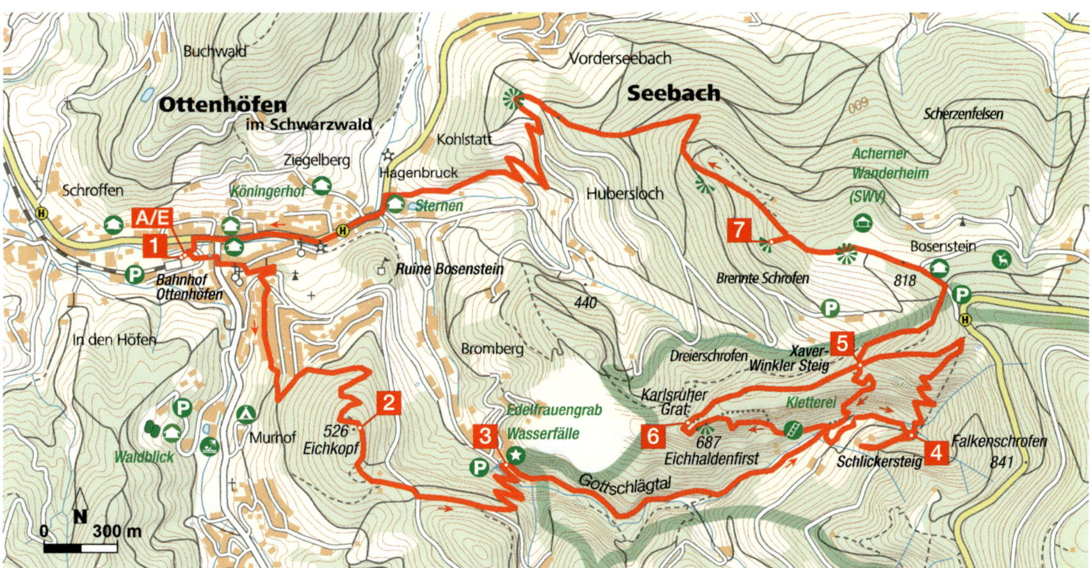

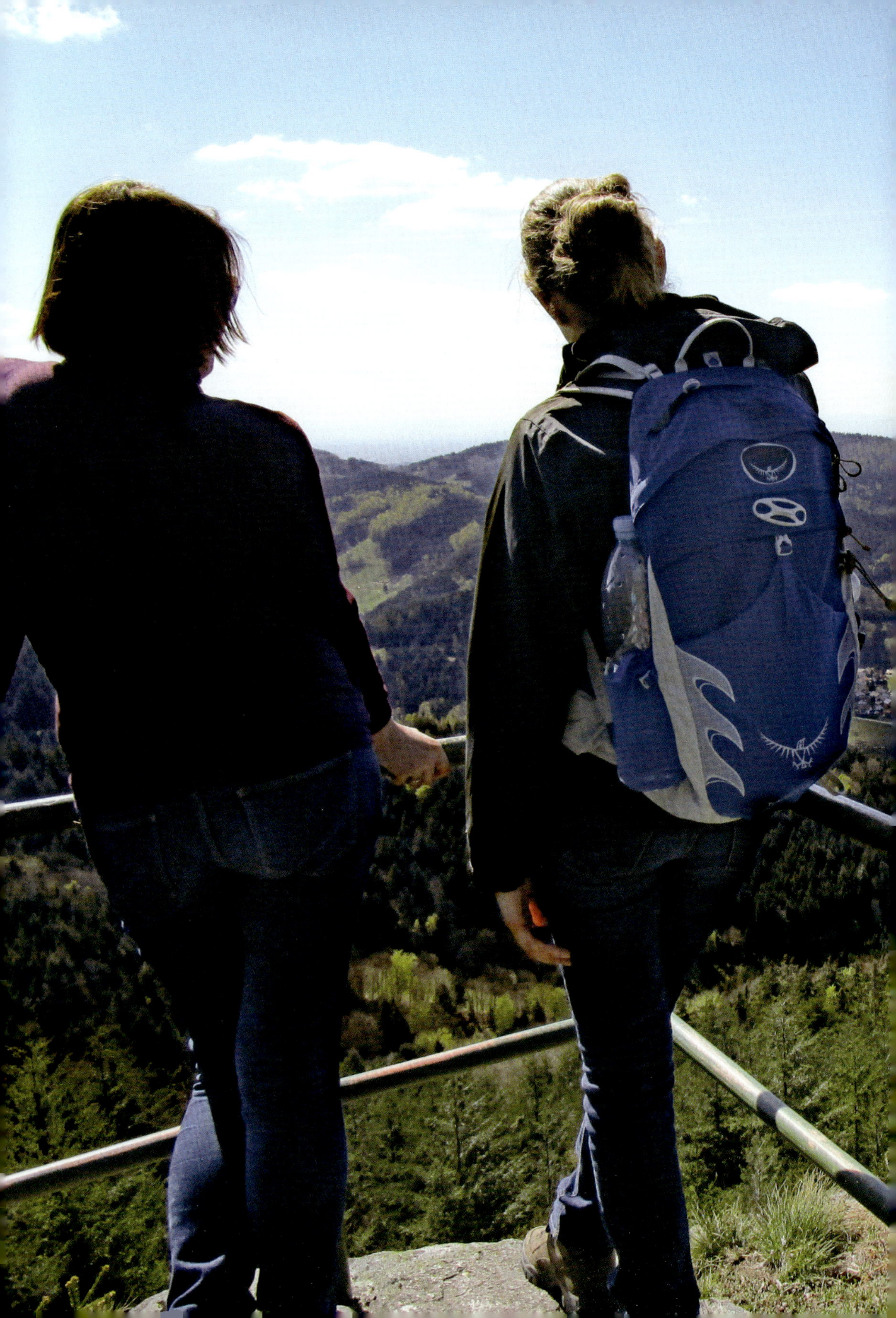

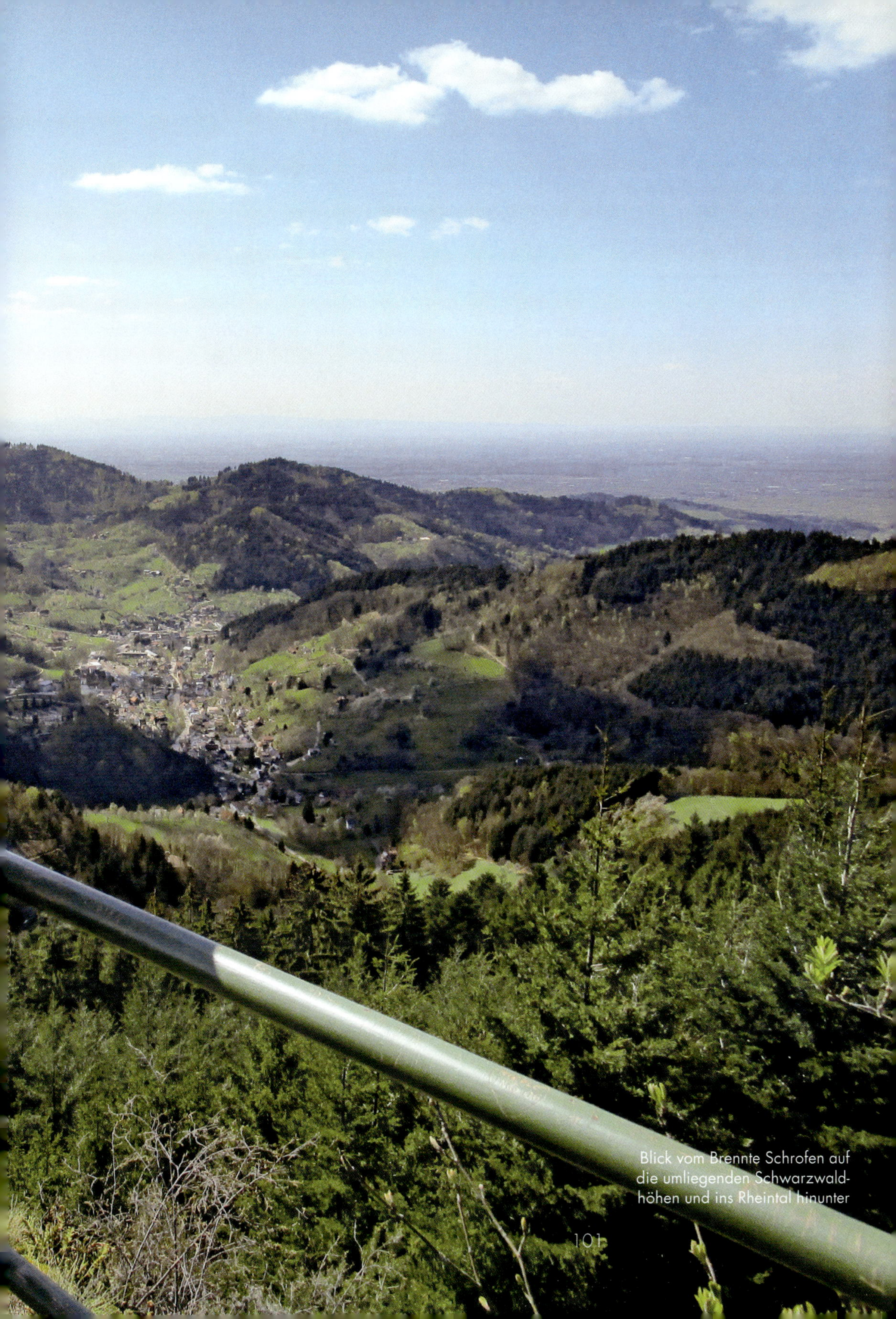

Blick vom Brennte Schrofen auf die umliegenden Schwarzwaldhöhen und ins Rheintal hinunter

13 Steil, steiler, am steilsten

Die Höllkopf-Schultiskopf-Ibichkopf-Überschreitung und das Kostgfäll

mittel	16 km	940/850 Hm	5 Std.

Tourenverlauf
Simonswald, Haltestelle Rathaus Simonswald – Höllkopf – Schultiskopf – Ibichkopf – Kohlhütte – Am Rohrhardsberg – Kostgfäll – Lochbauernhof – Simonswald, Haltestelle Rathaus

Anfahrt
Mit der Bahn nach Waldkirch, dann mit dem Bus L7272 nach Simonswald. Wer mit dem Auto anreist, kann im Dorf parken. Etwas verwirrend sind manchmal die Ortsbezeichnungen Vorder-, Mittel-, Hinter-, Altsimonswald, da sie ineinander übergehen.

Ausgangspunkt
Bushaltestelle Rathaus, Simonswald.

Endpunkt
Bushaltestelle Rathaus, Simonswald.

Information
Tourist-Information Simonswald, Talstraße 14a, 79263 Simonswald, Telefon (07683) 19433, www.zweitaelerland.de/Das-ZweiTaeler-Land/Orte-im-Zwei TaelerLand3/Simonswald

Karte
ZweiTälerLand, Triberg, Furtwangen, 1:35000, Karte des Schwarzwaldvereins Blatt WTF, 2015.

Die Überquerung dieser drei Gipfel ist eine wahre Bergtour. Fast schnurgerade zieht sich unsere Pfad zum Höllkopf empor und will nicht enden. Von dort führt dann ein verwachsener Grat im Wald in stetem Bergauf und Bergab zum Schultiskopf weiter. Nachdem wir über 800 Höhenmeter bewältigt haben, geht es talwärts. Dort stürzt der wilde Haslachsimonswälder Bach unterhalb des Hochtals Kostgefäll schäumend bergab.

Start der steilen Runde ist die Bushaltestelle »Rathaus« (360 m) 1. Wir spazieren wenige Meter zurück in Richtung Ortsmitte und biegen dann nach rechts in die Kirchstraße ab. Dieser folgen wir aus dem Ort hinaus. Hinter der Kirche zweigt der Pfad nach links zum Bach hinunter ab, verläuft an diesem entlang und dann auf der anderen Seite weiter, bis wir nach insgesamt etwa 300 Metern am Bach nach Vorderhaslach (Haslachsimonswald) hineinkommen. Dort halten wir uns rechts, überqueren den Bach erneut und folgen der Fahrstraße Haslach nach links. Ungefähr 500 Meter später erreichen wir den Wanderwegweiser »Vorderhaslach-Sommerberg«. Wir orientieren uns nun am Wegweiser Richtung Gummeneck nach rechts. Das Gummeneck 2 ist nach 700 Metern erreicht, dann beginnt der eigentliche fast schnurgerade Hammeranstieg zum Höllköpf (gelbe Raute). Unterwegs queren wir nochmals einen Forstweg (Oberer Neuenbergweg). Hier taucht für uns unerklärlicherweise die blaue Raute auf. Unterhalb des Gipfels verlaufen die letzten 400 Meter serpentinenartig, dann ist der Höllkopf (923 m) 3 erreicht. Die Anstiegsmühen werden mit einem tollen felsigen Ausblick ins Simonswäldertal belohnt. Wer meint, dass der Aufstieg damit erledigt ist, hat sich aber getäuscht, denn zum einen müssen bis zum Schultiskopf noch 150 Höhenmeter bewältigt werden, zum anderen verdoppeln sich diese Höhenmeter locker, da der Grat, der durch das Gebirgstal führt, stetig auf und ab verläuft. Es macht aber ungemein Spaß auf diesem felsigen, steilen und wurzeligen Pfad

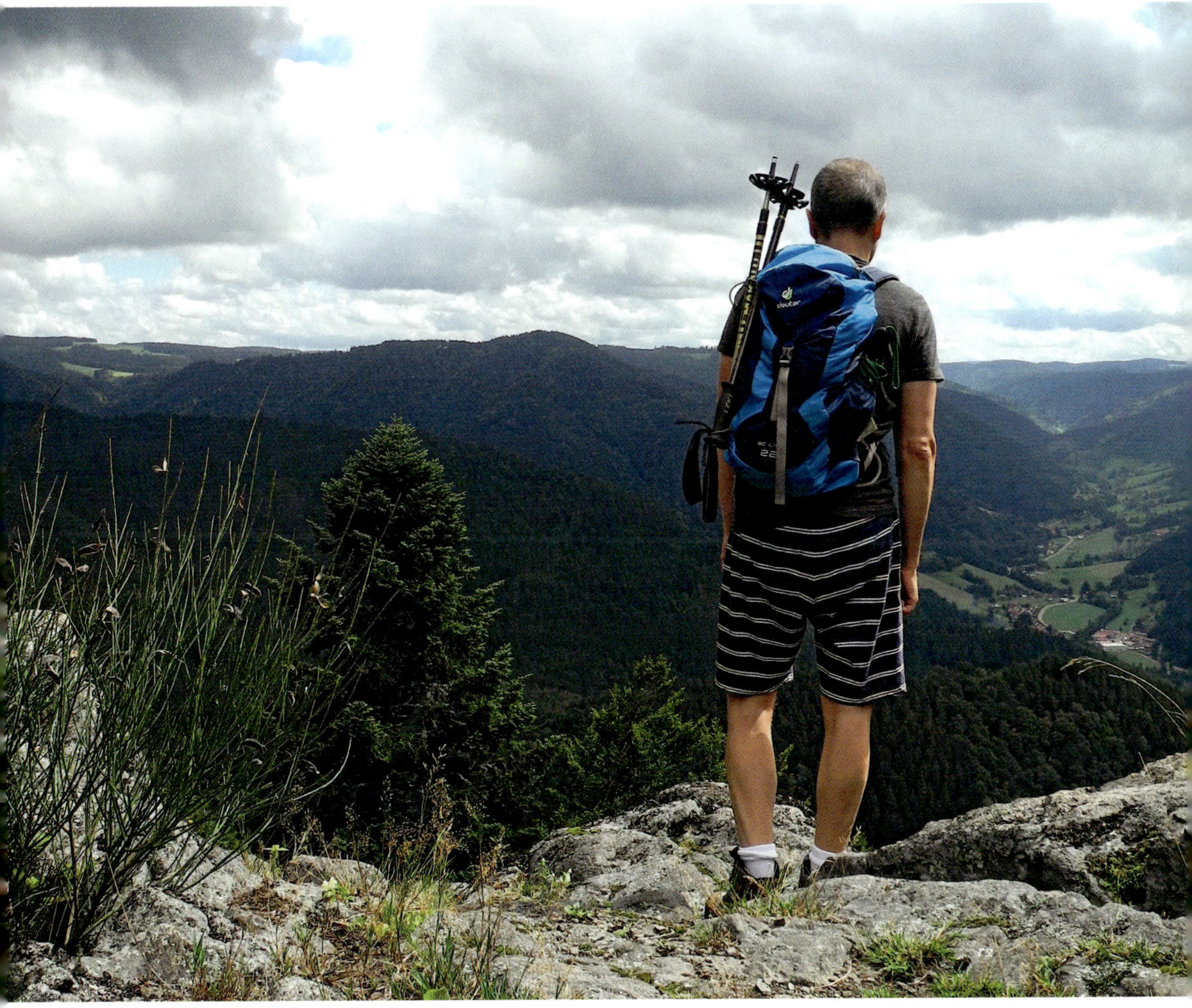

Der erste Gipfel des Tages: auf dem Höllkopf

zu wandern. Nach einer Stunde ist der Schultiskopf (1072 m) mit seinem kleinen eisernen Gipfelkreuz erreicht ❹. Eine Rast bietet sich an, nach der wir uns zum Ibichkopf aufmachen. Die Pfadbeschaffenheit wird zunehmend angenehmer und das Auf und Ab weicht einem eher ebenen Profil. 500 Meter hinter dem Schultiskopf kreuzen wir einen Forstweg, auf dem wir laut Wegzeichen nach rechts wandern müssten. Wir marschieren aber geradeaus weiter und

Anforderungen

SAC-Wanderskala: Der Anstieg zum Höllkopf ist vor allem steil: schweres T2. Vom Höllkopf zum Schultiskopf: T3. Entlang des Haslachsimonswälder Baches: T3.

Rechte Seite: Steiler Pfad zum Schultiskopf

erreichen auf einem ehemaligen, langsam zuwachsenden Waldweg ohne Wegzeichen den »Gipfel« des Ibichkopfs (1145 m). Würde ein Holzschild nicht darauf hinweisen, könnte man glatt übersehen, dass man sich hier mitten im Wald auf einem Gipfel beziehungsweise auf einer Erhebung befindet. Nach Regenfällen watet man hier oben fast durch eine kleine Teichlandschaft. Kurz hinter dem Ibichkopf stoßen wir auf eine Waldwegkreuzung. Hier taucht die blaue Raute als Wegzeichen auf, der wir geradeaus etwas bergan folgen. Nach einem Kilometer ist die Kohlhütte 5 erreicht und wenig später auch die Wegkreuzung mit dem Wegweiser »Griesbacher Eck«. Die gelbe Raute leitet uns auf einem breiten Forstweg gemütlich Richtung Rohrhardsberg. Wir folgen dem Weg für zwei Kilometer, dann mündet unser Forstweg kurz vor dem Rohrhardsberg (Wegweiser »Am Rohrhardsberg«)

Einkehr und Unterkunft

Einkehr: Hotel Gasthof Krone-Post, Talstraße 8, 79263 Simonswald, Telefon (07683) 265 oder 1267, www.simonswaeldertal.de

Unterkunft (Auswahl): Hotel Gasthof Krone-Post, Talstraße 8, 79263 Simonswald, Telefon (07683) 265 oder 1267, www.simonswaeldertal.de

Hotel Tannenhof, Talstraße 13, 79263 Simonswald, Telefon (07683) 91390, www.ferienhotel-tannenhof.de

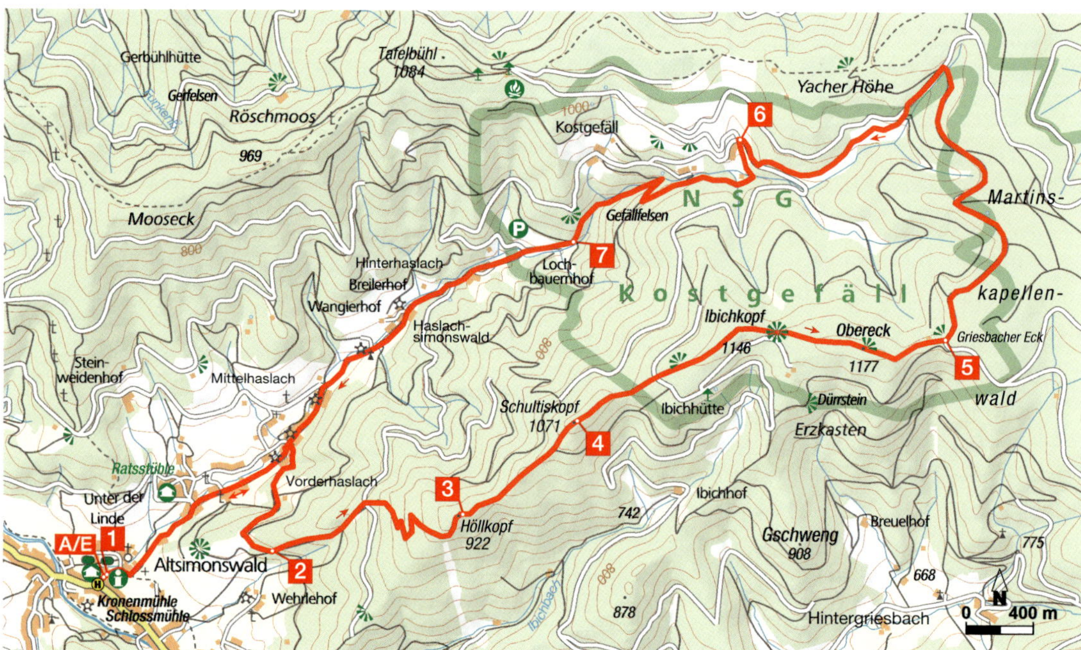

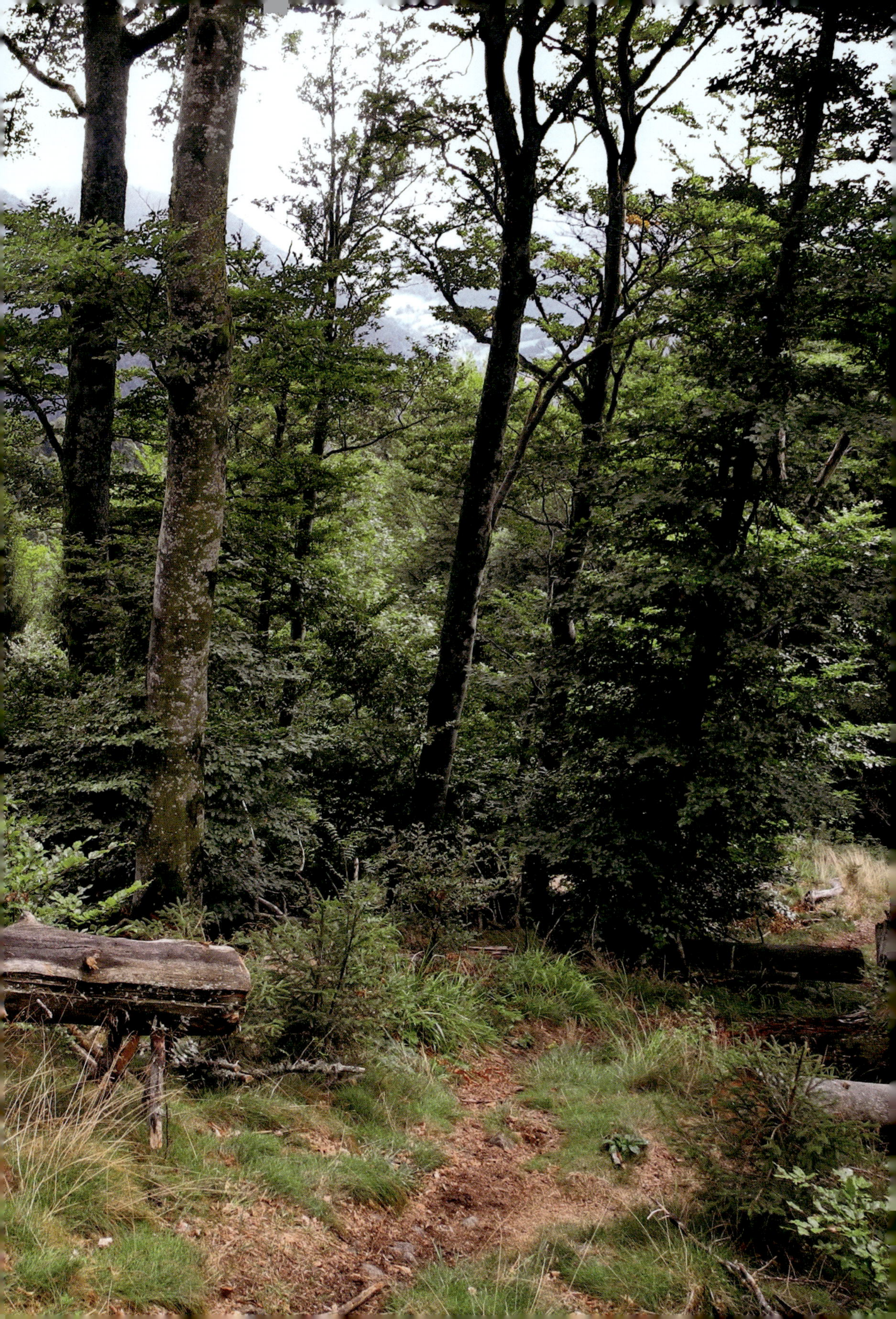

in einen kombinierten Rad- und Wanderweg. Wir halten uns hier scharf links und erreichen, entlang von Almwiesen wandernd, nach zwei weiteren Kilometern am Wegweiser »Obergfäll« vorbei den Bergbauernhof und Wegweiser am Kostgfäller Hochtal (930 m, gelbe Raute) 6. Kurz vor dem Bauernhof passieren wir linker Hand noch einen tollen Aussichtsfelsen, den man nicht verpassen sollte. Am Wegweiser »Kostgfäll« halten wir uns scharf links und queren eine Viehweide, wo es uns ob des Fleckviehs, das uns misstrauisch beäugte, fast ein bisschen mulmig wurde. Der alte Gfällweg führt in einen Bachtobel. Wir queren den Haslachsimonwälder Bach und wandern oberhalb von ihm auf seiner linken Seite weiter. Nach 700 Metern gelangen wir zum Wegweiser »Alter Gfällweg«. Wir können den tiefer gelegenen Lochbauernhof ab hier über den alten Gfällweg links des Baches erreichen oder direkt am Haslachsimonswälder Bach

Rechts: Blick ins Kostgfäll

Kurz vor dem Schultiskopf passieren wir diese kurze Felspassage.

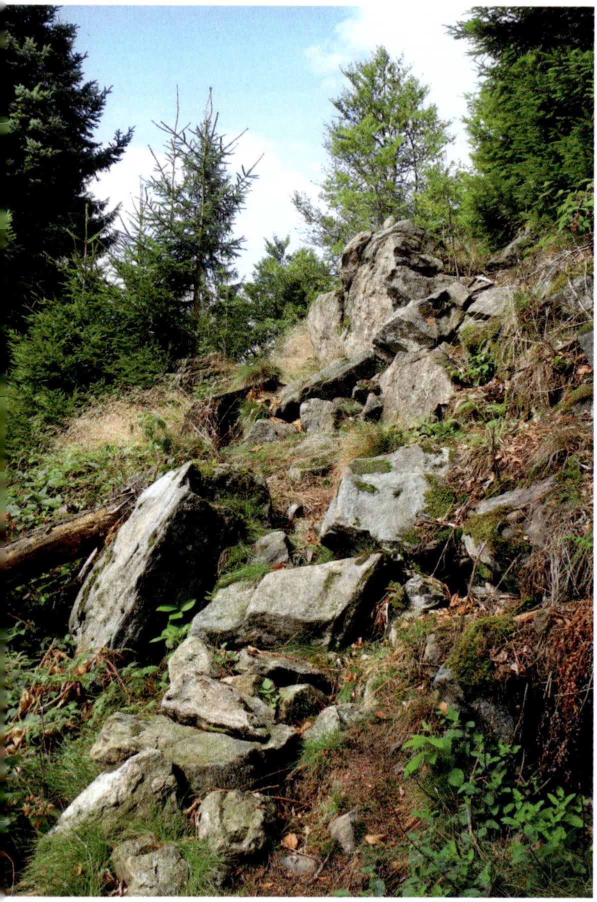

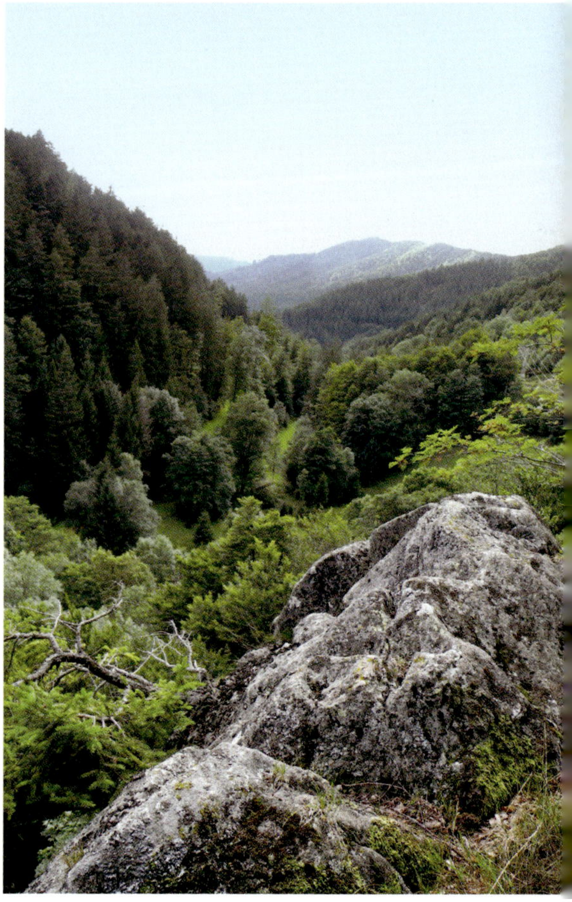

entlangwandern. Der alte Gfällweg ist wunderschön, die Route am Bach entlang dafür abenteuerlich – deshalb beschreiben wir letztere Alternative. Ein schmaler Pfad führt nach rechts zum Bach hinunter, an dem entlang es dann bergab geht. Wir wackeln mehr nach unten, als dass wir wandern, denn die Wegbeschaffenheit ist wirklich schwierig – nass, schmal, wurzlig und felsig. Rechts von uns tauchen im Wald immer öfter tolle Felswände der Gfällfelsen auf, in denen die Kletterer vertikal ihrem Sport nachgehen. Nach 400 Metern wechseln wir zum anderen Ufer und passieren gleich danach die Wasserfallstufen des Baches. Dahinter erreichen wir den Lochbauernhof (657 m)/Hinterhaslach 7. Wir können nun relativ bequem, aber leider eintönig auf Asphalt, den Ausgangspunkt unserer Tour erreichen, indem wir die Fahrstraße nach Mittel- und Vorderhaslach und nach Altsimonswald hinunterspazieren.

Entlang des Haslachsimonswalder Baches stolpern wir eher, als dass wir wandern.

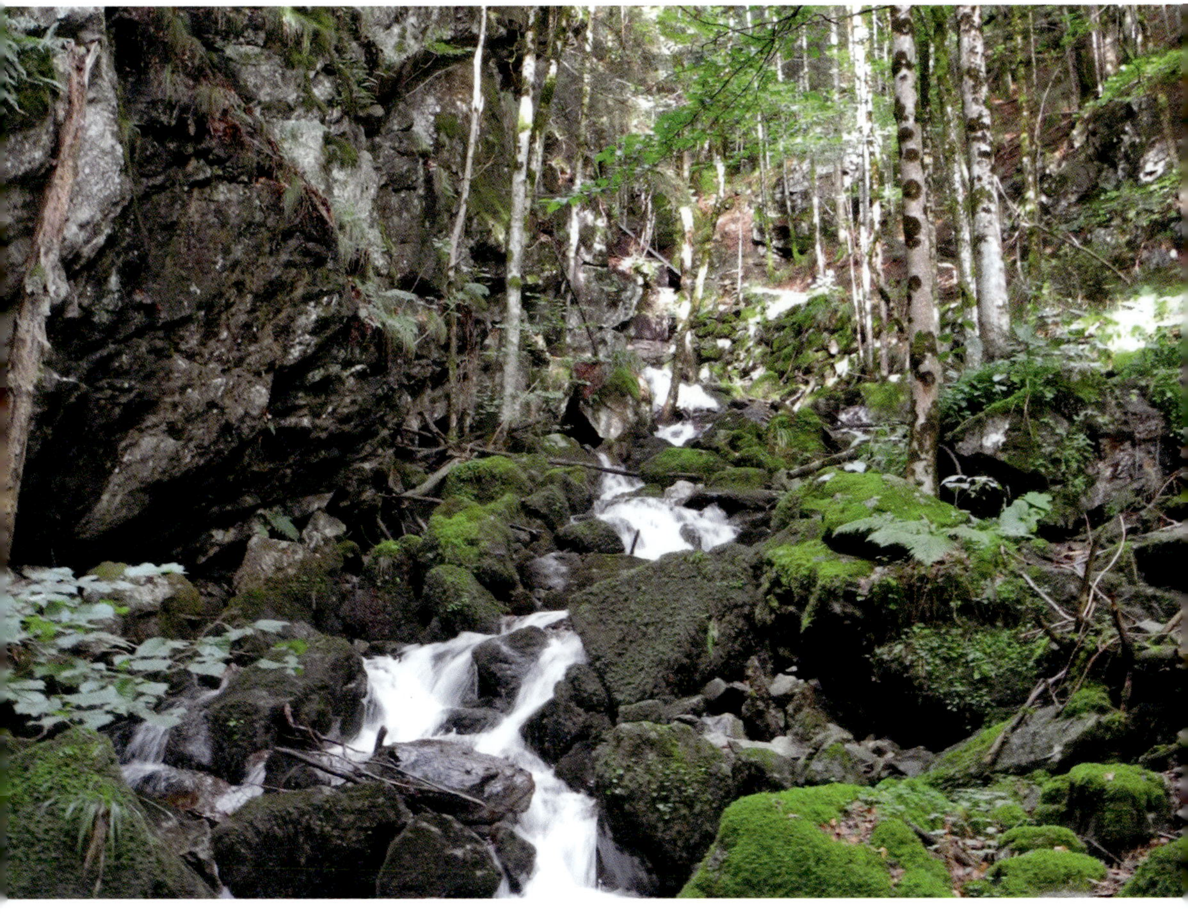

14 Unterwegs auf dem Blocksberg des Schwarzwalds

Alpine Abschnitte auf dem Kandel

leicht	12 km	620/650 Hm	4,5 Std.

Tourenverlauf
St. Peter, Haltestelle Rasthaus Kandel – Serpentine – Kandelrücken – Turnerpfad – Großer Kandelfels – Langeckhütte – Kleiner Kandelfels/Thomashütte – St. Peter, Haltestelle Rasthaus Kandel

Anfahrt
Von Denzlingen mit dem Bus 7205 auf den Kandel oder direkt mit dem Pkw hinauf.

Ausgangspunkt
Bushaltestelle Kandel, Rasthaus.

Endpunkt
Bushaltestelle Kandel, Rasthaus.

Information
Tourist-Information Waldkirch, Marktplatz 1–5, 79183 Waldkirch, Telefon (07681) 19433, www.stadt-waldkirch.de

Karte
ZweiTälerLand, Triberg, Furtwangen, 1:35000, Karte des Schwarzwaldvereins Blatt WTF, 2015.

Der Kandel ist mit 1243 Metern ein gewaltiger »Brocken«. Über zwei alte Pfade, den »Damenpfad« und den Präsident-Thoma-Weg erkunden wir die alpinen Momente dieses tollen Berges. Da wären zum einen die schartige Felswelt um den Großen Kandelfelsen als auch das wilde Gelände um eine der schönsten Berghütten im Schwarzwald – die Thomashütte, mit spektakulären Blicken auf Rheintal und Schwarzwald. Zuvor erkunden wir noch die andere, vergessene Seite des Berges, den Kandelrücken.

Unser Kandelabenteuer beginnt an der Bushaltestelle am stillgelegten Rasthaus Kandel (1), das frohgemut einem Umbau und einer Neueröffnung entgegensieht. Es ist Dreh- und Angelpunkt

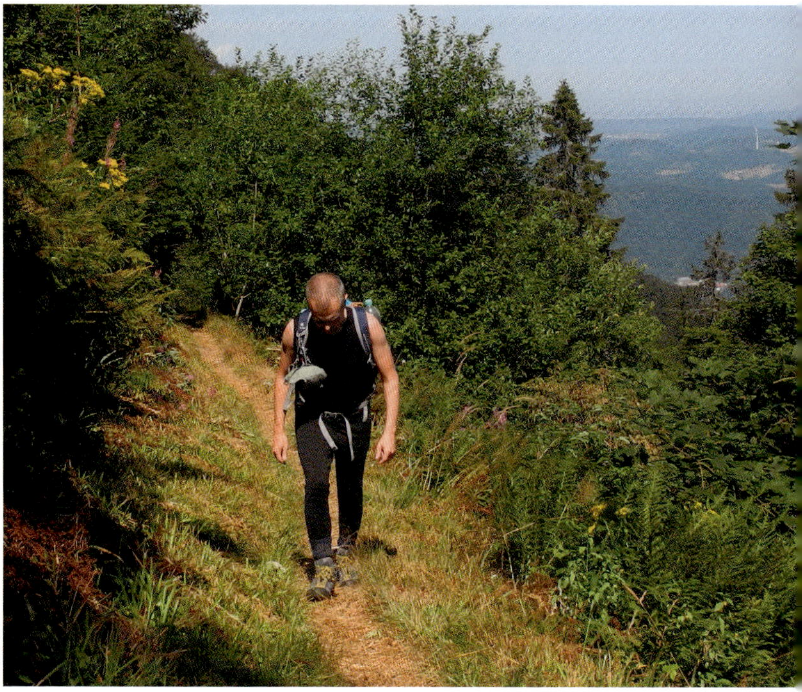

Pfad am etwas in Vergessenheit geratenen Kandelrücken.

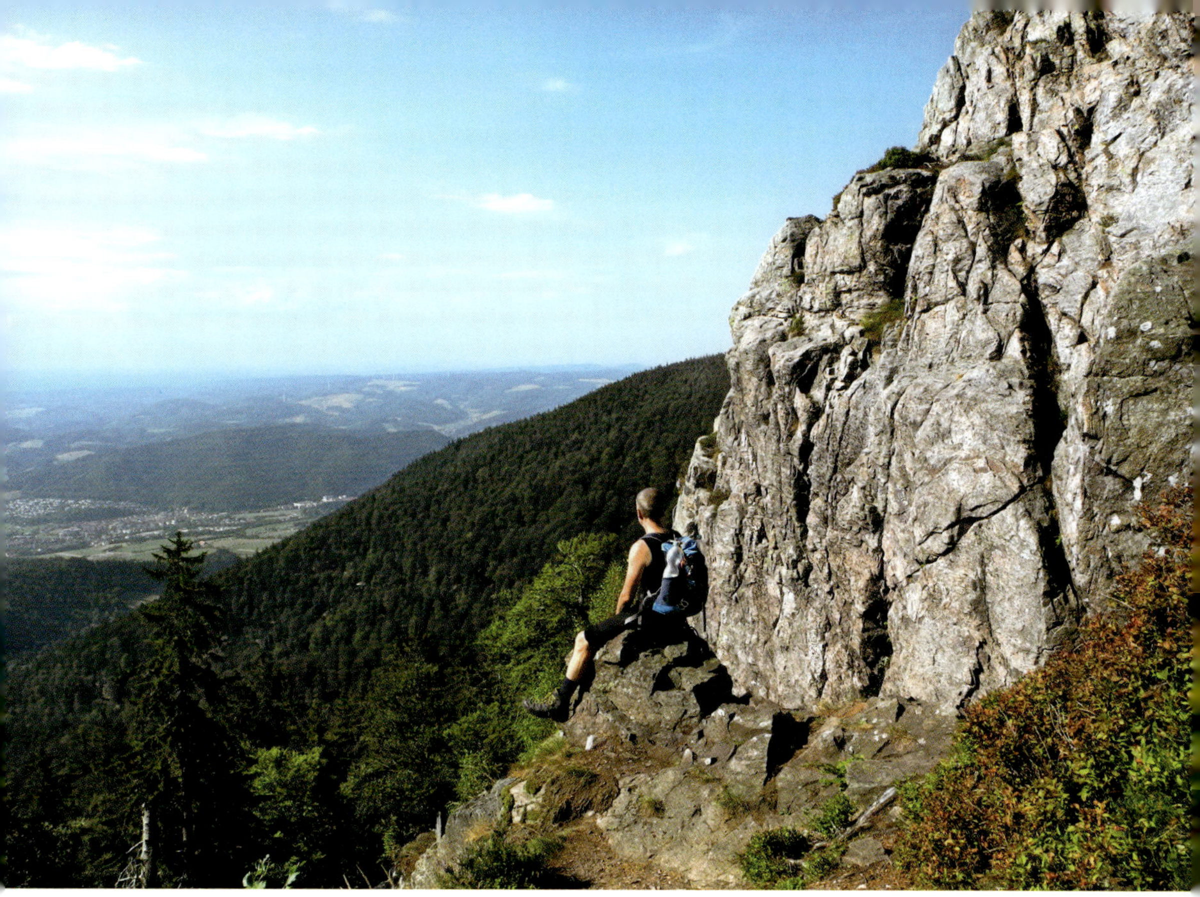

Am Großen Kandelfelsen, dem unserer Meinung nach schönsten Felsen des Schwarzwalds

unser Wanderung, denn wir passieren es insgesamt dreimal. In der Nähe befindet sich der mobile Toilettencontainer und gleich dahinter der Wegweiser »Kandelhotel« (1202 m). Die unzähligen Schilder und Wegweiser lassen schon erahnen, dass das Thema Orientierung am Kandel mitunter nicht einfach ist. Wir folgen hier der gelben Raute in die sogenannte Serpentine nach rechts die Wiese hinunter und gehen dann nach rechts 100 Meter am Waldrand entlang. Anschließend marschieren wir 200 Höhenmeter über Serpentinen steil abwärts. Der Weg quert nach der Hälfte des Abstiegs den sogenannten Nordhang, früher eine der steilsten und schwierigsten Skipisten des Schwarzwalds. Wir erreichen den Wegweiser »Serpentine« (1020 m) 2 und folgen der gelben Raute nach rechts zu den

Anforderungen

SAC-Wanderskala: Die sogenannte Serpentine hinunter, der Pfad zum Kohlplatz und dann über den Kandelrücken zum Sattel: T2. Steil und anspruchsvoll wird's um den Großen und kleinen Kandelfelsen: T3.

Kletterei und Seilpassagen: Wer sich den Großen Kandelfelsen auf den unmarkierten Stichpfaden näher anschaut, muss manchmal alle Gliedmaßen einsetzen.

Rechte Seite: Den Kandelfels kann man auch von unten erkunden.

1,2 Kilometer entfernten Kohlplätzen. Ein schmaler Pfad führt uns rund 30 Höhenmeter über der parallel verlaufenden L186 zu diesem Platz. Wir queren die Fahrstraße, treffen auf den Wegweiser und Parkplatz »Kohlplätze« und wandern nach rechts. Wenig später erreichen wir die am Wegweiser »Sautränke« liegende Waldfried-Hütte (1065 m). Hier zweigt ein wunderschöner 1,2 Kilometer langer Bergpfad ab (gelbe Raute), der uns entlang des Kandelbergrückens 3 am Heibererfelsen vorbei zum Wegweiser »Sattel« leitet. Dort halten wir uns rechts und gelangen wenig später erneut zur L186, queren diese und stehen wieder vor dem Rasthaus Kandel. Wir wandern am Wegweiser »Kandelhotel« vorbei und entdecken nach 20 Metern rechts in der Wiese einen weiteren Wegweiser, der uns durch hohe Vegetation auf den alten Turner- beziehungsweise Damenpfad (gelbe Raute) 4 verweist. Alpin geht's zuerst oberhalb des Nordhangs entlang, dann zum Hessfelsele (1180 m) und schließlich zum Gipfel des Großen Kandelfelsens. Auf dem ganzen Pfad stehen übrigens Stelen, die uns über die interessante Geschichte des Kandels auf-

Einkehr und Unterkunft

Einkehr: Berggasthaus Kandelhof, 79271 St. Peter, Telefon (07660) 2500000, www.kandelhof.de

Unterkunft (Auswahl): Hotel Scheffelhof, Scheffelstraße 1, 79183 Waldkirch, Telefon (07681) 47040, www.scheffelhof-waldkirch.de; Pension Imhof, Hödlerstraße 45, 79183 Waldkirch, Telefon (07681) 6663, www.pension-imhof.de

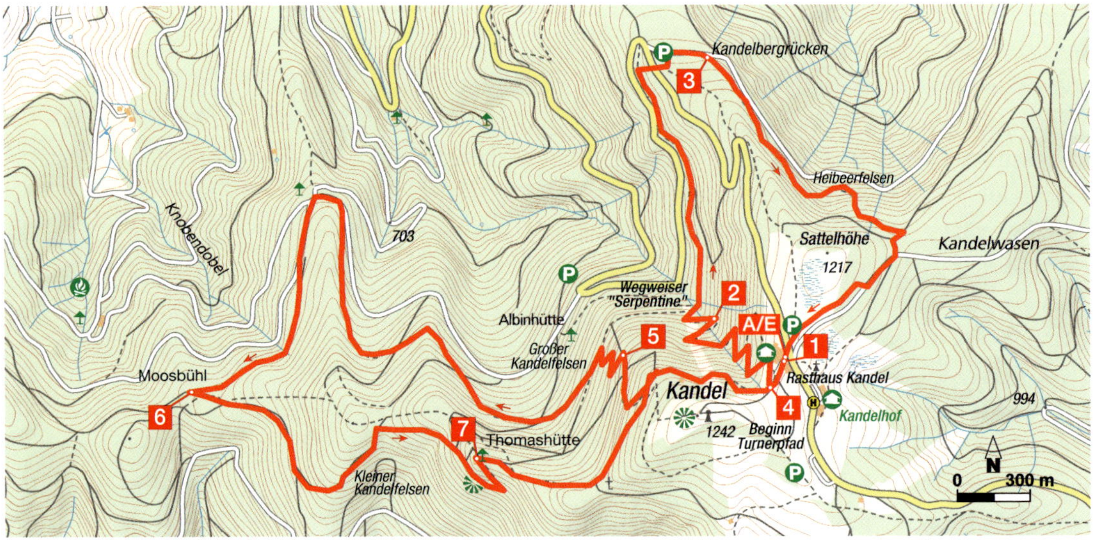

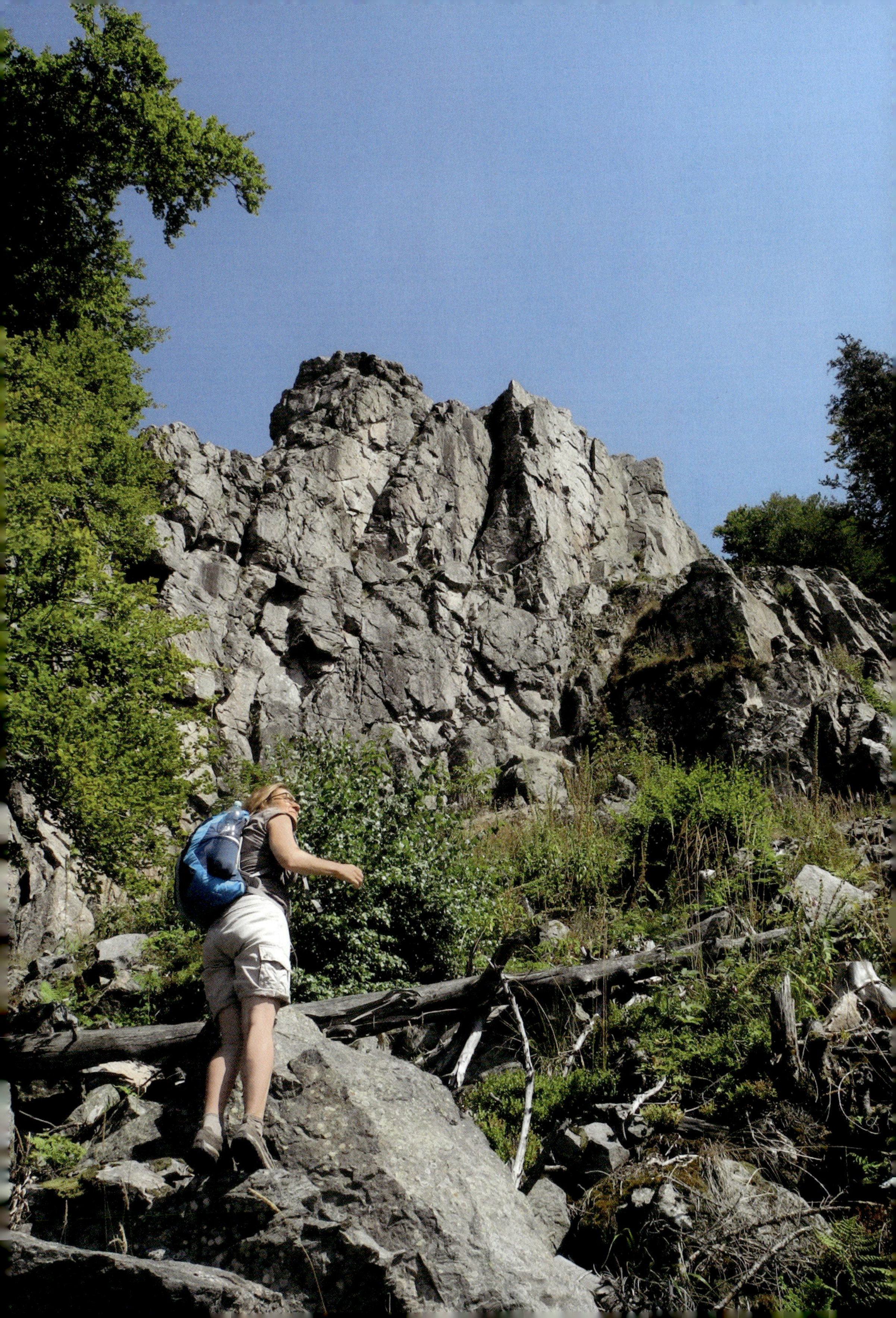

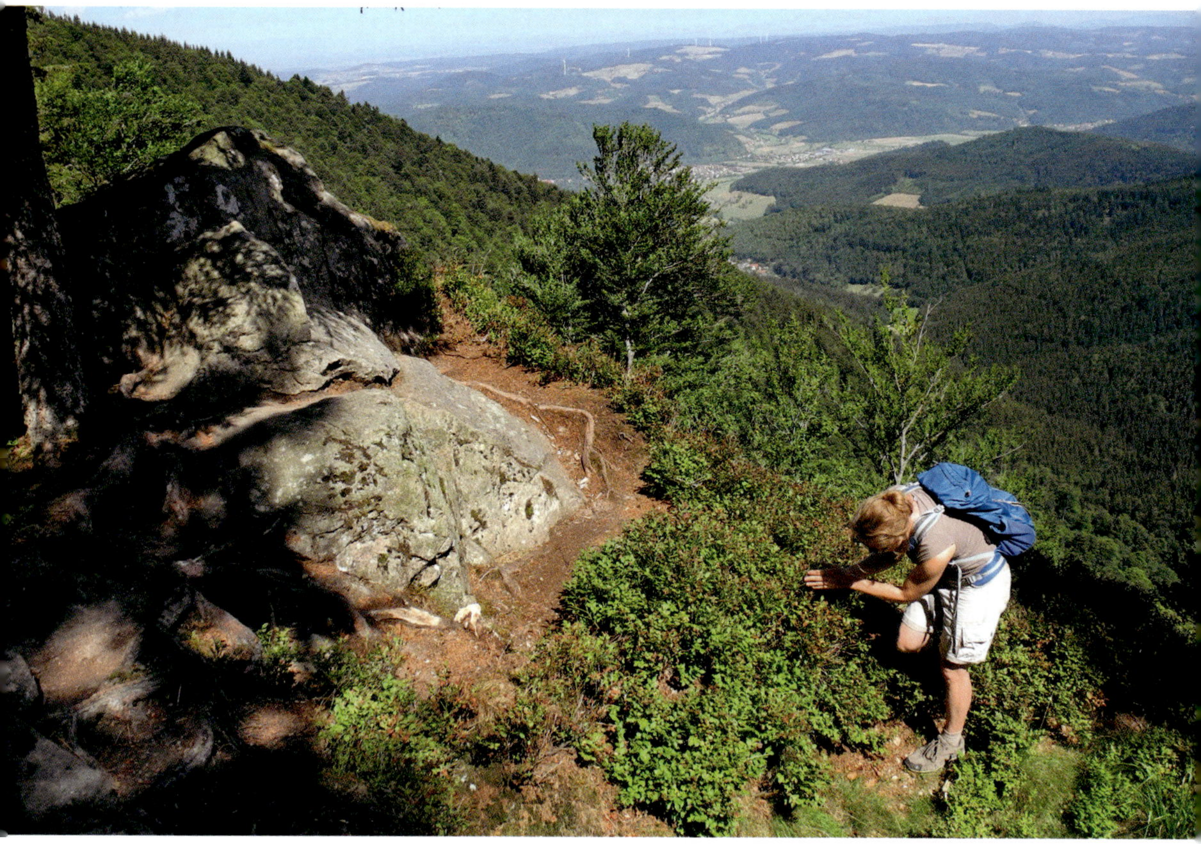

Beerenpflücken am Heibererfelsen

klären. Hier warten fantastische Fotomotive und man sollte sich ruhig Zeit lassen und zum Beispiel zur Aussichtsbank kraxeln, die zwischen den Felswänden liegt. In kleinen Serpentinen marschieren wir danach links am Fels vorbei, wobei sich immer wieder die Möglichkeit bietet, einen kurzen Abstecher nach rechts in die Halde des Felsens zu unternehmen, etwa ganz zum Schluss am Wegweiser »Großer Kandelfels« (1025 m) 5, der am Sockel des Felsens steht. Von hier steuern wir via Damenpfad die zwei Kilometer entfernte Langeckhütte an. Der Damenpfad quert dabei immer wieder Forstwege und kurz vor der Hütte lädt eine kleine Bank nochmals zum Blick zurück auf das Kandelmassiv ein. An der Langeckhütte (780 m) halten wir uns links und gehen auf einem Forstweg 1,2 Kilometer bis zum Moosbühl (785 m) 6. Am gleichnamigen Wegweiser beginnt der Präsident-Thoma-Weg, der uns mit der blauen Raute und dem grünen Zeichen des Zweitälersteigs über 300 Höhenmeter steil und teilweise alpin zur Thomashütte hinaufbringt. Die Thomashütte 7 ist ei-

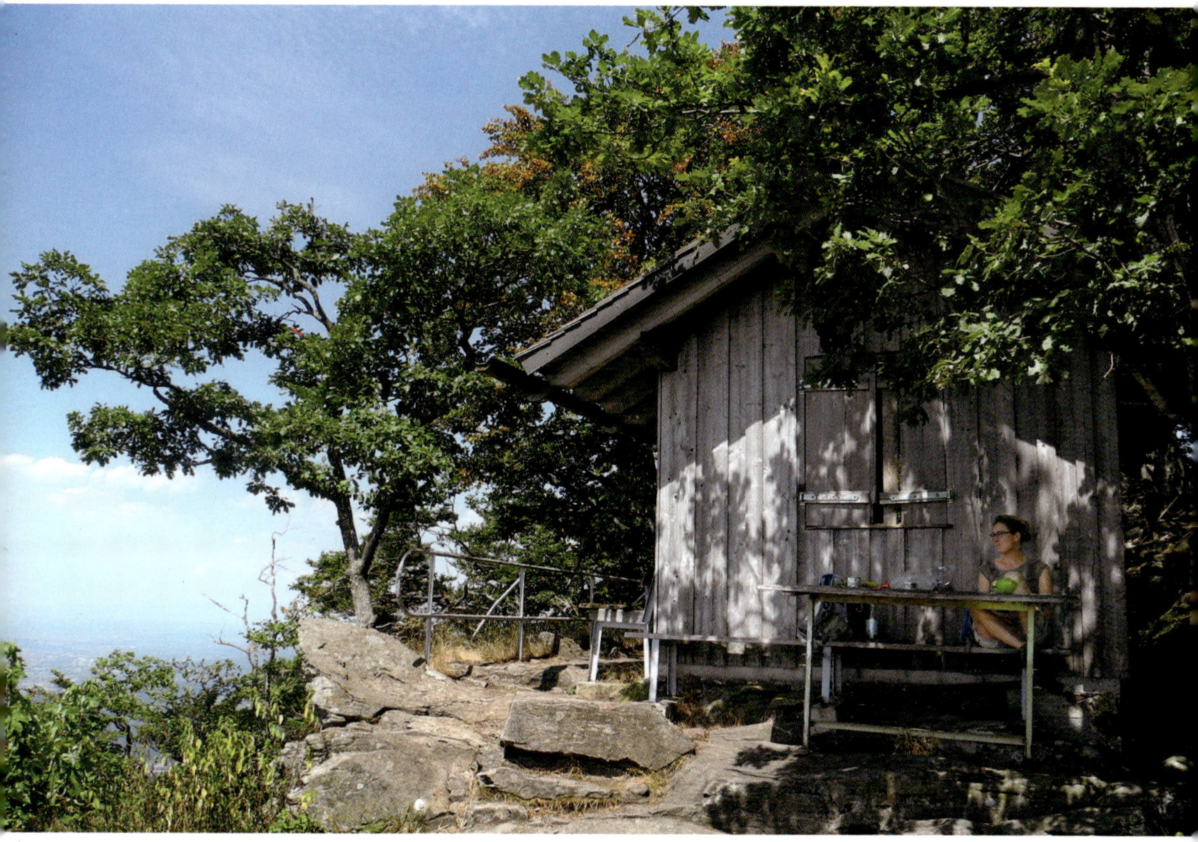

Die Thomashütte am kleinen Kandelfels mit grandiosem Panoramablick

ner der schönsten Pausenplätze im Schwarzwald. Sie liegt wie ein kleiner Adlerhorst auf dem Gipfelplateau des Kleinen Kandelfelsens und bietet Aussicht auf die Rheinebene, die umliegenden Schwarzwaldhöhen und bis zu den Vogesen (um Missverständnissen vorzubeugen: Auf manchem Wegweiser ist die Entfernung zur Thomashütte und zum Kleinen Kandelfelsen unterschiedlich angegeben – die Hütte liegt definitiv auf dem Felsen und nicht daneben). Nach einer Pause wandern wir mit der blauen Raute und dem Zeichen des Zweitälersteigs 600 Meter zum Hoschgetkreuz (1131 m). Dort halten wir uns links und folgen unseren aktuellen Wegzeichen auf einem Hangpfad durch den Wald zum Wegweiser »Ahornmättle« (1185 m). Hier können wir uns entscheiden, ob wir unser Ziel (Rasthaus Kandel/Kandelhotel) über die Gipfelpyramide (scharf rechts) oder über das Hessfelsele und den alten Turnerpfad mit der Skipiste am Nordhang, den wir noch von vorher kennen, erreichen wollen. Wir haben uns für letztere Variante entschieden, da sie felsiger ist.

15 Die wilden Seiten des Höllentals

Die Posthaldefelsen und die Ravennaschlucht

mittel | 14 km | 860 Hm | 4,5 Std.

Tourenverlauf
Breitnau, Haltestelle/Parkplatz Hofgut Sternen – Weberhansenkreuz – Noppelfelsen – Posthaldenhof – alpiner Pfad zum Hirschweiher – Posthaldefelsenweg – Großer/Kleiner Posthaldefels – Ravennaschlucht – Breitnau, Haltestelle/ Parkplatz Hofgut Sternen

Anfahrt
Mit dem PKW zum Hofgut Sternen. Ansonsten ist das Höllental trotz B 31 und Höllentalbahn vom ÖPNV abgeschnitten. Vereinzelt fahren Linienbusse und Ruftaxis (07651/9899602) ab Bahnhof Hinterzarten bis zum Hofgut Sternen.

Ausgangspunkt
Parkplatz Hofgut Sternen.

Endpunkt
Parkplatz Hofgut Sternen.

Information
Tourist Information, Dorfstraße 11/1, 79874 Breitnau, Telefon (07652) 12060, www.hochschwarzwald.de/ Breitnau

Karte
Hochschwarzwald, Feldberg, Schluchsee, 1:35 000, Karte des Schwarzwaldvereins Blatt WHS, 2014. Oder St. Märgen, St. Peter, 1:25 000, »hochtouren«, Hochschwarzwaldtourismus.

Die Posthalde, die größte Felshalde im Hölltal, hat einen tollen alpinen Wegabschnitt im petto und der über die Posthaldefelsen verlaufende Querweg Freiburg-Konstanz ist hier besonders spannend. Am Ende des Höllentals liegt dann schließlich die wilde Ravennaschlucht, durch die ein wilder Gebirgsbach talwärts rauscht und wo Stege und Leitern die Begehung überhaupt erst ermöglichen.

Am Hofgut Sternen (1) gibt es links und rechts der Bundesstraße Parkplätze. Je nachdem, auf welcher Seite wir parken, müssen wir die B 31 unterqueren, uns rechts halten und dann bis ans Talende gehen. Am Wegweiser »Unterführung B31« unterqueren wir die B31 erneut und wandern gute 500 Meter zum Wegwei-

Tipp

Eines der Highlights des Höllentals waren die alpin anmutenden Teilstücke des Jägerpfads, aber nur noch der konventionelle Teil zwischen Hofgut Sternen und Posthaldenhof ist heute begehbar, der Rest wurde gesperrt und bleibt vermutlich auf Dauer geschlossen. Ein Wegabschnitt, die sogenannte »Umgehung Jägerpfad« ab Hirschsprung, kann noch inoffiziell begangen werden. Der Einstieg in diesen steilen, steinigen Hangpfad gelingt nur noch über den Weber-Peter-Weg von oben (von Falkenau kommend vor dem Kaltenbrunnen – schwierig zu finden) oder von unten ab Hirschsprung 95/Höllentalstraße 95 über einen einsturzgefährdeten Steg über den Höllbach. 400 Meter weiter vorne (Richtung Posthalde) an einer Parkbucht kann man den Bach aber auf einer Brücke problemlos überqueren und dann den Einstieg erreichen. Die dort angebrachten alten Wegmarkierungen sollen abgebaut werden.

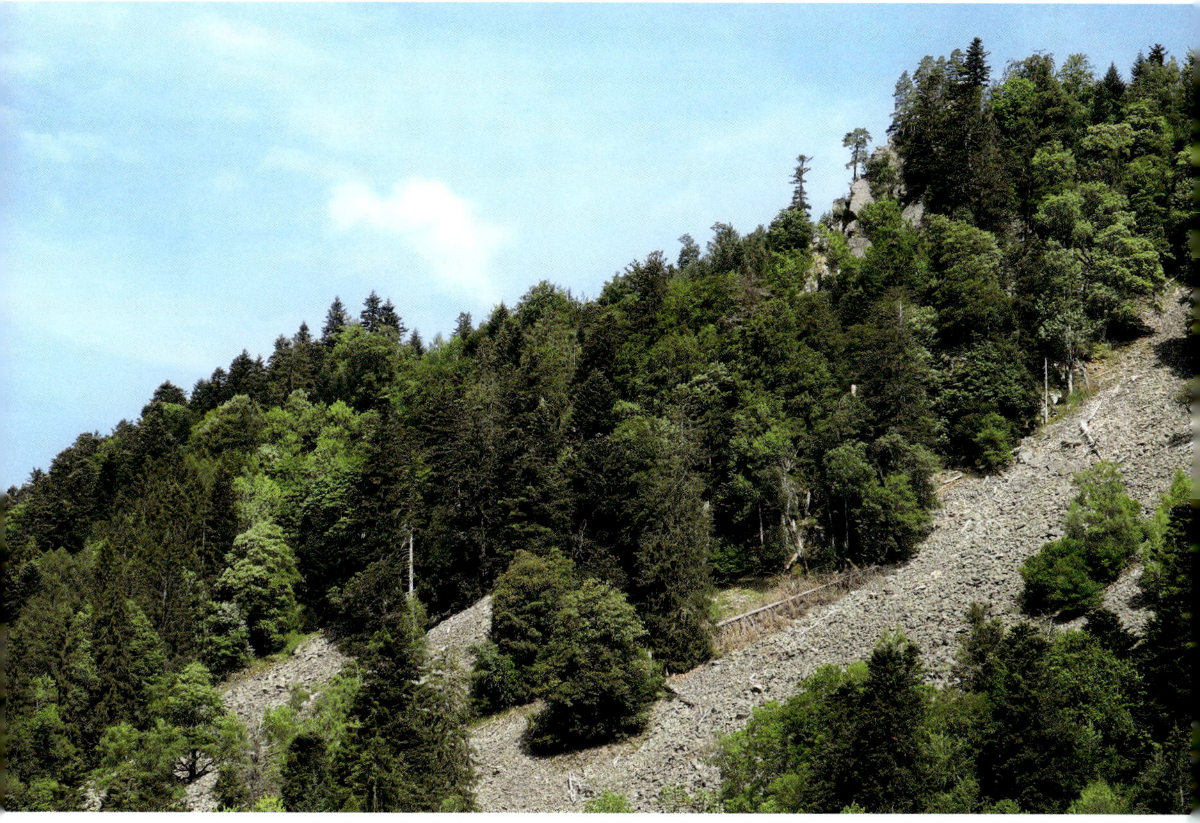

Die Geröllhalde unterhalb der Posthaldefelsen

ser »Sternenwald«. Ab hier wird es nun erstmals steil, denn es geht auf schmalen Pfaden zum Weberhansenkreuz 2 hinauf. Kaum angekommen, orientieren wir uns rechts und marschieren via Weißtannenhütte und Noppelfelsen genauso steil ins Höllental hinab. Wir erreichen gegenüber vom Posthaldenhof den Wegweiser »Rotbach«, überqueren den Bach und spazieren an dem Schober nach rechts. Nun unterqueren wir die B31 und stehen gleich darauf vor dem Posthaldenhof. Wir müssen das Gelände des Hofes überqueren und die Gleise per Unterführung passieren, dann halten wir uns links. Kurz darauf erreichen wir ein kleines Anwesen und wenige Meter weiter einen Wegweiser. Hier schauen

Anforderungen

SAC-Wanderskala: Zum Weberhansenkreuz und via Noppelfelsen ins Höllental hinunter: T2. Der alpine Pfad zum Hirschweiher: T3. Der steile Posthaldefelsenweg ab Hirschweiher – anstrengendes T2. Der Querweg zur Ravennaschlucht: T2. Bei nasser Witterung ist die Durchquerung der Ravennaschlucht nicht einfach: T2/T3.

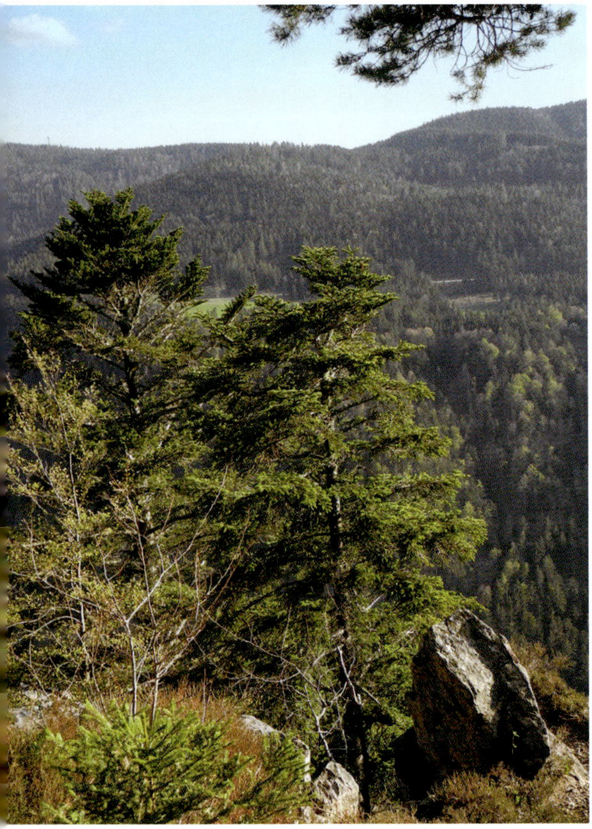

wir genau hin, halten uns links und folgen der gelben Raute im Tal – Achtung: Die Beschilderung weist nicht auf diesen Weg hin. Bei der nächsten Weggabelung ist die Jakobsmuschel sinnigerweise genau in der Mitte angebracht, wir halten uns links. Nach weiteren 200 Metern beginnt endlich der alpine Wegabschnitt, der uns über umgestürzte Bäume durch den steilen Hangwald zum Hirschweiher 3 hinaufbringt. Hier endet der alpine Abschnitt zwar wieder, aber dafür geht es umso steiler weiter. Nach halb rechts verschwindet ein schmaler Pfad (gelbe Raute) in den Wald hinauf – der Posthaldefelsenweg. Nach ein paar hundert Metern quert der Pfad einen Forstweg. Rechts oben sieht man eine Wegkreuzung mit Wegweiser, den wir aber ignorieren. Unser Pfad findet seine Fortsetzung stattdessen genau gegenüber und leitet uns weiter mit der gelben Raute auf die Hochfläche. Er mündet dann in der Nähe des Posthaldefelsens in den Querweg Freiburg-

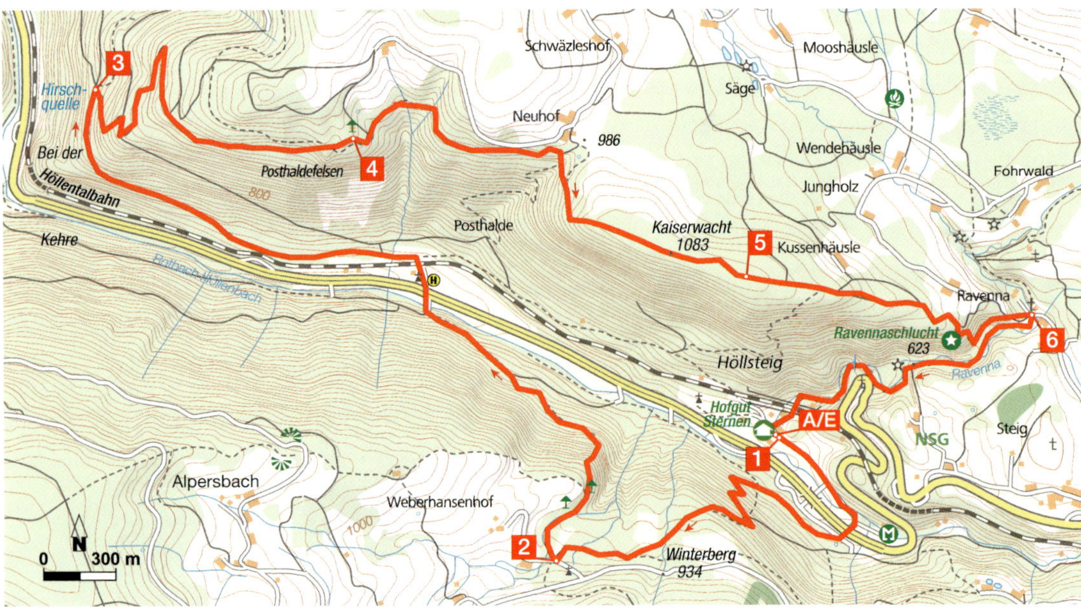

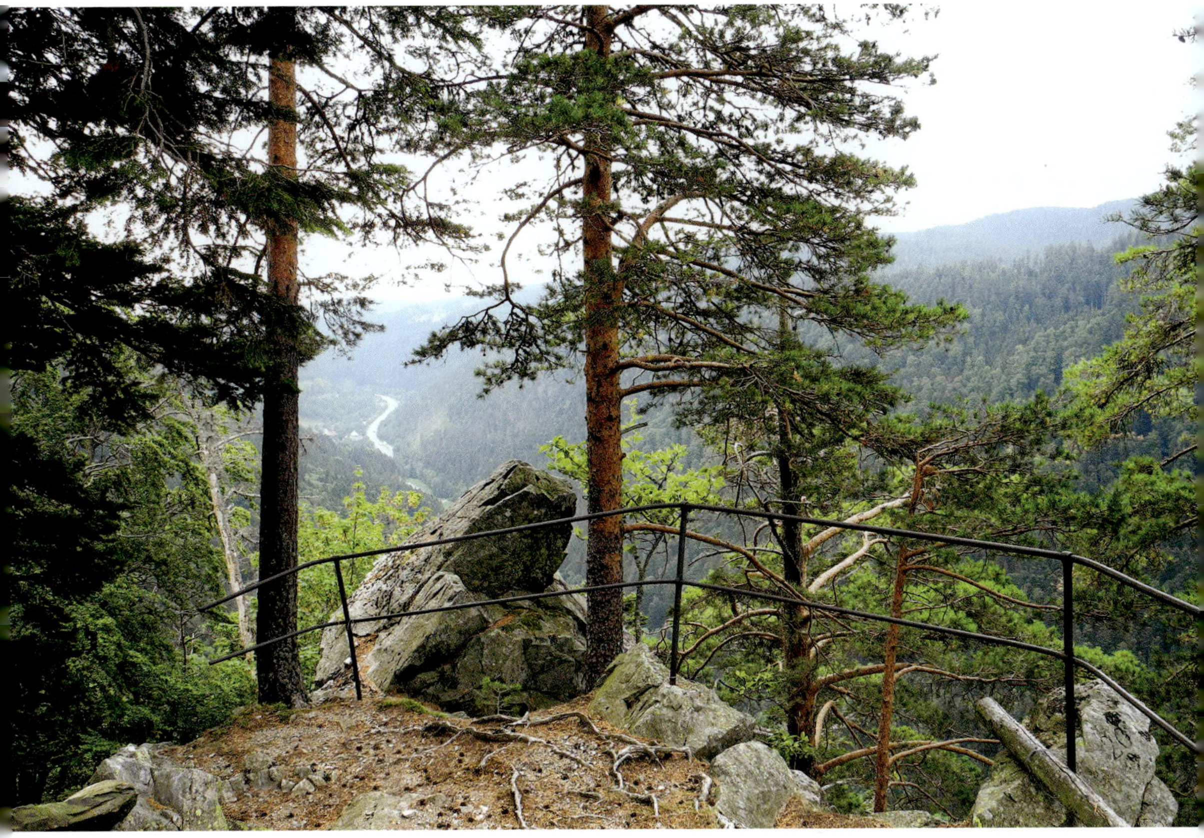

Am Großen Posthaldefelsen mit Blick ins Hölltal

Linke Seite: Der Piketfelsen liegt am Ende unserer Tour.

Bodensee (weiß-rote Raute auf gelbem Grund). Dem Querweg folgen wir nach rechts und erreichen gleich darauf den Aussichtspunkt und Wegweiser »Posthaldefelsen« (am Großen Posthaldefelsen) oberhalb der großen Blockhalde. Der Posthaldefelsen ❹ war früher viel größer, seine Bruchstücke haben die große Halde erzeugt. Ab hier wird auch das enge Höllenal breiter, da sich der Gletscher in grauer Vorzeit bis hierher vorgewälzt hat. Der kleine Posthaldefelsen mit Schutzhütte liegt nur wenige Wandermeter weiter am Querweg mit Schutzhütte und bietet einen ebenso tollen Ausblick auf das Hölltal. Dahinter verläuft der Querweg als Pfad wunderschön in den Hangwald hinein und quert auf

Einkehr und Unterkunft

Unterkunft: Privatpension/Cafe Ketterer, Ravennaschlucht 62, 79874 Breitnau-Ravenna, Telefon (07652) 1494; Hofgut Sternen, Höllsteig 76, 79874 Breitnau, Telefon (07652) 9010, www.hofgut-sternen.de

Einkehr: siehe Unterkunft

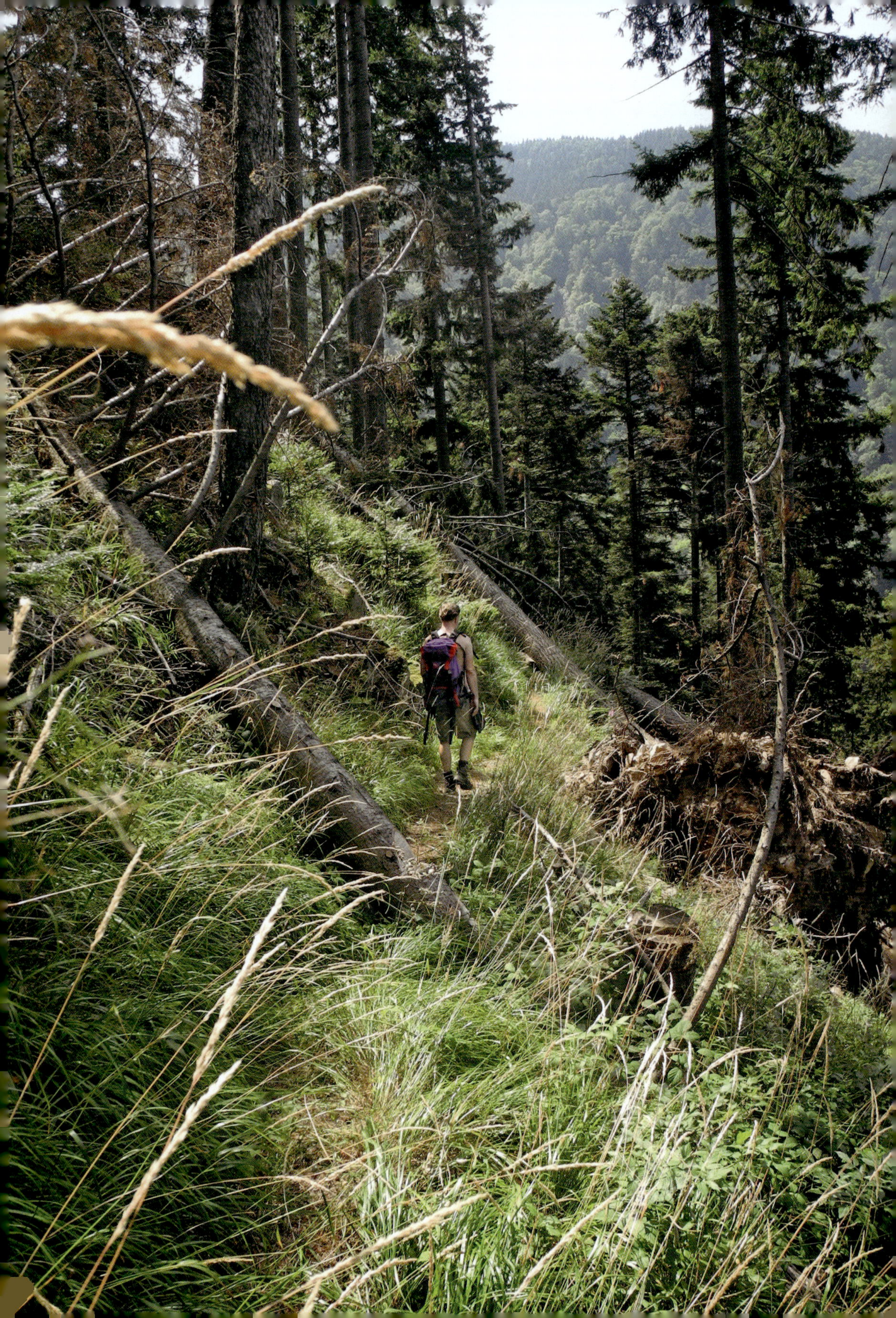

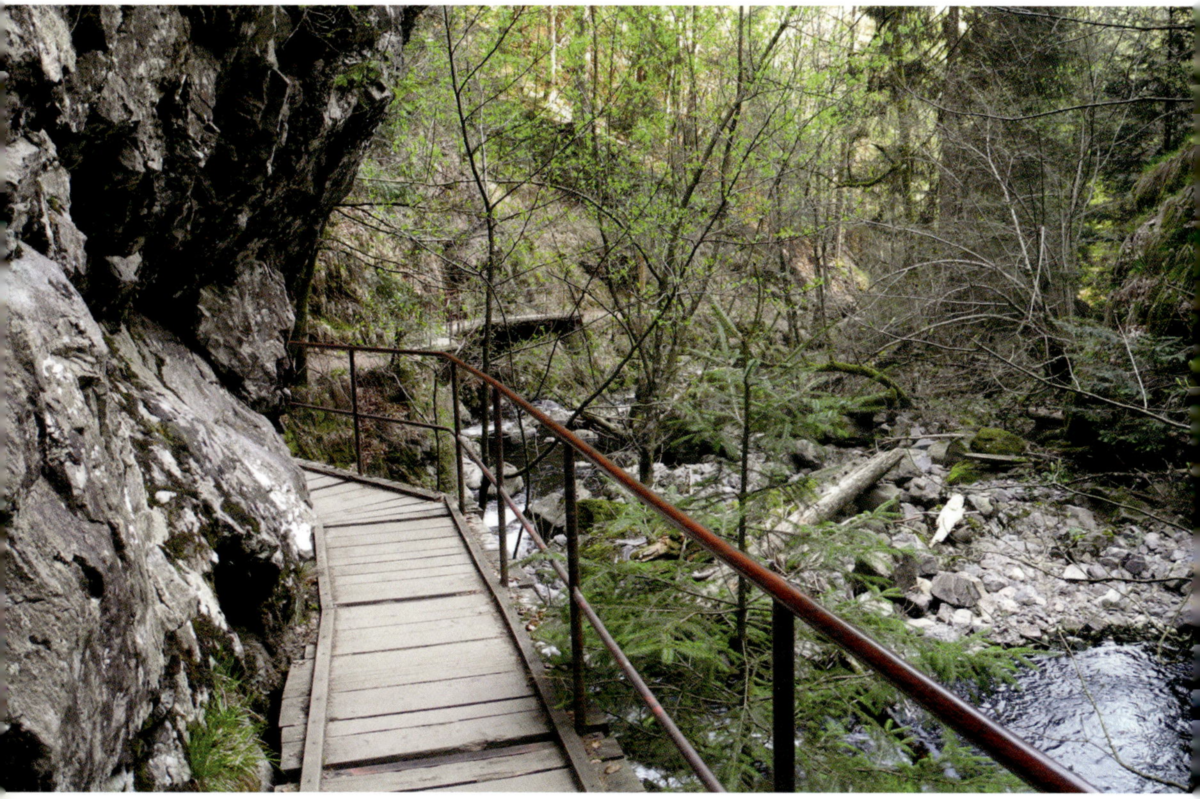

Auf teils verwegenen Konstruktionen passieren wir die Ravennaschlucht.

Linke Seite: Über Stock, Stein und umgestürzte Bäume geht's zum Hirschweiher.

einem Steg einen Bach. Wir passieren den Wegweiser »Über der Posthalde« (940 m) und erreichen einen Kilometer weiter den Piketfelsen 5. Dieser lohnt sich wegen seiner grandiosen Aussicht auf das 400 Meter tiefe Höllental und das Feldbergmassiv. Von dort sind es noch 1,5 bequeme, aber auch etwas langweilige Kilometer zur Ravennaschlucht. Wir treffen auf den Wegweiser »Ravenna« (etwas weiter liegt das Café Ketterer), wo sich auch der Einstieg in die enge Ravennaschlucht 6 (Vorsicht bei Nässe: glitschiger Weg!) befindet. »Ravenna« ist ein altes Wort für »Rabe«. Über Treppen und Stege leitet uns ein enger Pfad durch die Klamm. Die Ravenna stürzt wild durch diese hindurch in Richtung Tal, während die Gneisfelsen zum Greifen nah sind. Wir passieren bei unserem Abstieg mehrere Wasserfälle. Dann wandern wir unter dem 38 Meter hohen Ravenna-Viadukt der Höllentalbahn hindurch und erreichen kurz darauf am Ende der Schlucht das Hofgut Sternen, wo man einkehren und auch übernachten kann. Es spricht nichts dagegen, seine müden Füße in einem der kleinen Gumpen des Wildbachs zu kühlen.

16 Zwei alpine Prachtpfade der Extraklasse im Gfäll

Der Oberrieder Felsenweg und Geröllfelderquerungen bei den Scheibenfelsen

schwer | 26 km | 1600/1520 Hm | 7,5 Std.

Tourenverlauf
Oberried, Haltestelle Goldener Adler – Felsenweg – Hochfahrn – Stollenbacher Hütte – Adamshof – alpine Wegabschnitte Zastler – Roteck – Scheibenfelsenhütte – Burghardtshof – Oberried, Haltestelle Goldener Adler

Anfahrt
Mit der Bahn von Freiburg nach Kirchzarten. Dann mit dem Bus 7215 nach Oberried.

Ausgangspunkt
Bushaltestelle Adler, Oberried.

Endpunkt
Bushaltestelle Sommerhaldenweg, Zastler (nur unter der Woche!).
Bushaltestelle Adler, Oberried.

Information
Gemeinde Oberried, Klosterplatz 4 | 79254 Oberried, Telefon (07661) 930 50, www.oberried.de
Touristinformation Dreisamtal, Hauptstraße 24, 79199 Kirchzarten, Telefon (07661) 9079 80, www.dreisamtal.de

Karte
Hochschwarzwald, Feldberg, Schluchsee, 1:35 000, Karte des Schwarzwaldvereins Blatt WHS, 2014. Der Sackgassen-Pfad in die Zastler-Halde und die Pfadfortsetzung zum Roteck fehlen.

Der alpine Felsenweg passiert die schartigen Oberrieder Kletterfelsen. Ein Tal weiter liegen die Scheibenfelsen (bzw. »Zastler«, wie die Kletterer sagen). Sie bilden ein großes Felsmassiv mit über 100 Metern Wandhöhe. Ein wirklicher Prachtpfad bringt uns hier durch den Bannwald sehr steil in die Höhe. Dazwischen steigen wir auf einem der schönsten alpinen Wegabschnitte des Buches in die Halden des Zastler ein.

Unsere alpine Runde startet am Gasthof »Zum Goldenen Adler« in der Hauptstraße in Oberried (454 m) ❶. Der Beginn des Felsenwegs ist von hier gute zwei Kilometer entfernt. Mit dem Rücken zum Gasthof stehend, gehen wir auf der Hauptstraße etwa 100 Meter nach rechts und folgen dann dem Verlauf der Wehrlehofstraße nach links (gelbe Raute) aus dem kleinen Ort hinaus. Am Ortsende passieren wir den Wegweiser »Wehrlehof«, überqueren eine Wiese und wandern auf dem Wilhelmitenweg am Bach entlang, bis wir nach 700 Metern auf den Wegweiser »Zipfeldobel« stoßen. Hier entscheiden wir uns für den breiten Zipfeldobelweg (Hintertalstraße) nach links bergauf. Wir lassen einen Bauernhof und rechts eine Weide mit Highlandrindern hinter uns. Die gelbe Raute ist unser Wegzeichen, es geht steil nach oben. Der Weg beschreibt nach 500 Metern eine Rechtskurve, weitere 300 Meter dahinter müssen wir nach rechts abbiegen und einen Bach überqueren. Wir marschieren noch einmal 700 Meter und erreichen den Wegweiser »Beginn Felsenweg« (800 m) ❷. Nach weiteren 200 Metern wird die Strecke so, wie man sich einen alpinen Pfad vorstellt. Der Felsenweg führt uns unter den Felswänden von Schneeberg und Wilder Schneeburg entlang, an denen sich an schönen Tagen die Kletterer versuchen. Nach knappen zwei Kilometern Aufstieg verlässt der Pfad den Wald und wir sehen rechts den Gfällmattenhof, an dem wir direkt vorbeiwandern. Wir gehen zum Waldrand, halten uns links, passieren eine Schranke und marschieren 50 Meter weiter nach

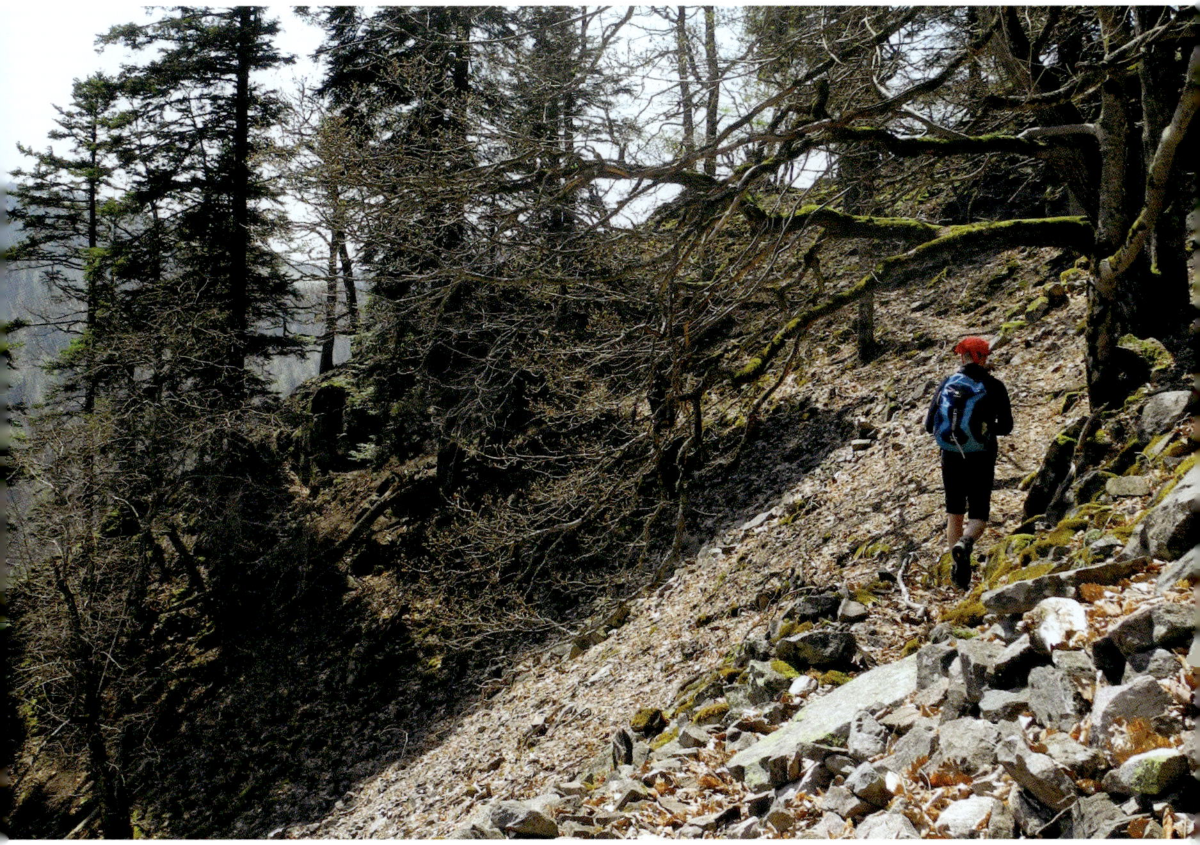

Auf diesem Abschnitt geht's auf unmarkiertem Pfad durch die spannende Geröllhalde des Zastler.

rechts. Bald stehen wir vor dem Wegweiser »Gfällmatte« mit Holzkreuz (995 m) – links geht's in Richtung Feldberg, rechts zum kleinen Luchsfelsen. Da wir den Hochfahrn überschreiten wollen, wandern wir ohne Wegzeichen weiter und sehen hinter dem Kreuz einen zuwachsenden Forstweg, der kurz nach rechts abgeht. Wir folgen dem Forstweg, der sofort eine leichte Linkskurve beschreibt und kontinuierlich durch den Wald ansteigt. In der Folge queren wir einen Bach und erreichen 600 Meter später eine geschlossene Hütte. Wir halten uns rechts und nehmen den ersten Forstweg, der nach links hinauf abgeht. Der Weg ist unangenehm zu gehen, da Forstmaschinen ihn ordentlich zerwühlt haben. Nach etwa 500 Metern gelangen wir

Anforderungen

SAC-Wanderskala: Sehr viele Höhenmeter müssen heute bewältigt werden. Der Felsenweg: T3. Zwischen Gfällmatte und Adamshof: T2. Der Aufstieg durch den Zastler: T3. Der Stich durch die Geröllfelder des Zastlers: T3. Der Abstieg von den Scheibenfelsen: T2.

Rechte Seite links: Ein Abschnitt des alpinen Oberrieder Felsenwegs; rechts: Hinter dem Adamshof geht's durch imposantes Gelände sehr steil bergan.

auf eine Zwischenebene. Dort müssen wir scharf nach links und gleich darauf sehen wir das Schild »Hochfahrnweg« ❸, das sich aber weniger auf den Pfad bezieht, der zum Berg hinaufführt, sondern auf den Forstweg, der unterhalb des Gipfels verläuft. Nun heißt es, weiter bergauf steigen. Auf einem schönen Wiesen- und Farnweg ist der zugewachsene Gipfel (1264 m) 20 Minuten später erreicht, lediglich ein alter Grenzstein weist darauf hin. Dahinter geht es 300 Meter steil bergab, bis man auf eine Wiese und den offiziellen Wanderweg stößt, welcher uns via Pirmin-Kleiser-Denkmal zur Stollenbacher Hütte (1100 m) leitet ❹, die unterhalb vom »Toten Mann« (1321 m) liegt. Von der Hütte steigen wir nun ins Zastlertal hinab, ein Abstieg über 400 Höhenmeter. Unser Weg verläuft zuerst circa einen Kilometer weit rechts an der Stollenbacher Straße entlang und dann 500 Meter auf der Straße, bevor wir auf den breiten Angelsbachweg nach rechts abbiegen. Der Weg trifft nach einem Kilometer an einer scharfen Linkskurve auf den Stollenbach und seinen tief eingeschnitten Tobel. Wir gehen einen guten Kilometer weiter, treffen an einer Linkskurve auf eine Hütte und einen Bach und folgen dort dem

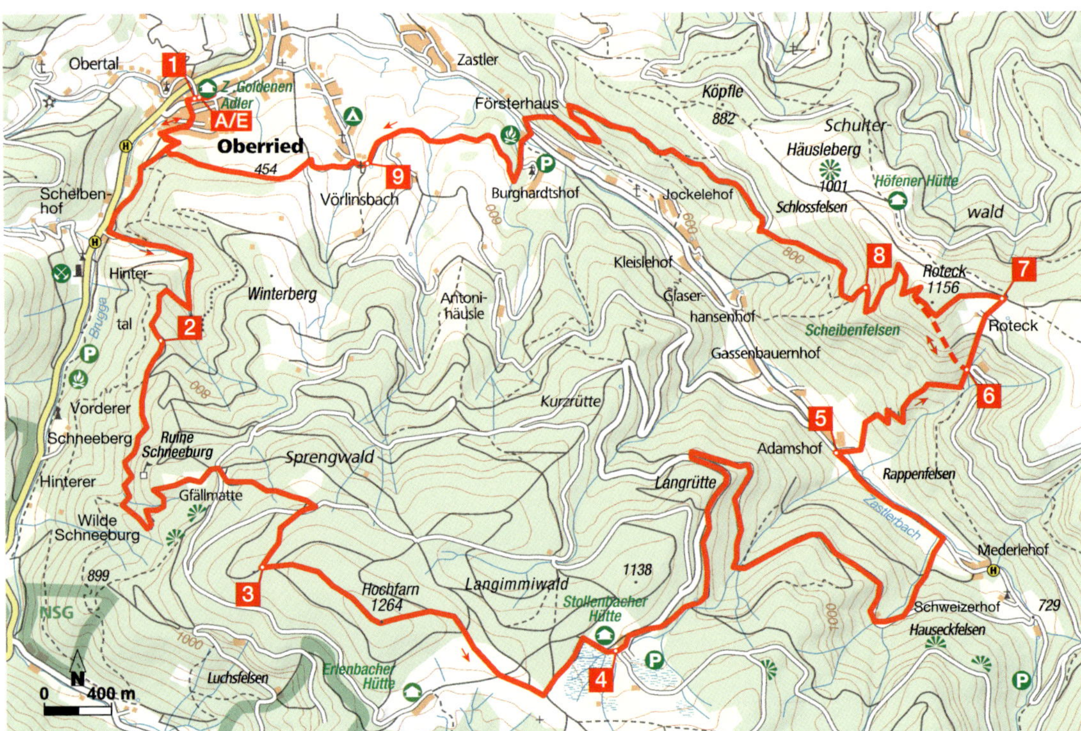

unmarkierten Pfad steil nach links ins Zastlertal hinunter. Dabei queren wir einen Forstweg. Unten angelangt, entdecken wir die Talstraße und den Zastler-/Osterbach. Rund 700 Meter links von hier wartet der Adamshof (620 m) 5. Wir marschieren zum Hof und nehmen rechts die Zufahrt zu ihm beziehungsweise zum Försterhaus. Hinter diesem Gebäude gehen wir zum Waldsaum und wandern an diesem entlang nach links auf der Weide bergan. Nach 200 Metern ragt die Weide ein kleines Stück weiter in den Wald hinein, dort gilt es, auf einer Holzkonstruktion den Weidezaun zu überqueren. Nun beginnt der wunderschöne steile (400 Höhenmeter) Aufstieg bis unterhalb

Einkehr und Unterkunft

Einkehr: Erlenbacher Hütte, Erlenbach 1, 79254 Oberried, Telefon (07661) 4518, www.erlenbacher-huette.info; Stollenbacher Hütte, Stollenbacherstraße 8, 79254 Oberried, Telefon (07661) 4519, www.stollenbacherhuette.de

Unterkunft (Auswahl): Zum Goldenen Adler, Hauptstr. 58, 79254 Oberried, Telefon (07661) 62017, www.goldener-adler-oberried.de; Gasthof Hotel Sternen Post, Hauptstraße 30, 79254 Oberried, Telefon (07661) 989849, www.gasthaus-sternen-post.de

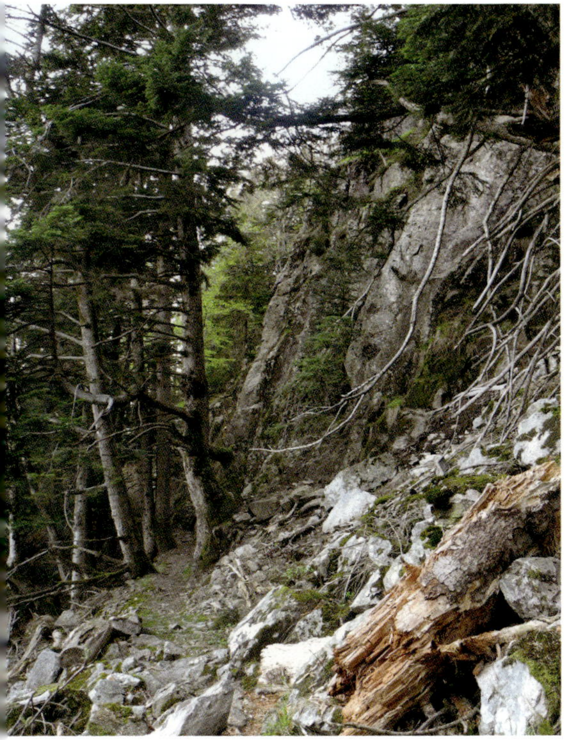

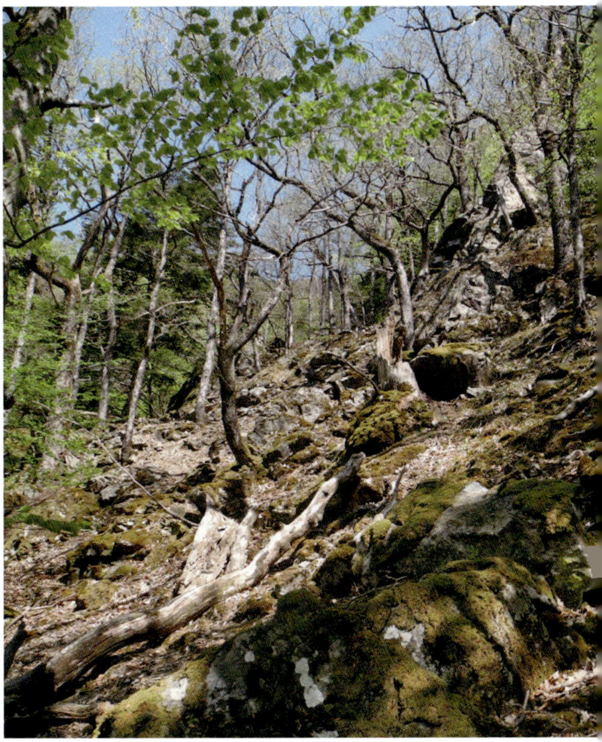

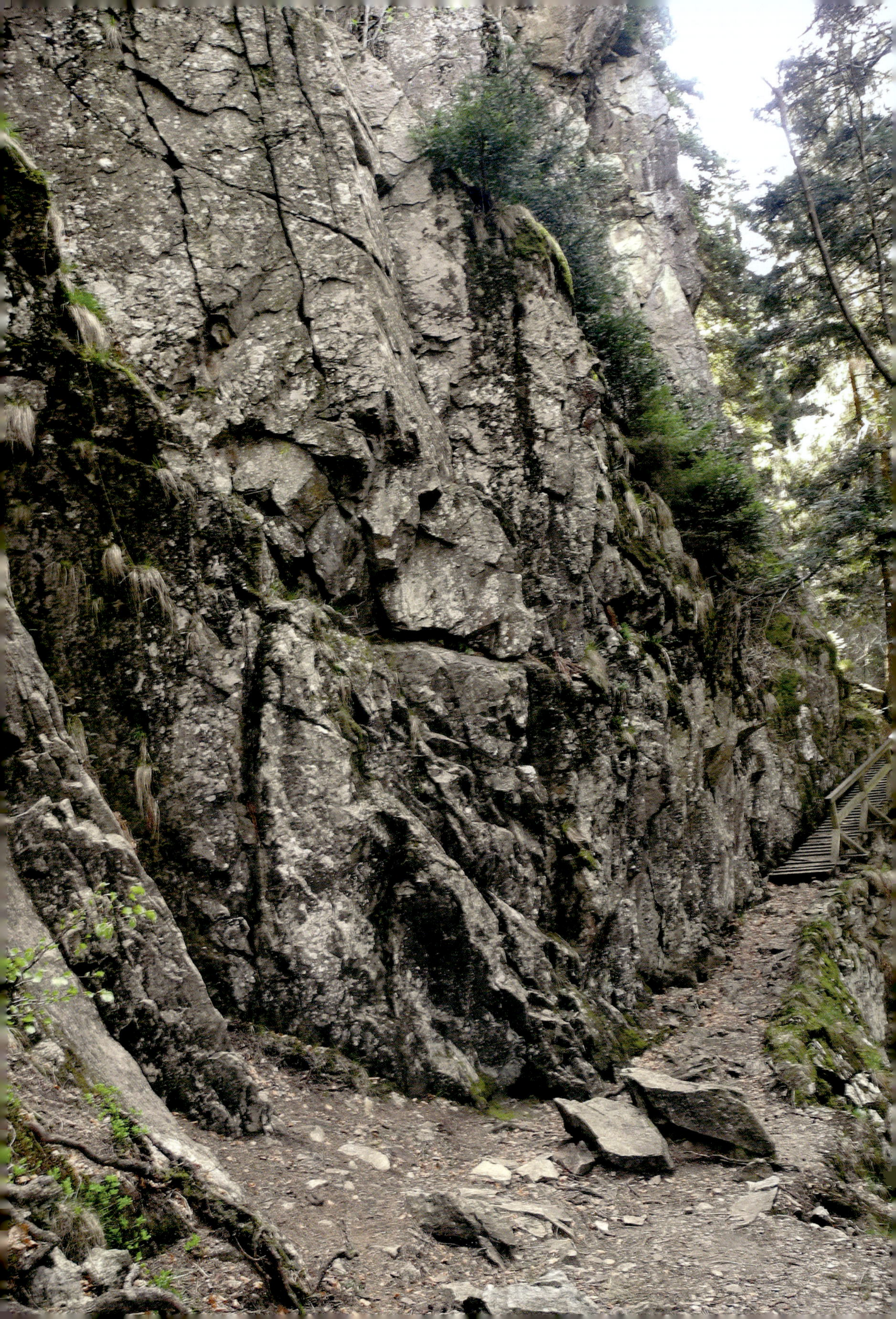

des Rotecks. Es geht wenige Meter sehr steil bergan, dann müssen wir uns rechts halten. In kleinen Kehren geht es durch den lichten, felsigen Laubwald und über tote Bäume hinweg. Nach dieser Passage verläuft der Pfad erneut für kurze Zeit sehr steil durch Nadelgehölz. Ein roter Pfeil an einem Pfad weist den Weg. Dann treffen wir rechter Hand auf ein Geröllfeld, in das wir hinter einer weiteren Pfadserpentine nach rechts einbiegen und es durchqueren. Dahinter geht's weiter in Kehren bergauf, bis wir auf einen schönen verwunschenen Weg stoßen. Rechter Hand liegt in einer Spitzkehre des Hinterwaldweges eine Hütte 6, zu der wir später hingehen. Zuerst folgen wir aber dem wirklich tollen Pfad (»Bergöhi-Pfad« laut Navigationsgerät) nach links. Auf dem Pfad marschieren wir nun etwa 600 Meter weit, durchqueren dabei drei Geröllfelder und Blockhalden in der steilen Bergflanke des Zastler und tauchen in alpine Welten ein – spektakuläre Ausblicke ins Tal und auf das Feldbergmassiv inklusive. Unterwegs passieren wir einen Jägerstand. Hinter dem dritten Geröllfeld erreichen wir einen Felssporn. Dort haben wir kehrtgemacht, da uns die Wegfortsetzung zu risikoreich war beziehungsweise wir unsicher waren, wohin der Pfad weiter verläuft. Gelohnt hat es sich auf jeden Fall! Kurz vor der Hütte bei der Spitzkehre des Hinterwaldwegs findet unser Aufstieg seine Fortsetzung, ehe er unterhalb des Rotecks endet und wir aus dem Bannwild treten. Wir überqueren ohne Wegzeichen die Erhebung des Rotecks 7 (1080 m) und entdecken dahinter den offiziellen Wanderweg sowie den Wegweiser »Rotecksattel«, dem wir zur Scheibenfelsenhütte 8 (880 m) folgen. Von dort steigen wir 3,5 Kilometer auf dem offiziellen Wanderweg ins Zastlertal hinunter und kommen beim Wegweiser »Försterhaus« und einer Bushaltestelle heraus. Da wir viele Kilometer und Auf- und Abstiege in den Beinen haben, wollen wir nun ohne größere Schwierigkeiten und Entfernungen unser Ziel erreichen. Deshalb wandern wir 500 Meter in Richtung Burghardtshof hinauf und folgen dann dem Waldweg nach rechts, der uns nach Vörlinsbach bringt 9 (580 m). Am westlichen Weilerende beginnt der Panaromaweg, auf dem wir bei schöner Aussicht nach 1,5 Kilometern Oberried erreichen.

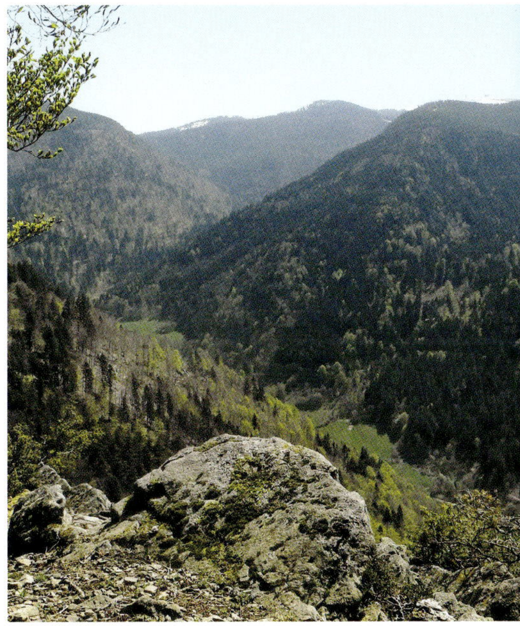

Blick auf den Feldberg

Linke Seite: Hier trifft man auch auf sichernde Kletterer – der Oberrieder Felsenweg.

17 Lawinengassen, Almwiesen und Felsenwege

Der Felsenweg oberhalb des Feldsees und der Silberbergpfad

mittel | 27 km (+2 km) | 1120 Hm | 8 Std.

Tourenverlauf
Feldberg, Haltestelle Hebelhof – Felsenweg Rinken – Sägebachsteig – Feldberg – Hebelhof – Silberbergpfad – NSG Hinterwald Weide – Glockenführe – Herzogenhorn – Feldberg, Haltestelle Hebelhof

Anfahrt
Mit der Bahn gelangt man ab Freiburg nach Feldberg-Bärental, ab da geht es mit dem Bus 7300 weiter zum Feldberger Hof.

Ausgangspunkt
Haus der Natur. Bushaltestelle Hebelhof.

Endpunkt
Haus der Natur. Bushaltestelle Hebelhof.

Information
Gemeinde Feldberg, Kirchgasse 1, 79868 Feldberg, Telefon (07655) 8010, homepage@feldberg-schwarzwald.de, www.gemeinde-feldberg.de

Karte
Hochschwarzwald, Feldberg, Schluchsee, 1:35000, Karte des Schwarzwaldvereins Blatt WHS, 2014. Der Abkürzungspfad von der Baldenweger Hütte zum Feldberg hinauf ist nicht eingezeichnet.

Der Felsenweg, der oberhalb des Feldsees verläuft und Lawinengassen und schöne Felsformationen passiert, ist von eher moderater alpiner Natur. Verwegener ist der Silberbergpfad, der vom Schwarzwaldverein angelegt worden war, inzwischen jedoch aufgelassen wurde. Dahinter wandern wir abwechslungsreich auf wurzeligen Pfaden um die steile und lawinengefährdete Westseite des Herzogenhorn herum.

Unser Abenteuer beginnt an der Jugendherberge und Bushaltestelle Hebelhof ❶. Von dort wandern wir zunächst an der B317 entlang, biegen dann in den Eberlinweg ab und passieren die Kirche »Verklärung Christi«. Nach einem Kilometer gelangen wir zum Feldberghof, dem großen Hotelkomplex unterhalb der Liftanlagen des Feldbergs. Wir spazieren am Hotel vorbei und halten uns rechts, um gleich darauf die Talstation des Seebucklifts zu erreichen. Rechts von der Lifttrasse wandern wir bergauf, um 200 Meter weiter dem Wegweiser »Felsenweg-Rinken« (1318 m) ❷ nach rechts zu folgen (gelbe Raute). Schon befinden wir uns auf unserem ersten »Alpinen Pfad«, der circa 1,5 Kilometer lang ist und oberhalb der halbkreisförmigen Karstwand des Feldsees entlangführt. Die Wegführung ist eindeutig, wir passieren schroffe Felsen, eine Lawinenbahn und alpine Vegetation. Einen Blick auf den Feldsee haben wir dabei nur selten erhascht, dafür aber öfters auf die eindrucksvolle Karstwand. Wer für ein imposantes Fotomotiv beide vor die Linse bekommen will, müsste an den entsprechenden Stellen einige Höhenmeter absteigen – das ist aber verboten. Am Ende dieses alpinen Pfads erreichen wir die Wegspinne »Unterm Grüble«. Hier folgen wir keinem der ausgeschilderten Wege, sondern wandern dem Forstweg nach (später mit dem orangen Skifernwanderwegzeichen markiert), der sogleich rechts vom markierten Wanderweg in Richtung Grüblesattel/Seebuck/Feldberggipfel abgeht. Halten wir uns auf diesem Weg, dann stoßen wir nach 1,5 Kilome-

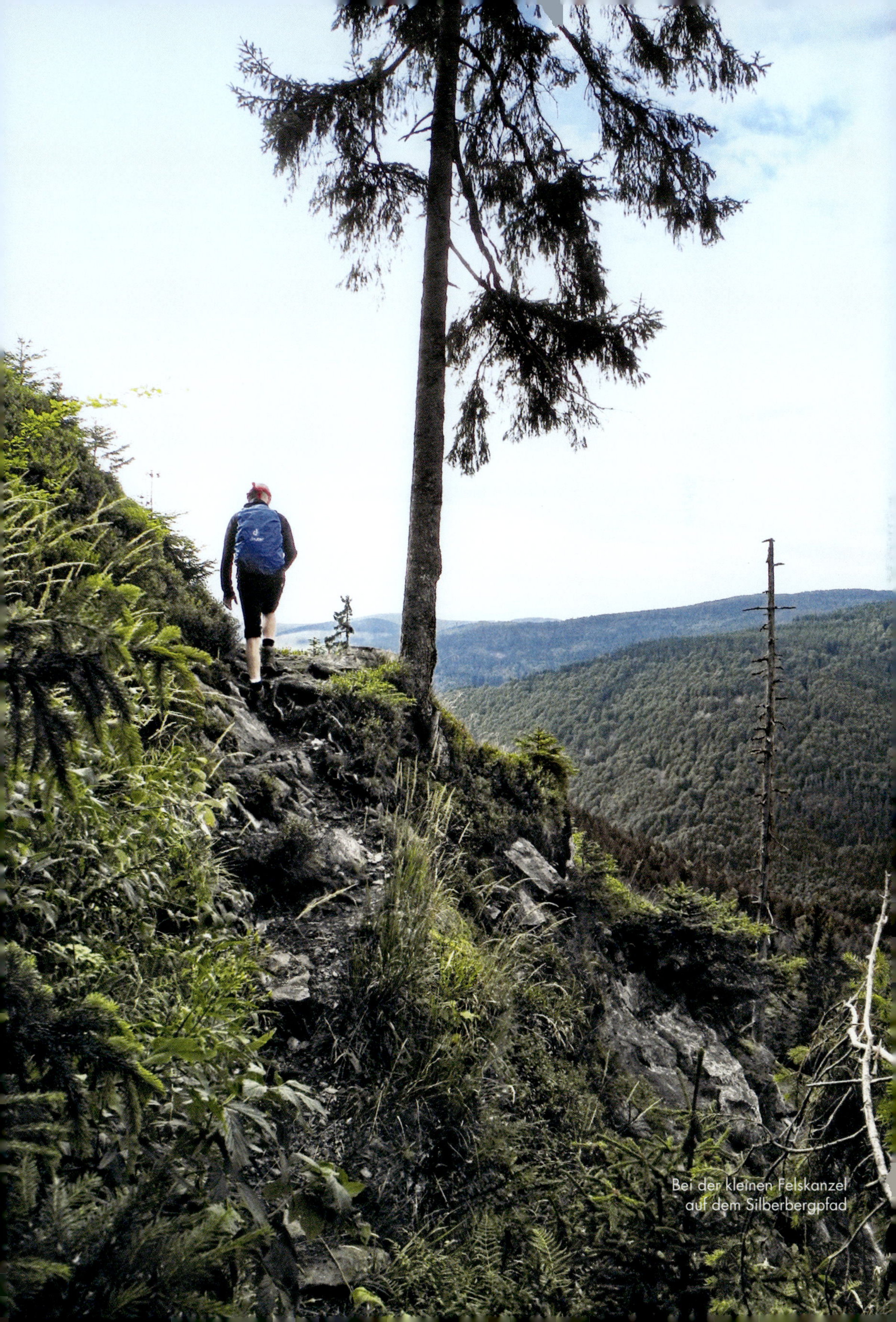

Bei der kleinen Felskanzel
auf dem Silberbergpfad

tern kurz vor dem Sägebach auf den offiziellen Feldbergsteig. Gleich darauf erreicht man linker Hand die Abzweigung Sägebachsteig ❸ – dieser gehört zum Feldbergsteig dazu. Auch hier handelt es sich um einen großartigen Abschnitt, der dem Felsenweg in nichts nachsteht und uns nach 600 Metern auf die offenen Weiden kurz vor der Baldenweger Hütte führt. Haben wir diese hinter uns gelassen, dann sind wir auch schon bald am NFH Feldberg. Nun haben wir zwei Möglichkeiten, um über den Baldenweger Buck (1460 m) das Feldbergplateu zu erreichen. Die vernünftige Variante beginnt hinter dem NFH Feldberg und leitet uns mit der blauen Raute zum höchsten Berg (1493 m) nördlich der Alpen hinauf. Die interessantere Möglichkeit beginnt direkt gegenüber der Baldenweger Hütte ❹ und führt als schmaler Pfad steil bergan nach Süden. Dieser Pfad mündet nach knapp 800 Metern in die zuerst erwähnte Variante, die vom NFH kommt. Vom Feldberggipfel geht's auf dem Feldbergsteig zum Grüblesattel und von dort zum Wiesentalblick und Hebelhof. Gegenüber befindet sich ein Parkplatz, hinter dem ein Pfad zum Wegweiser »Abzweig Hebelweg« (1120 m) führt. Ein geschotterter Waldweg und die blaue Raute leiten uns nun unterhalb des Grafenmatt entlang durch den Wald. Achtung: Nach 800 Metern dürfen wir nicht den Pfadabzweig nach links verpassen. Wir treffen nach ingesamt 2,5 Kilometern auf die Schlegelbachhütte mit Brunnen und Sitzbänken. Wenige Meter weiter weist uns ein mit oranger Farbe besprühter Baumstumpf nach links. Hier beginnt der alpine Wegabschnitt ❺: Diese etwa zwei Kilometer lange Wegpassage zieht sich zuerst durch Niederholz und mannshohe blühende Bergflora, um dann später als wurzeliger, steiniger und unebener Pfad am nord-

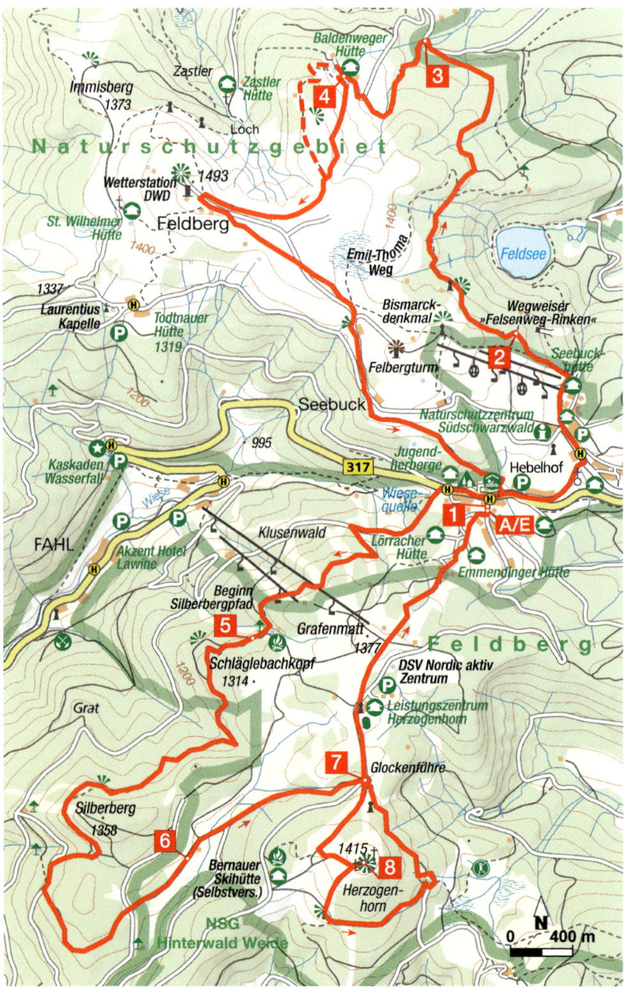

westlichen Bergrücken des Silberbergs entlangzuführen. Neben einem tollen und unvorhersehbaren Wandererlebnis bietet er uns immer wieder schöne Ausblicke auf das Feldbergplateau und später auf die Belchenregion. Dabei begleitet uns die blaue Raute. Ein Höhepunkt des Wegabschnitts ist sicherlich die sogenannte Felskanzel, ein Felsvorsprung, der zum Tal hin sehr steil abfällt und von dem man eine fantastische Aussicht hat. Der Silberbergpfad quert kurz vor seinem Ende einen unmarkierten Pfad, der wurzelig zum Silberberg hinauf- beziehungsweise um ihn herumführt. Diesen Pfad sollten

Anforderungen

SAC-Wanderskala: Der Felsenweg: leichtes T3. Der Sägebachsteig: leichtes T3. Silberbergpfad: T3. Der Pfad um die Westseite des Herzogenhorn: anspruchsvolles T2.

Im Winter eine Lawinenbahn, im Sommer eine verbotene Option zum Herzogenhorn hinauf

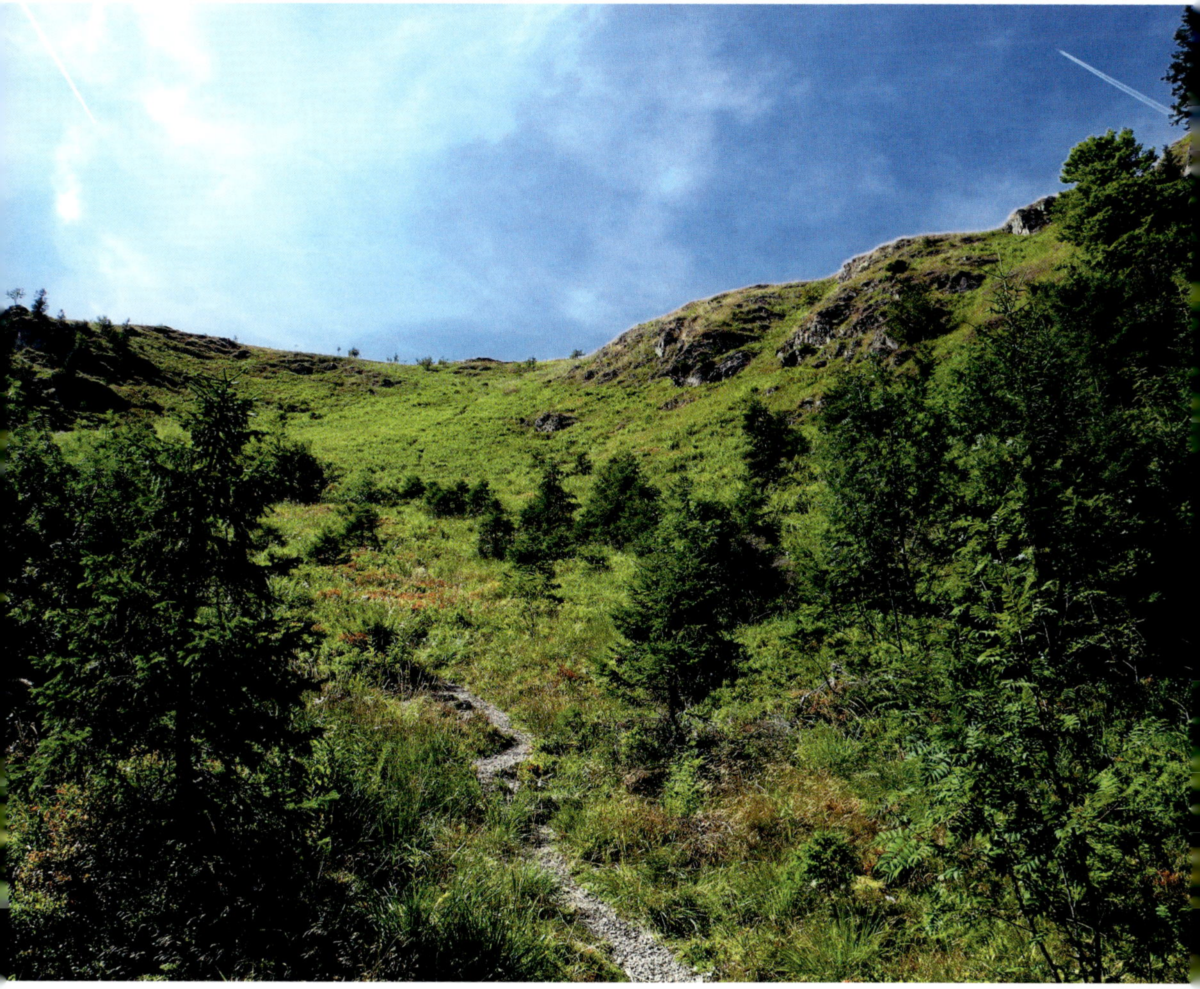

wir aus Naturschutzgründen (Auerhuhnbrutgebiet) nicht nehmen, sondern der blauen Raute folgen, welche uns auf einen Forstweg bringt. Bereits nach 100 Metern kreuzen wir einen Pfad, der von der rechts unterhalb liegenden Silberberg-Hütte heraufkommt. Dessen Fortsetzung folgen wir nun wegzeichenlos nach links, wobei der Pfad zum Weg wird und uns in einer langgezogenen Linkskurve einen Kilometer um einen Berg herumführt. Sollte diese Wegabzweigung gesperrt, zugewachsen und nicht zu finden sein, so folgen wir der blauen Raute zum Bernauer Kreuz und marschieren von dort zur Glockenführe. Wir verlassen den Bergwald und stoßen auf das NSG »Hinterwald Weide« 6, eine wunderschöne Bergwiesenlandschaft, durch die ein Gebirgsbach fließt. Gegenüber leitet uns ein Pfad durch die traumhafte Weide, dann queren wir den Prägbach an einer kleinen Furt und treffen wenig später auf einen Forstweg, dem wir nach links folgen. Es geht nun stetig, aber gemütlich bergan und wir erreichen die Wegkreuzung »Glockenführe« 7. Die blaue Raute ist ab hier wieder unser Wegzeichen und führt uns südöstlich über eine schöne Bergwiese zum Beginn eines einen Kilometer langen schwierig zu gehenden Pfades: Er ist felsig, wurzelig und schmal. Rechts von uns zweigen immer wieder unerlaubte steile Trampelpfade hinauf zum Herzogenhorn ab. Der botanische Pfad mit gelegentlichen Hinweistafeln – der eigentlich auch als »alpin« bezeichnet werden könnte – führt uns an der östlichen Bergflanke des Herzogenhorns zum Krunkelbachsattel. Die Krunkelbachhütte auf der anderen Talseite liegt bald in Sichtweite und würde sich für eine Pause anbieten. An der Wegkreuzung »Roßrücken« halten wir uns rechts und folgen der gelben Raute in den Wald. Nach 200 Metern biegen wir nach rechts hinauf ab. Unterwegs treffen wir erneut auf abgehende Pfade,

Einkehr und Unterkunft

Einkehr: NFH Feldberg, Am Baldenweger Buck, 79868 Feldberg, Telefon (07676) 336, www.naturfreundehaus-feldberg.de; Baldenweger Hütte, Baldenweger Buck 24, 79868 Feldberg, Telefon (07676) 353, www.baldenweger-huette.com; Krunkelbachhütte, Krunkelbachweg 10, 79872 Bernau im Schwarzwald, Telefon (07675) 338, www.krunkelbach.de

Unterkunft: Emmendinger Hütte, Grafenmattweg 3, 79868 Feldberg, Telefon (07676) 236, www.emmendinger-huette.de; NFH Feldberg, Am Baldenweger Buck, 79868 Feldberg, Telefon (07676) 336, www.naturfreundehaus-feldberg.de; Baldenweger Hütte, Baldenweger Buck 24, 79868 Feldberg, Telefon (07676) 353, www.baldenweger-huette.com

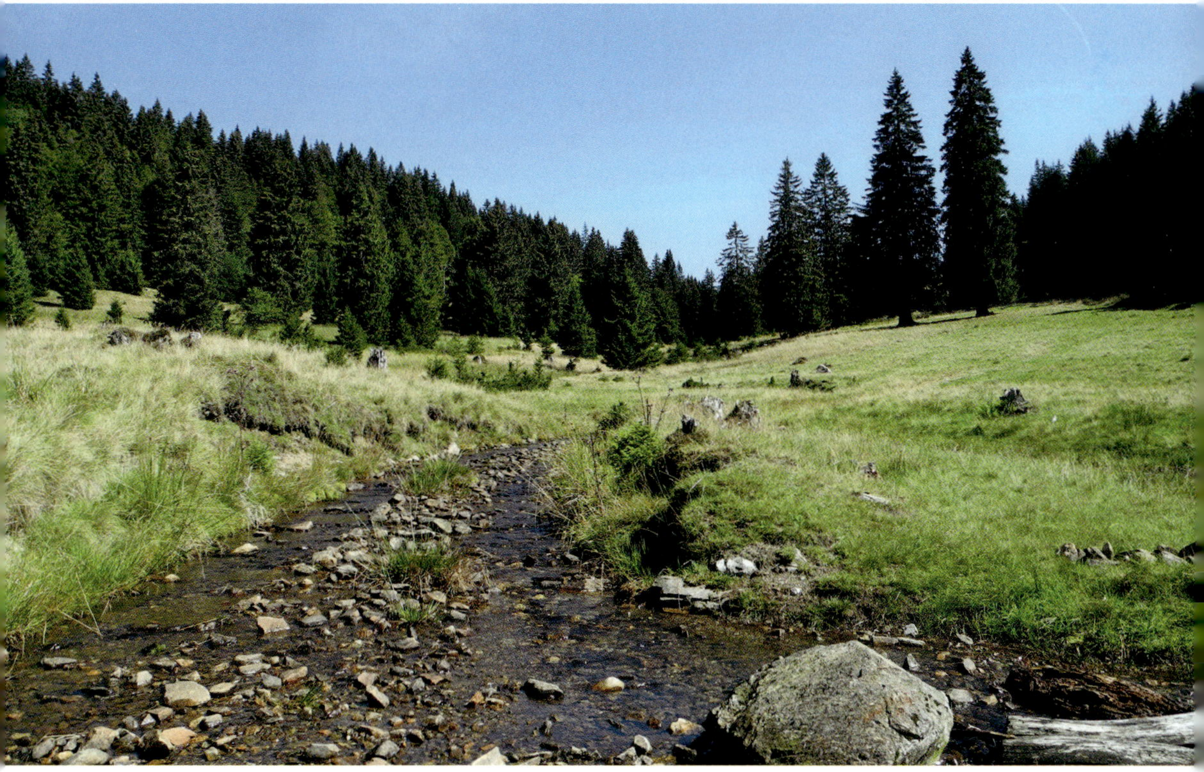

Das wunderschöne NSG »Hinterwald Weide«

die auch zum Herzogenhorn führen, wir bleiben aber auf dem Waldweg, der uns nach etwa 1,5 Kilometern aus dem Wald zum Wegweiser »Oberes Hofmättle« leitet. Rechter Hand blicken wir auf eine sagenhafte Weidelandschaft, links locken wunderbare Ausblicke bis zu den Alpen. Wir passieren einen Weidedurchlass und wandern steil bergauf durch die Kuhweide. Oben müssen wir wieder durch ein Weidegatter, dann führt uns ein geschotterter Weg vollends zum Herzogenhorn 8 hinauf. Nach einer kleinen Pause marschieren wir zum Weidegatter zurück und wandern den nach rechts abgehenden Weg zur Glockenführe hinab. Wir folgen der »roten Raute« des Westwegs zum 2,5 Kilometer entfernten Hebelhof, dabei kommen wir am Leistungszentrum Herzogenhorn vorbei. Hier müssen wir uns links halten (nicht die geschotterte Fahrstraße nehmen), dann durchwandern wir das Skigebiet. Auf wurzeligen Wegen nähern wir uns der B 317. Kurz vor Erreichen der Bundesstraße entdecken wir rechts die Emmendinger Hütte – eine Übernachtungsalternative. Gleich darauf erreichen wir die Jugendherberge Hebelhof beziehungsweise die Bushaltestelle.

18 Auf steilen Pfaden am schönsten Schwarzwald-Berg

An der Ostflanke des Belchen

mittel | 14 km | 830 Hm | 4,5 Std.

Tourenverlauf
Aitern, Haltestelle Belchenbahn – Belchenhaus – Rosen-/Hohfels – Böllener Eck – Heideckfels – Hohkelch – Belchen – Krinne – Aitern, Haltestelle Belchenbahn

Anfahrt
Mit dem Zug nach Kirchzarten und von dort mit dem Bus 7215 nach Todtnau, weiter mit dem Bus 7300 nach Aitern und von dort den Bus 7306 nehmen, oder direkt mit dem PKW anreisen.

Ausgangspunkt
Bushaltestelle Talstation Belchenbahn, Multen-Aitern.

Endpunkt
Bushaltestelle Talstation Belchenbahn, Multen-Aitern.

Information
Schwarzwaldregion Belchen, Neustadtstraße 1, 79677 Schönau im Schwarzwald, Tel: (07673) 91 81 30, www.schwarzwaldregion-belchen.de

Karte
Hochschwarzwald, Feldberg, Schluchsee, 1:35 000, Karte des Schwarzwaldvereins Blatt WHS, 2014, oder Nördliches Markgräflerland, 1:35 000, Karte des Schwarzwaldvereins Blatt WMN, 2010. In beiden Karten fehlt der Gratpfad zu den Ausläufern des Hohkelchs.

Der Belchen gilt als schönster, mystischster und vierthöchster Berg des Landes. Alpines Flair kann man vor allem an seiner Ostflanke und dem vorgelagerten Hohkelch schnuppern. Hier findet man schmale Pfade, kleine Klettereien um den Hohkelch herum, fantastische Blicke auf die Alpen, die Vogesen und den Schwarzwald und einen kurzen, ausgewiesenen alpinen Wegabschnitt unterhalb des Belchengipfels.

Unsere Wanderung beginnt an der Haltestelle »Belchenbahn« bei der Talstation in Aitern-Mulden (1120 m) ❶. Die kürzeste Variante zum Belchen hinauf (2,5 km) liegt rechts von der Liftstation und der Wegverlauf ist zum Glück eindeutig, da ansonsten nicht ganz klar wäre, ob es nun der blauen oder der gelben Raute hinterhergeht. Unser breiter Wiesenweg verläuft weg von der Lifttrasse, um sich ihr dann nach einer Linkskurve wieder anzunähern. Wir queren die Trasse, dann wandern wir nach rechts auf einem Pfad wieder unter ihr hindurch in den Bergwald hinein, bevor wir entlang einer Viehweide und rechts der Lifttrasse das Belchenhaus erreichen. Mehrere Rundwege führen zum rund 500 Meter entfernten Gipfel, aber dazu später.

Anforderungen

SAC-Wanderskala: Zum Belchen hinauf: T2. Abstieg zum Böllener Eck: schweres T2. Kraxelei am Felsgrat des Hohkelch: T4. Alpiner Bergpfad am Belchen: T2. Abstieg vom Belchen: T2.

Kletterei und Seilpassagen: Kurze, nicht zu unterschätzende Klettereien erwarten uns auf dem links vom Hohkelch gelegenen Felsgrat. Kurze Teile des alpinen Bergpfads am Belchen sind mit Seilen und einem Steg gesichert.

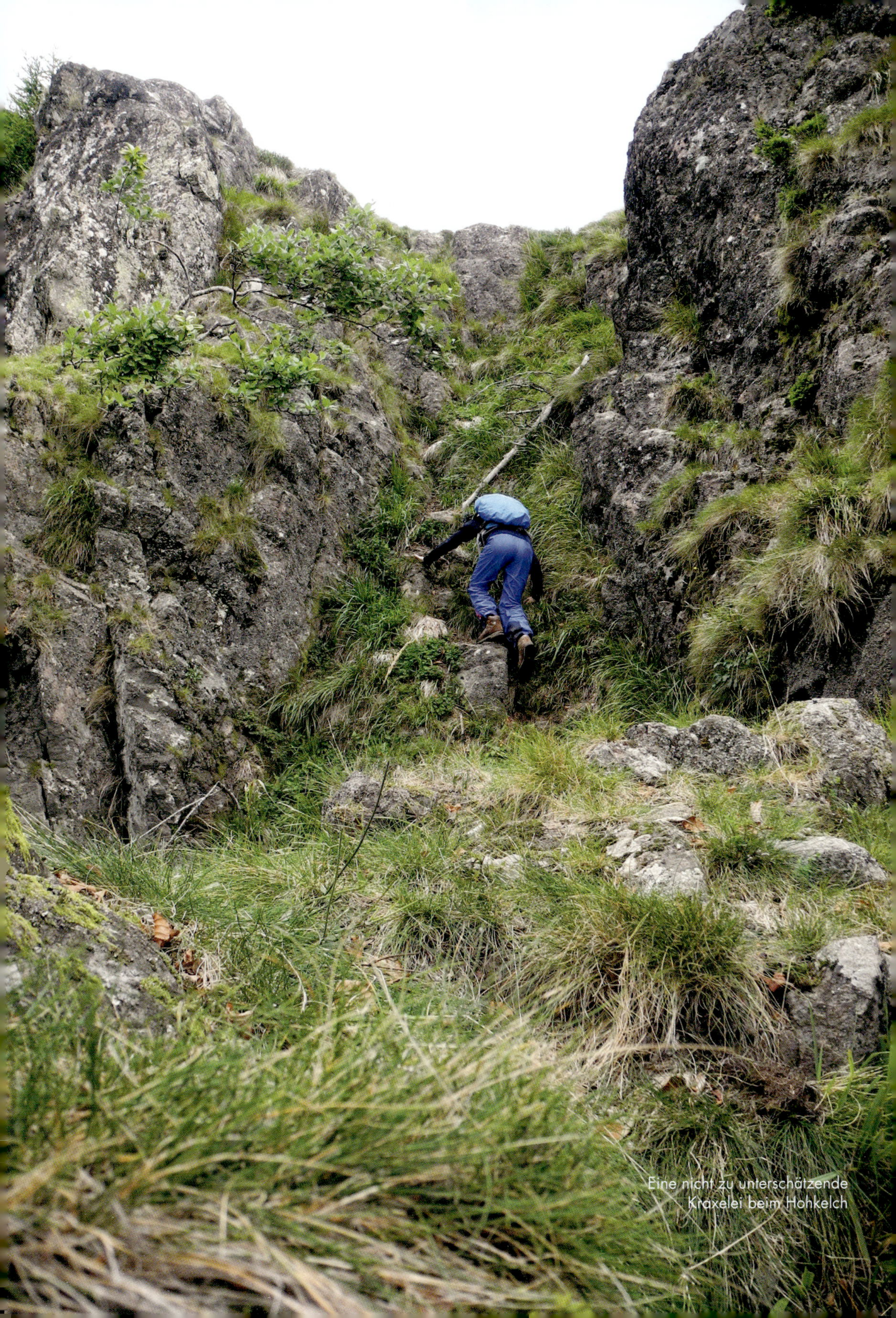

Eine nicht zu unterschätzende Kraxelei beim Hohkelch

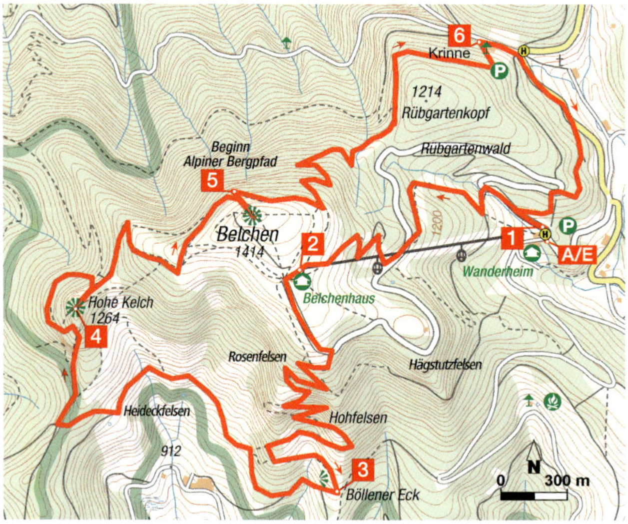

Wir passieren nun das Belchenhaus ❷ (1340 m) und treffen unmittelbar dahinter auf die Zufahrtsstraße. Rechts von ihr folgen wir der blauen Raute parallel zur Straße 500 Meter gemütlich bergab, dann zweigt die Route nach rechts in den Wald ab und es geht sehr steil auf einem Serpentinenpfad hinunter. Wir lassen dabei den Rosenfelsen und den Hohfelsen hinter uns und treffen nach 1,5 Kilometern anstrengenden Abstiegs auf das Böllener Eck (1020 m) ❸. Hier wandern wir nach rechts und erreichen kurz dar-

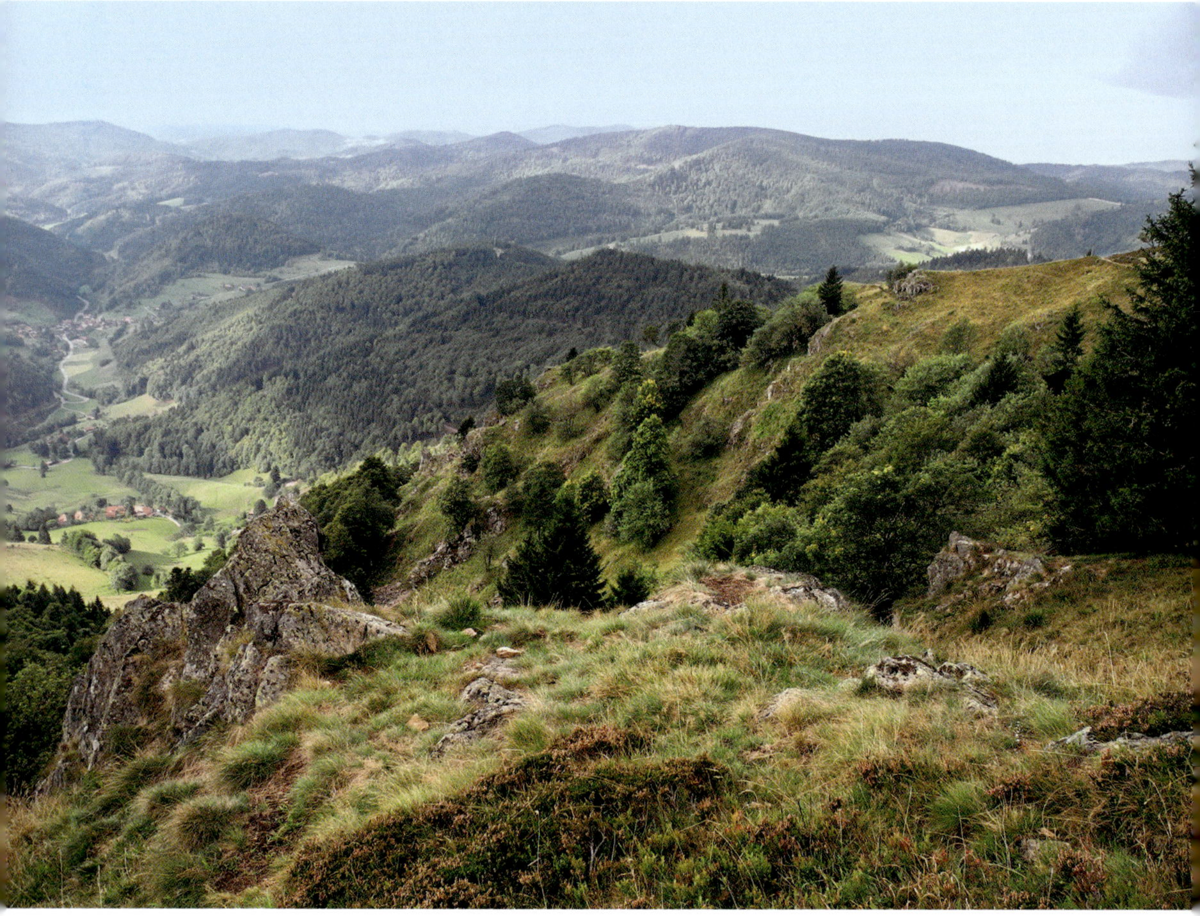

auf den Wegweiser »Wasserweg«, wo wir uns erneut nach rechts orientieren. Nach 1,5 Kilometern treffen wir auf den Heideckfelsen und wenig später auf den Wegweiser und Standpunkt »Alte Grenzmauer«. Dort halten wir uns an das Westwegzeichen und folgen der roten Raute auf einem tollen Pfad links vom Hohkelch zum Hohkelchsattel (1245 m). Von dort marschieren wir nach rechts auf einem gut erkennbaren Trampelpfad zwanzig Höhenmeter auf den Hohkelch (oder auch Hohe Kelch genannt, 1264 m) 4 hinauf. Auf einem Bänkchen genießen wir die atemberaubende Aussicht über den Südschwarzwald zu den Schweizer Alpen. In 50 Metern Luftlinie Entfernung wartet dann links das schönste alpine Erlebnis dieser Tour auf uns. Eine Felsnase führt über circa 200 Meter in die südliche Richtung, man kann sich diese Felsnase auf einem Grat erschließen. Es geht über mehrere leichte Kletterpassagen und abschüssige Trampelpfade

Linke Seite: Unterhalb des Belchen genießt man diese grandiose Aussicht.

Diesen abschnittsweise sehr steilen Felskamm am Hohkelch kann man kletternd und wandernd erkunden.

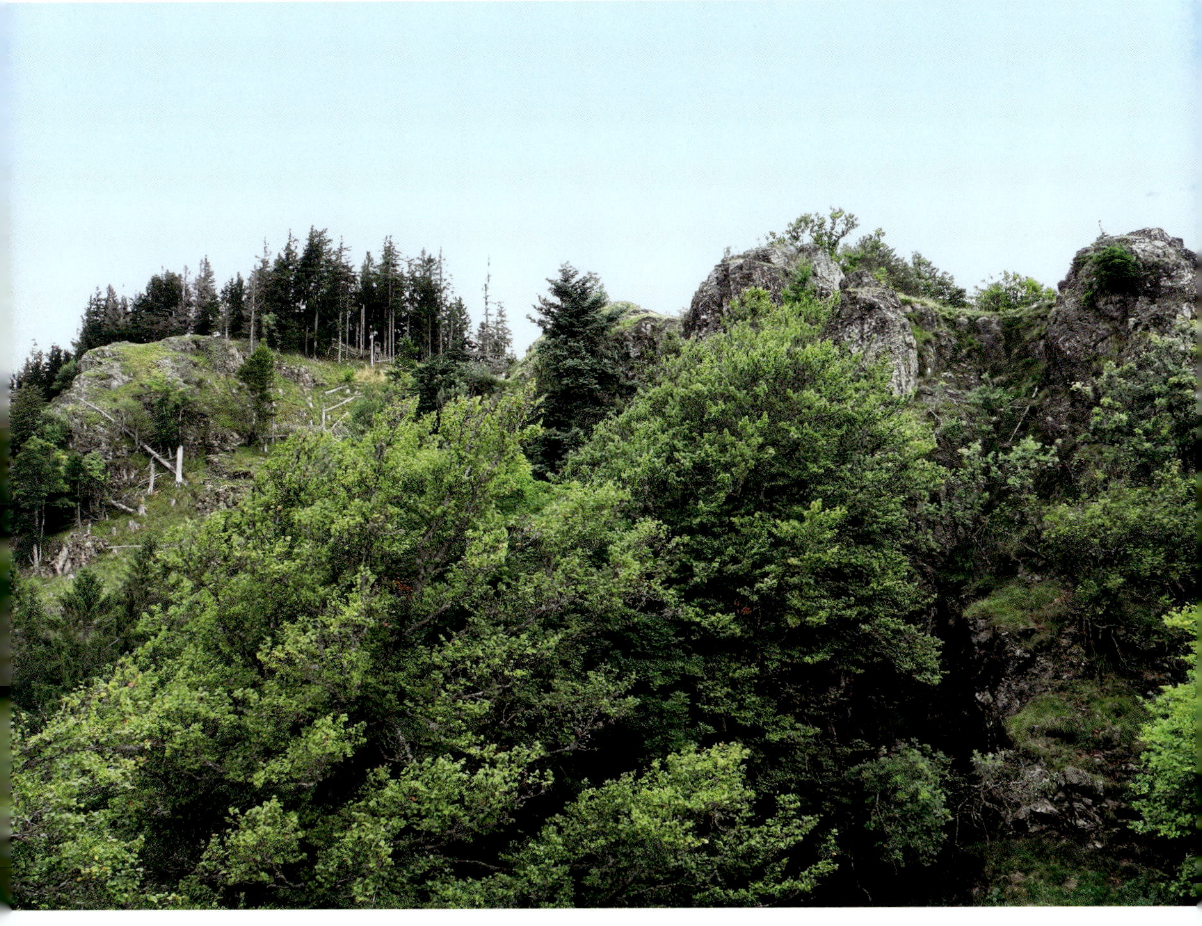

zu der Felsspitze vor. Der schmale durch Bodenverdichtung entstandene Pfad lässt erahnen, dass wir nicht komplett jungfräuliches Gebiet erkunden. Was wir auf dem Hinweg teilweise auf dem Hosenboden rutschend bewältigt haben, kraxeln wir auf dem Rückweg bergauf zurück. Wieder am Hohkelchsattel angelangt, folgen wir der roten Raute in Richtung Belchen und Wiesentalblick. Unterwegs kommen wir auch am Rapsfels (1328 m) vorbei. Am Wegweiser »Wiesentalblick« wandern wir scharf nach links und gehen der blauen Raute (laut Karte) beziehungsweise der roten Raute zum Wegweiser »Münstertalblick« nach, wo uns an einer Abzweigung ein kurzer (Stich-)Weg zum Belchengipfel (1414 m) hinaufführt.

Wir holen kurz Luft und genießen den Ausblick in alle Himmelsrichtungen, dann machen wir uns wieder auf den Weg zur Abzweigung zurück und wandern nach rechts. Ein Schild und eine Schranke weisen hier auf einen »Alpinen Bergpfad« hin 5. Bei schlechten Wetterbedingungen wird der kurze Abschnitt sogar gesperrt. Wer sich auf den Pfad »wagt«, kommt ob der Warnungen nicht aus dem Staunen heraus: Es ist alles perfekt mit einem Steg und Stahlseilen abgesichert, sodass man sich an einige andere Stellen der Wanderung erinnert, die weitaus riskanter waren. Nach 500 Metern stoßen wir hinter dem Wegweiser »Münstertalblick« auf den Wegweiser »Krinnenabgang«. Die rote Westwegraute ist unser Wegzeichen, auch wenn auf dem Wegweiser die gelbe Raute Richtung Krinne weist – es gelten wohl beide. Wir legen zwei Kilometer zurück, auf denen es über gute 250 Höhenmeter steil bergab geht, und gelangen zur »Krinne« 6. Hier halten wir uns rechts und treffen kurz darauf auf einen Parkplatz und eine Bushaltestelle an der K 6341 (Zufahrtsstraße zur Belchenbahn). Von dort führt uns rechts der Straße ein Pfad nach einem Kilometer zum Ausgangspunkt unser Wanderung hinauf.

Einkehr und Unterkunft

Einkehr: Belchenhaus, Am Belchen, 79677 Schönenberg, Telefon (07673) 281 oder (07673) 88 82 80 (Seilbahn), www.belchen-seilbahn.de/belchen_belchenhaus-speisekarte.html

Unterkunft: Hotel Belchen-Multen, Untermulten 3, 79677 Aitern, Telefon (07673) 209, www.belchen-multen.de; Belchenhotel Jägerstüble, Obermulten 3, 79677 Aitern, Telefon (07673) 88 81 80, www.belchenhotel.de; Dießlin-Hütte des Schwarzwaldvereins, Bühlweg 1, 79677 Aitern, Telefon (07673) 1291, www.schwarzwaldverein.de/wandern/wanderheime/seite07.html

Linke Seite: Offiziell ausgewiesener alpiner Wegabschnitt an der Nordseite des Belchen

19 Felsig und steil am Ende des Südschwarzwalds

Höchenschwander Felsenweg und Rappenfelsensteig im Schwarzatal

mittel | 21 km | 900/950 Hm | 6 Std.

Tourenverlauf
Höchenschwand, Haltestelle Kurhaus – Parkplatz Kreuzstein – Felsenweg – Schwarzatal – Muckenlochhütte – Rappenfelsensteig – Kuchelfelsen – Muckenlochhütte – Parkplatz Kreuzstein – Höchenschwand, Haltestelle Kurhaus

Anfahrt
Ab Freiburg mit der Bahn zum Schluchsee/Seebrugg, weiter mit Bus 7319 nach Häusern, dann Bus 7322 nach Höchenschwand. Oder ab Waldshut den Bus 7322 direkt nach Höchenschwand nehmen. Alternativ mit dem PKW.

Ausgangspunkt
Parkplatz Kreuzstein, Höchenschwand.

Endpunkt
Parkplatz Kreuzstein, Höchenschwand.

Information
Tourist-Information, Dr.-Rudolf-Eberle-Str. 3, 79862 Höchenschwand, Telefon (07672) 481 80, info@ferien-suedschwarzwald.de, www.ferien-suedschwarzwald.de

Karte
Hotzenwald, 1:35000, Karte des Schwarzwaldvereins Blatt WHW, 2013. Nicht eingezeichnet sind der Flussübergang beim Pfadfinderplatz und der Rappenfelsensteig.

Links und rechts des engen Schwarzatals liegen der mächtige Rappenfelsen und der Höchenschwander Felsenweg. Diese drei Ziele verknüpfen wir zu einer Rundtour, die es auch in Anbetracht der Höhenmeter (mehr als 1000!) in sich hat. Von Höchenschwand führt der Felsenweg spektakulär ins Tal der Schwarza hinab. Von hier aus erkunden wir die andere Talseite und steigen auf dem alpinen Rappenfelssteig durch den Wald und eine Gämshalde zu diesem hinauf.

Wir starten am Parkplatz Kreuzstein (965 m) außerhalb von Höchenschwand. Von der Bushaltestelle Kurhaus in Höchenschwand ❶ (1009 m) erreicht man den Parkplatz über die St.-Georg-Straße und die Panoramastraße nach Süden stadtauswärts. Jetzt folgen wir der roten Raute mit weißem Strich (Mittelweg) beziehungsweise dem Hinweisschild »Felsenweg« auf einem Pfad in den Wald hinein. Auf schattigen Pfaden bewegen wir uns nun Richtung Felsenweg durch den Wald und orientieren uns weiter an der roten Raute mit weißem Strich. Wir ignorieren alle Abzweigungen und marschieren an den Wegweisern »Hin-

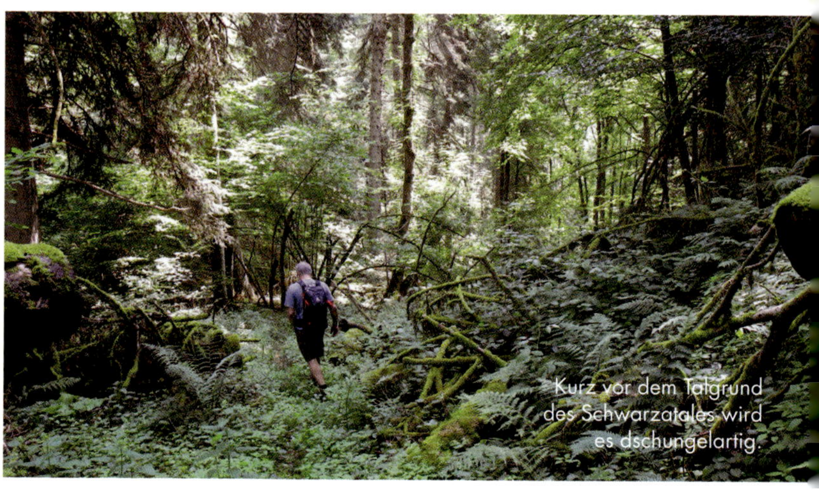

Kurz vor dem Talgrund des Schwarzatales wird es dschungelartig.

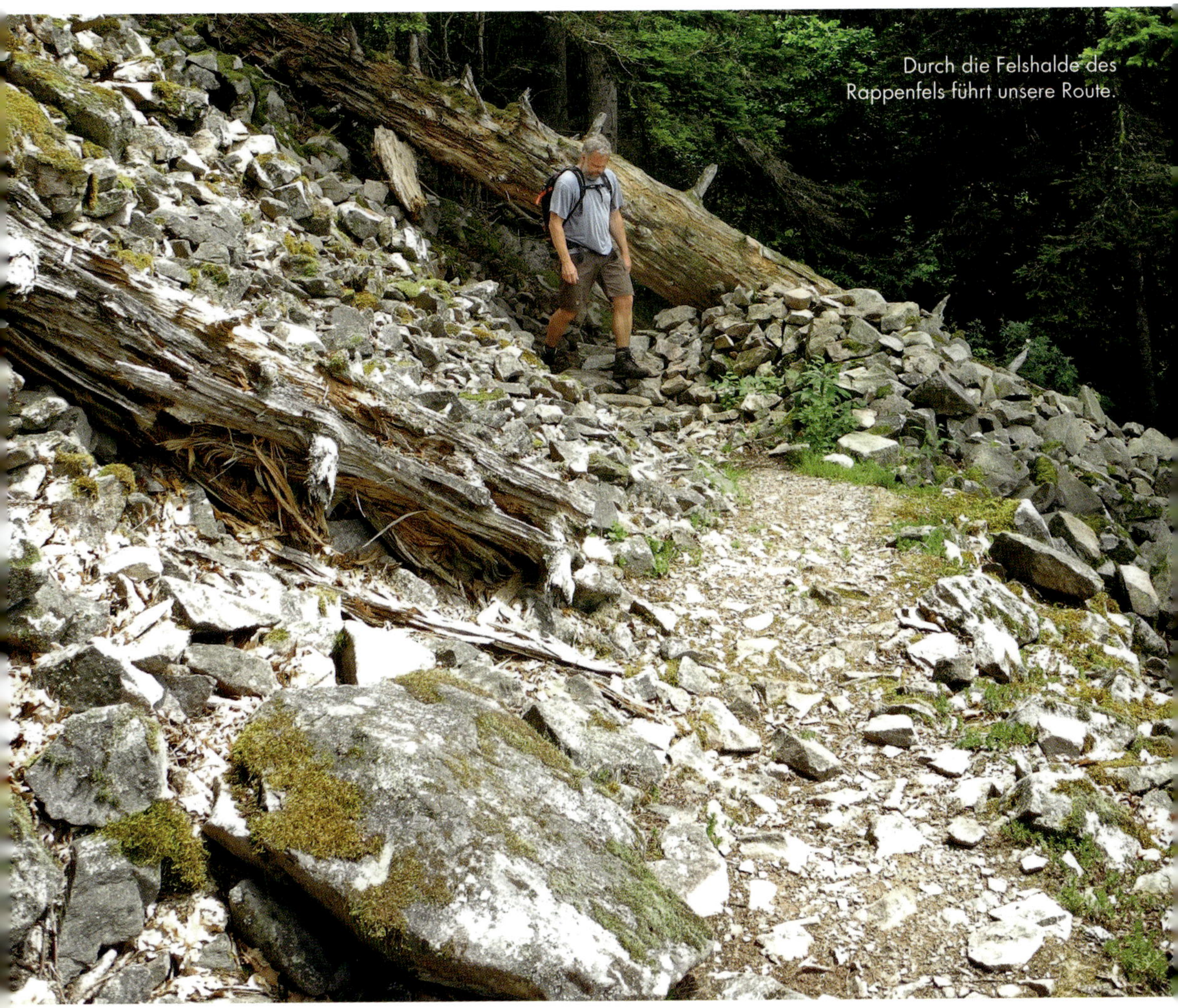

Durch die Felshalde des Rappenfels führt unsere Route.

term Kreuzstein« und »Herrgottsholzweg« vorbei unserem Wegzeichen nach durch den Wald. Am »Herrgottsholzweg« kreuzt unsere Route kurz einen geschotterten Forstweg. Hier geht's kurz nach rechts und wenige Meter weiter ist links der Einstieg in den Felsenweg 2. Wir betreten einen Bannwald, in dem ein grandioser Abschnitt beginnt, der allerdings

Anforderungen

SAC-Wanderskala: Der Höchenschwander Felsenweg und der anschließende Pfad verlaufen teilweise steil abwärts und durch ein Geröllfeld und dichte Vegetation: T2/T3. Der Rappenfelsensteig: T3. Erster Abschnitt des Anstiegs vom Schwarzatal nach Höchenschwand: schweres T2.

Kletterei und Seilpassagen: Kurze Abschnitte des Höchenschwander Felsenwegs sind mit Stahlseilen und einem Steg gesichert.

Einkehr und Unterkunft

Einkehr: In Höchenschwand.

Unterkunft (Auswahl): Landhotel Dorfschmiede, Hebelweg 4, 79862 Höchenschwand, Telefon (07672) 1481, info@cafe-dorfschmiede.de, www.cafe-dorfschmiede.de; Pension Linde, St.-Georg-Str. 4, 79862 Höchenschwand, Telefon (07672) 536, www.linde-hoechenschwand.de Pension Kunkelmann, Gartenstraße 9, 79862 Höchenschwand, Telefon (07672) 610, kontakt@pension-kunkelmann.de, www.pension-kunkelmann.de

Trittsicherheit erfordert. In den Fels und an den Berghang eingelassene Seile und Stege leisten an schwierigen Stellen Hilfe und wir haben immer wieder eine wunderbare Aussicht von der Schwarzhalde ins links steil abfallende Schwarzatal und auf die gegenüberliegende Hochfläche. Nach guten drei Kilometern Wegstrecke müssen wir uns an der Abzweigung »Glockenblumenweg« ganz kurz links halten und ab dann der gelben Route folgen. Der Felsenweg endet hier zwar offiziell, ein schmales 1,5 Kilometer langes Pfädchen führt uns aber

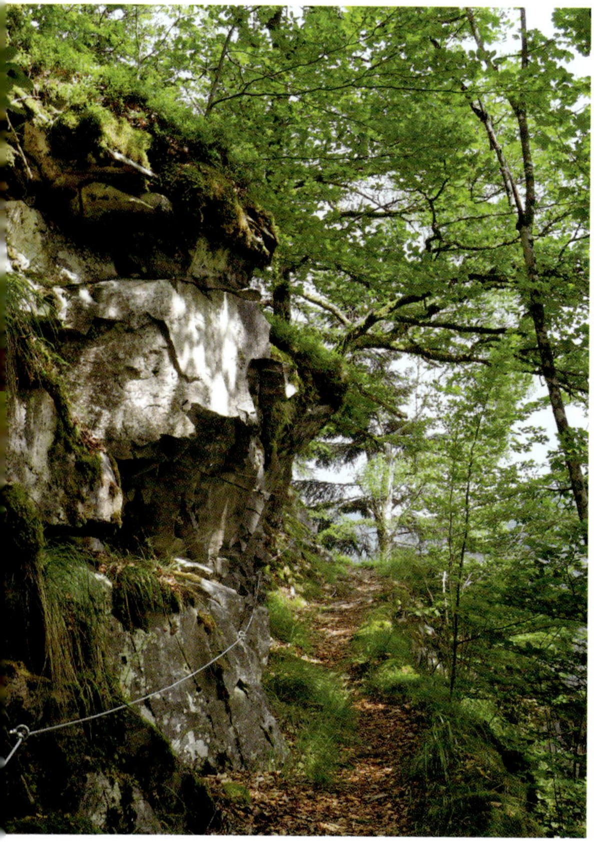

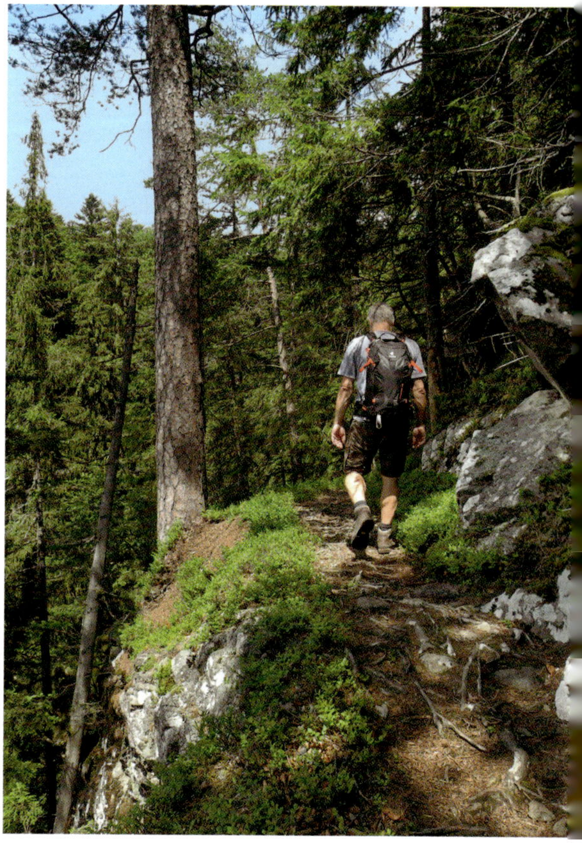

nicht minder steil durch dichte Vegetation und eine Blockhalde zur Schwarzatalstraße (Fahrradweg) hinab. Da wir auf die andere Seite des Flusses müssen, wandern wir auf der asphaltierten Schwarzatalstraße 400 Meter nach rechts und erreichen den Pfadfinder-Zeltplatz Leinegg ❸. Das Gelände darf durchwandert werden. Rechter Hand liegt etwas versteckt ein toller Holzsteg, der uns über den wilden Fluss bringt. Dahinter führt ein Pfad nach links zur markierten Wanderroute (gelbe Raute) hinauf und unmittelbar danach erreichen wir den Wegweiser »Hinterleinegg«. Dort folgen wir dem Schwarzatalweg direkt am Fluss entlang auf einem schönen Wiesen- und Forstweg zur 4,5 Kilometer entfernten »Muckenlochhütte«. Dabei passieren wir immer wieder imposante Blockhalden, die sich durch den Wald zum Fluss hinunter erstrecken. Kurz vor der Hütte lassen wir einige Gebäude der örtlichen Stromversorgung hinter uns. Die Muckenlochhütte ❹ (625 m) steht auf der anderen Flussseite und ist unserer Meinung nach zwar ein etwas dunkles Loch, das bei Regen aber guten Schutz bietet. Viel schöner sind allerdings die auf unserer Flussseite gelegenen Holzbänke mit Stempelmöglichkeit für den Schwarzwald-Wanderpass. Nach einer Pause wenden wir uns am Wegweiser in Richtung Brenden (gelbe Raute) nach rechts, wo auch bereits der Rappenfelsensteig angezeichnet ist. Bereits nach guten 100 Metern zweigt der eigentliche Rappenfelsensteig ❺ nach links in den Bergwald hinein ab und führt in Kehren zum Wegweiser »Eichholzweg« (735 m). Auf diesem marschieren wir 300 Meter weiter, dann ereichen wir am Wegweiser »Rappenfelsen« (750 m) den Abzweig zum Felsen selbst. Wir queren eine sehenswerte Blockhalde, dann geht's auf alpinen Pfaden weiter zum mächtigen Rappenfelsen. Die Granitfelsenformation wird seit 1970 sich selbst überlassen. Schöne Pfade leiten uns dahinter zur Wegspinne »Spanplatte« (810 m). Der am Rappenfelsen

Linke Seite (beide): Schmale, steil abfallende Pfade führen entlang der Flanken des Schwarzatales.

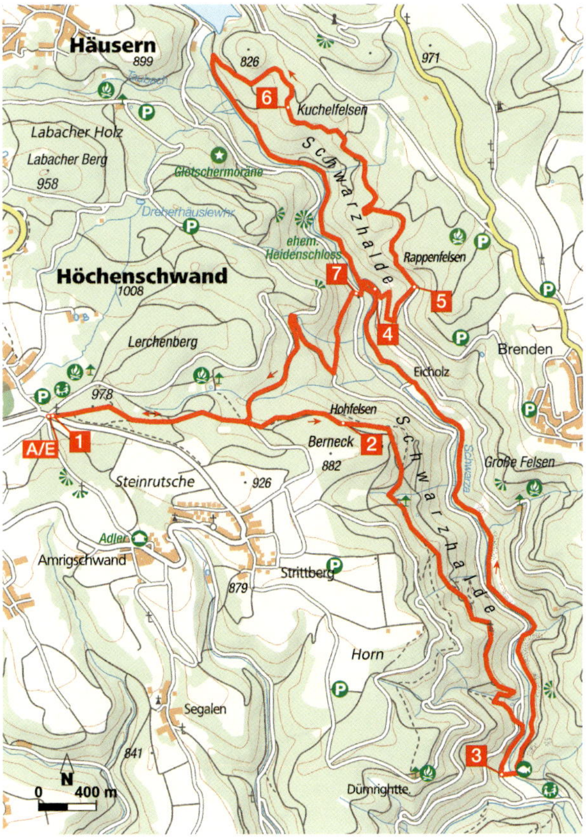

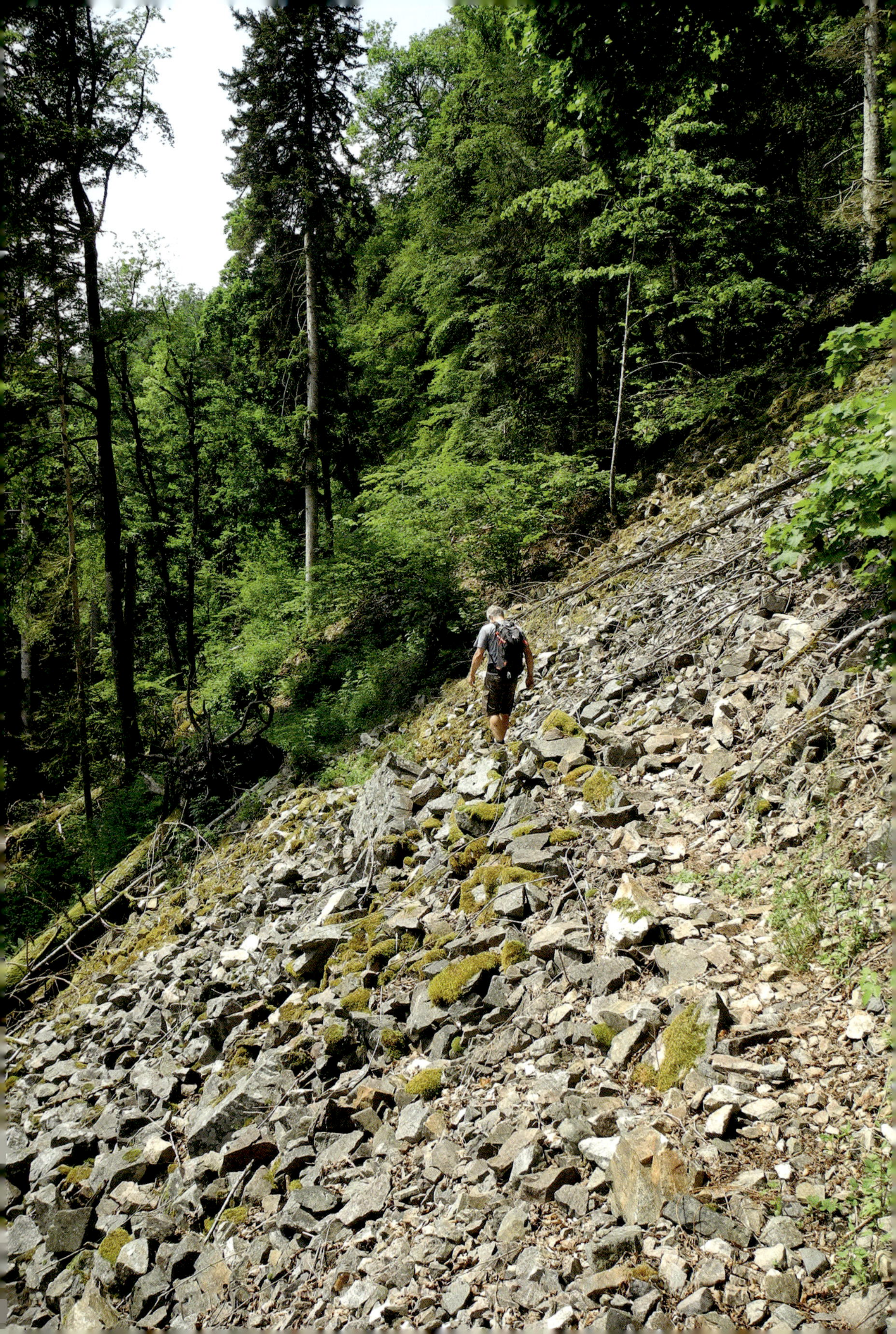

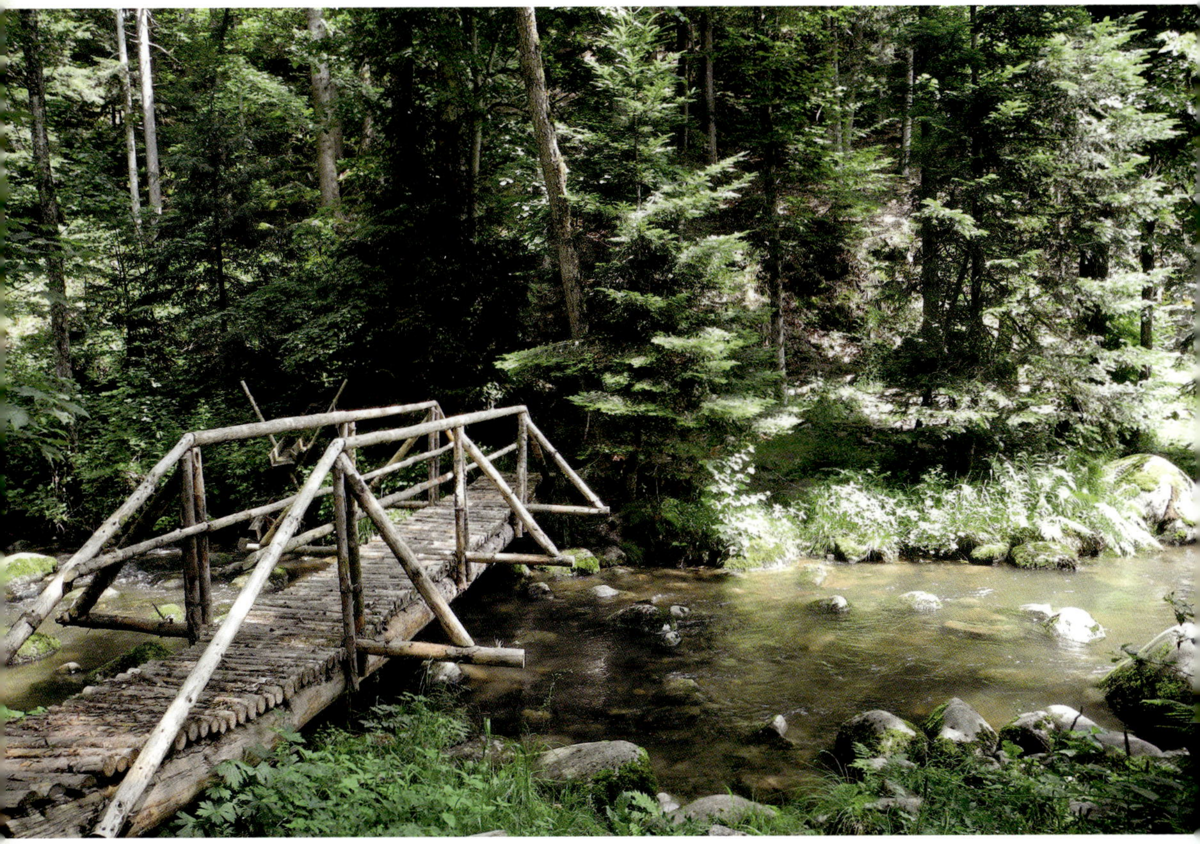

angekündigte Aussichtspunkt »Wartbuck« liegt nicht auf unserer Route, da wir ab hier den zwei Kilometer entfernten Kuchelfelsen mit seinen Geröllhalden 6 via Hirzebadweg ansteuern (gelbe Raute). Von dort wandern wir ins Schwarzatal hinunter und folgen dem Talweg zu den uns bekannten Rastbänken an der Muckenlochhütte. Wir queren dort die Schwarza. Mit dem Rücken zum Fluss beziehungsweise vor der Hütte stehend müssen wir wenige Meter nach links, dann geht rechter Hand ein fast zugewachsener alter Pfad (gelbe Raute) vom Fahrradweg sehr steil die Talseite hinauf 7. Auf diesem steigen wir 500 Meter empor und stoßen auf einen Forstweg, auf dem wir uns rechts halten und so den Wegweiser »Schwarzhaldenmatt« erreichen. Hier entscheiden wir uns für den Weg nach links (gelbe Raute). Via Wegweiser »Lerchenbergstraße« gelangen wir zum uns bekannten Herrgottsholzweg und folgen dem Mittelwegzeichen (rote Raute mit weißem Strich) auf dem bekannten Waldpfad für 1,5 Kilometer zum Wanderparkplatz Kreuzstein.

Ein schwankender Steg führt beim Pfadfinder-Zeltplatz über die Schwarza.

Linke Seite: Eines der beiden Geröllfelder, die durchwandert werden müssen.

20 Schluchttour an einem der letzten Wildflüsse Europas

Der Ludwig-Neumann-Weg in der Wutachschlucht

mittel	14 km (+3 km)	490/700 Hm	4,5 Std.

Tourenverlauf
Bonndorf, Haltestelle Lotenbachklamm – Schattenmühle – Dietfurt – (alpiner Abschnitt Ruine Boll) – Badhof – Ludwig-Neumann Weg – Rümmelesteg – Kanadiersteg – Wutach, Haltestelle Wutachmühle

An- und Abfahrt
Wochenende: Mit dem Auto zur Wutachmühle und mit dem Bus 7344 (Abfahrt: 9, 10, 11 Uhr) zur Haltestelle Lotenbachklamm. Unter der Woche: Ab Wutachmühle nur um 9 Uhr direkt zur Lotenbachklamm. Ansonsten mit dem Bus 7258 ab Bonndorf zur Haltestelle Lotenbachklamm und von der Wutachmühle mit dem Bus 7260 nach Bonndorf zurück. Wenige Abfahrten und Fahrplanwechsel mit einplanen.

Ausgangspunkt
Bushaltstelle Lotenbachklamm.

Endpunkt
Bushaltestelle Wutachmühle.

Information
Touristinformation Bonndorf, Martinstr. 5, 79848 Bonndorf, Telefon (07703) 7607, www.bonndorf.de/tourismus/service-fuer-urlauber/tourist information.html

Karte
Wutachschlucht, 1:35000, Karte des Schwarzwaldvereins Blatt WWS, 2013.

Die Pfade, die am oder über dem Gebirgsfluss verlaufen, sind abschnittsweise alpiner Natur. Der in den überhängenden Felsen gesprengte und durch Stahlseile gesicherte Ludwig-Neumann-Weg ist nicht ohne und erfordert Trittsicherheit und Schwindelfreiheit. Auch manche Wegpassagen davor und danach, wie z. B. eine alpine Wegalternative an der Ruine Boll vorbei oder in der Lotenbachklamm, haben es in sich.

Die Wanderung beginnt an der Bushaltestelle Lotenbachklamm ❶, gegenüber davon befindet sich ein Wanderparkplatz mit ersten Informationstafeln. Ein kleiner Pfad führt von der Haltestelle 30 Meter rechts hinunter direkt zur Lotenbachklamm, als Wegzeichen richten wir uns nach der gelben Raute. Nun geht's direkt am Gebirgsbach steil die Lotenbachklamm hinab. Wenn es viel geregnet oder im Frühjahr die Schneeschmelze eingesetzt hat, sind diese ersten zwei Kilometer unserer Route durchaus gefährlich. Steinschlag, rutschige Wegpassagen und umgefallene Bäume können den Weg erschweren, nicht umsonst sind viele Hilfen wie Stahltreppen und Stahlseile an den Schluchtwänden angebracht. Um diesen Weg gefahrlos gehen zu können, sind neben guter Witterung auch unbedingt festes Schuhwerk und Schwindelfreiheit Voraussetzung. Unzählige Wasserfälle kommen rechts und links von den Schluchtwänden herabgeschossen und speisen den wilden Bach, der wiederum von vielen Wasserfällen gebrochen zur Wutach hinabfließt. Ein herrlicher Weg, der direkt am Bach entlangführt, ermöglicht uns ein unmittelbares Naturerlebnis. Kurz vor der Wutachschlucht wird die Lotenbachklamm breiter und der Bach fließt ruhiger. Wir kommen nun in die Wutachschlucht und gehen nach rechts.

Das Wegzeichen wechselt, uns begleitet nun die rotweiße Raute auf gelbem Grund. Wir stoßen auf einen großen Holzpavillon, der ausführlich über das Naturschutzgebiet Wutachschlucht in-

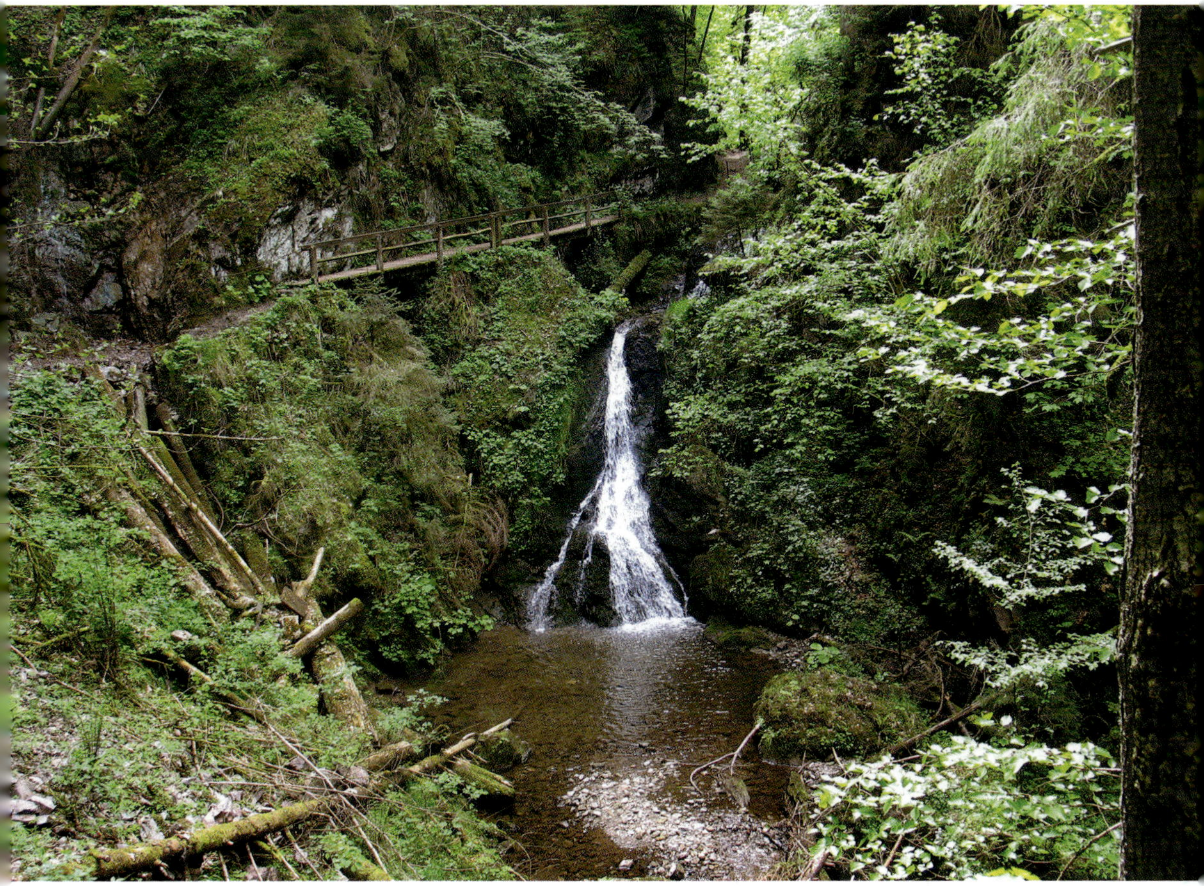

Die Lotenbachklamm gleich zu Beginn ist das erste Highlight der Tour.

formiert. Dann überqueren wir die L170 und betreten das Gelände der Schattenmühle ❷. Eine Wirtschaft lädt zur Einkehr ein, direkt dahinter setzt sich der Weg fort. Es geht leicht bergauf und die Route verläuft entlang der linken Talflanke parallel zur Straße nach Reiselfingen, bevor sie nach 500 Metern wieder zum Fluss hin abfällt und an diesem entlangführt. Das ständige Auf und Ab auf wurzeligen und unebenen Pfaden – kurzum eine anstrengende Streckencharakteristik, egal ob links- oder rechtsseitig – wird uns durch die ganze Wutachschlucht begleiten.

Anforderungen

SAC-Wanderskala: Durch die Lotenbachklamm: T2 (bei Regen: T3). Von der Schattenmühle zum Badhof: T2. Die alternative alpine Wegpassage von Boll zur Ruine Boll in die Schlucht hinunter: T3. Der Ludwig-Neumann-Weg: T2/T3.

Kletterei und Seilpassagen: Die Lotenbachklamm und der Ludwig-Neumann-Weg sind an besonders schwierigen Stellen durch Seile, Treppen und Stege gesichert.

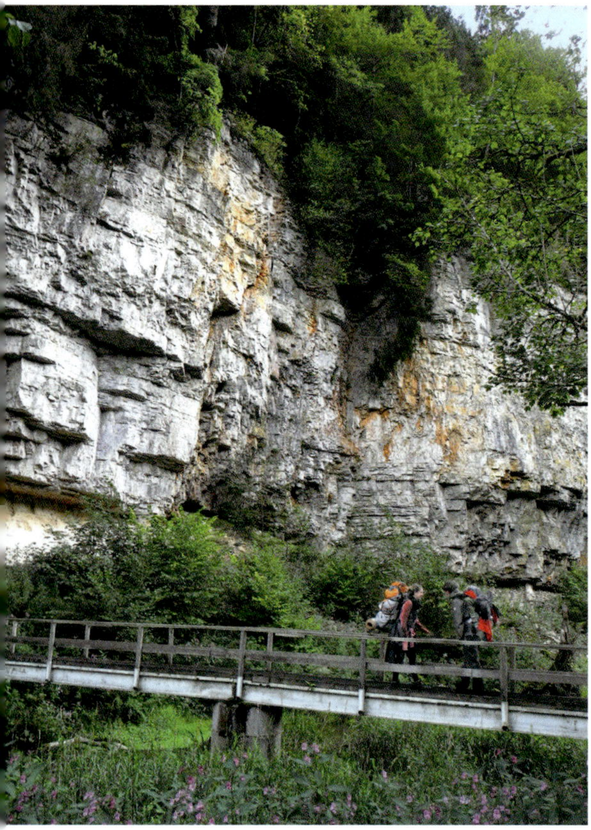

Ein schöner Mischwald aus Buchen, Eschen, Fichten und Linden säumt unseren Weg. Nach etwa zwei Kilometern stoßen wir auf einen Teilabschnitt eines Kreuzwegs, der nach Reiselfingen hinaufführt. Wir folgen drei Stationen zur Dietfurt ❸ hinunter. Dort queren wir die Wutach auf einer Brücke, um auf die rechte Schluchtseite zu gelangen, wo wir dann nach links müssen. Nach 100 Metern nehmen wir einen kurzen, aber steilen Anstieg durch den Wald hinauf und stoßen auf einen Waldwirtschaftsweg. Diesem folgen wir nach links und stehen dann vor der Wahl: Die Müden unter uns wandern direkt zum ehemaligen Badhof hinunter, die Neugierigen zweigen stattdessen nach etwa 400 Metern nach rechts ab auf einen Forstweg, der sich wegzeichenlos nach Boll hinaufzieht ❹. Nach 600 Metern erreichen wir bei dieser Variante eine Forstwegkreuzung, an der wir uns scharf links halten. Der Weg beschreibt dann eine Rechtskurve im Wald, tritt aus diesem heraus und trifft gleich darauf auf die Straße K 6516. Ihr folgen wir nach links und gelangen nach 400 Metern zum Dorfeingang von Boll. Hier folgen wir der blauen Raute (ab Boll) nach links und wandern auf einem alpin anmutenden schwierigen Pfad zur Ruine Boll hinunter. Dieser Pfad mündet kurz vor dem Badhof in den offiziellen Wutachschlucht-Wanderweg. Beim Badhof finden wir neben einer alten verlassenen Kapelle wieder einen Informationspavillon.

Man trifft in der Wutachschlucht auf alle Arten von Wanderern – hier zum Beispiel auf Trekker.

Rechte Seite links: Am beeindruckenden Ampelfels kommen wir auch vorbei. Rechts: Ein Abschnitt des Ludwig-Neumann Wegs

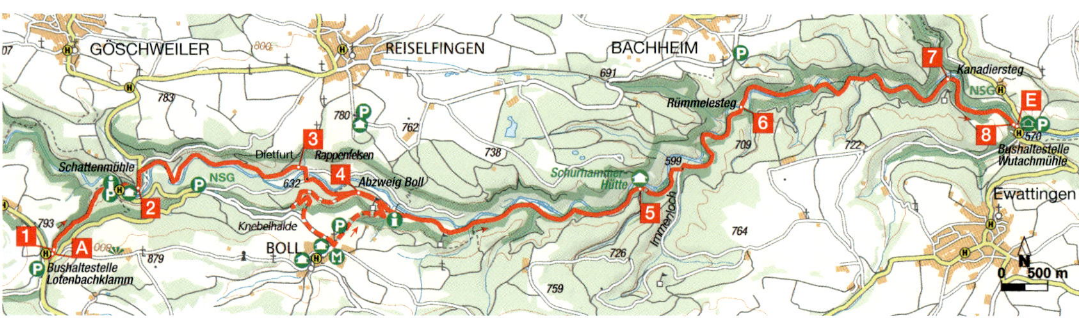

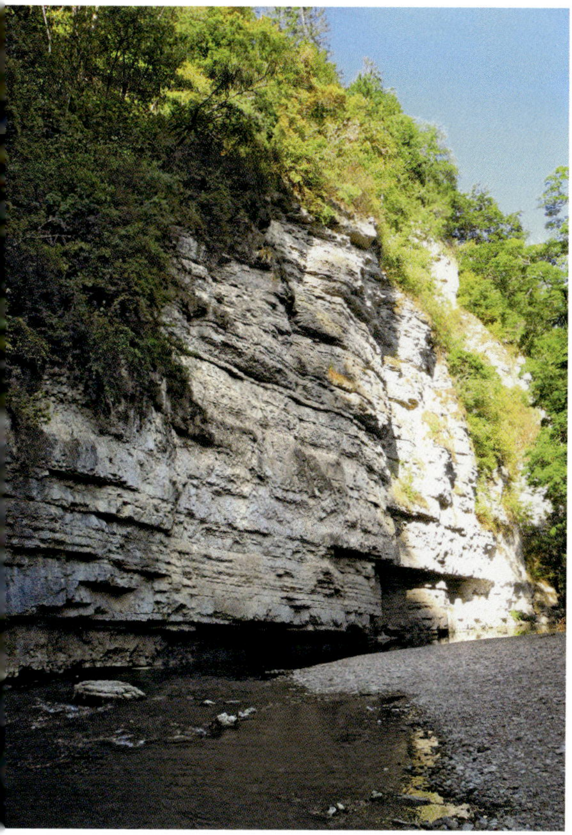

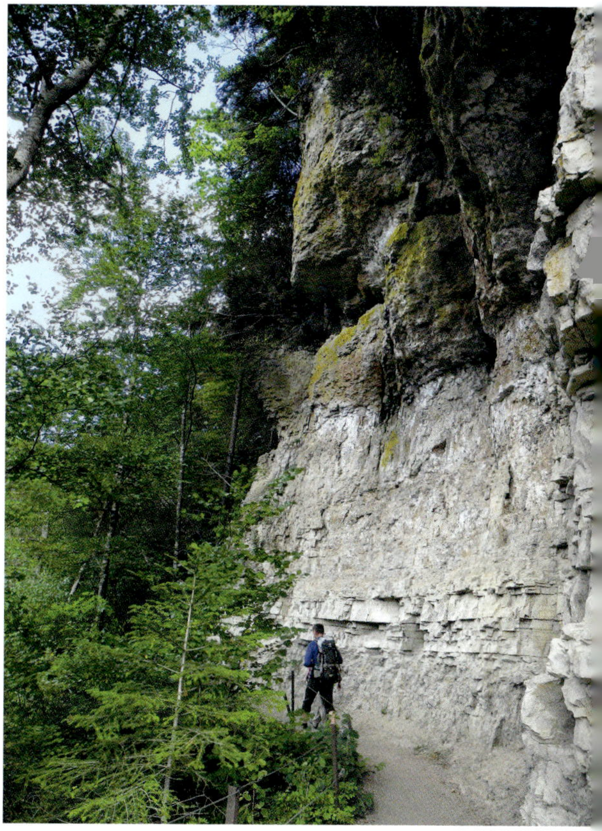

Der nun beginnende Wegabschnitt, der sogenannte Ludwig-Neumann-Weg bis zum Rümmelesteg beziehungsweise zur Gauchachmündung, ist wohl der beeindruckendste Teil der Tagesetappe. Er wurde 1904 vom Schwarzwaldverein zwischen Barhof Bad Boll und der Gauchachmünung in den Fels gesprengt und verläuft nun erst einmal auf der rechten Seite im Talgrund weiter. Dann treffen wir auf die Schurhammer-Hütte 5, vor der wir eine Grillstelle finden. Danach geht es bergauf. Wir marschieren auf dem in die steilen und überhängenden Felsen gesprengten Weg hoch oberhalb der Schlucht und haben eine fantastische Sicht

Einkehr und Unterkunft

Einkehr: Gasthaus Schattenmühle, Schattenmühle 1, 79843 Löffingen, Telefon (07654) 1705, www.schattenmuehle.de

Unterkunft (Auswahl): Gasthaus zum Kranz, Martinstraße 6, 79848 Bonndorf, Telefon (07703) 93830, www.kranz-bonndorf.de; Pension Haus Schüler, Lindenstraße 9, 79848 Bonndorf, Telefon (07703) 7164, www.pension-schueler.de

in die Wutachschlucht. An gefährlichen Stellen ist der Weg gesichert. Anschließend geht's wieder bergab und wir überqueren die Wutach auf dem neuen Rümmelesteg (6). Die Reste des alten Stegs können wir etwa 200 Meter weiter vorn in den Fluss ragen sehen. Sie zeugen von der ungeheuren Kraft des Flusses, der sich immer weiter verbreitert. In niederschlagsarmen Monaten versickert die Wutach, die Stelle der Versickerung und des Wiederaustritts befindet sich jeweils rund einen Kilometer vor beziehungsweise hinter dem Rümmelesteg. Wir folgen dem Fluss nun auf der linken Uferseite. Nach wenigen hundert Metern stoßen wir auf die Wegabzweigung, die nach Bachheim hinaufführt. Weitere 400 Meter später queren wir den Fluss erneut und folgen der rotweißen Raute bis zur Gauchacheinmündung mit dem Wegweiser »Kanadiersteg« (7). Von hier ist es noch ein knapper Kilometer rechts der Wutach bis zur Wutachmühle und der Bushaltestelle (8).

Tipp

Nach starken Regenfällen oder Schneeschmelze kann die Wutachschlucht unpassierbar sein. Ob bestimmte Streckenabschnitte nicht begehbar sind, erfährt man im Bonndorfer Rathaus (Telefon (07703) 9 38 00, www.wutachschlucht.de).

Rechte Seite: Am ehemaligen Rümmelesteg kann man bei entsprechendem Wasserstand direkt zur Wutach hinunter.

Holprig, wurzelig, steinig und anstrengend zu gehen – unsere Route durch die Schlucht.

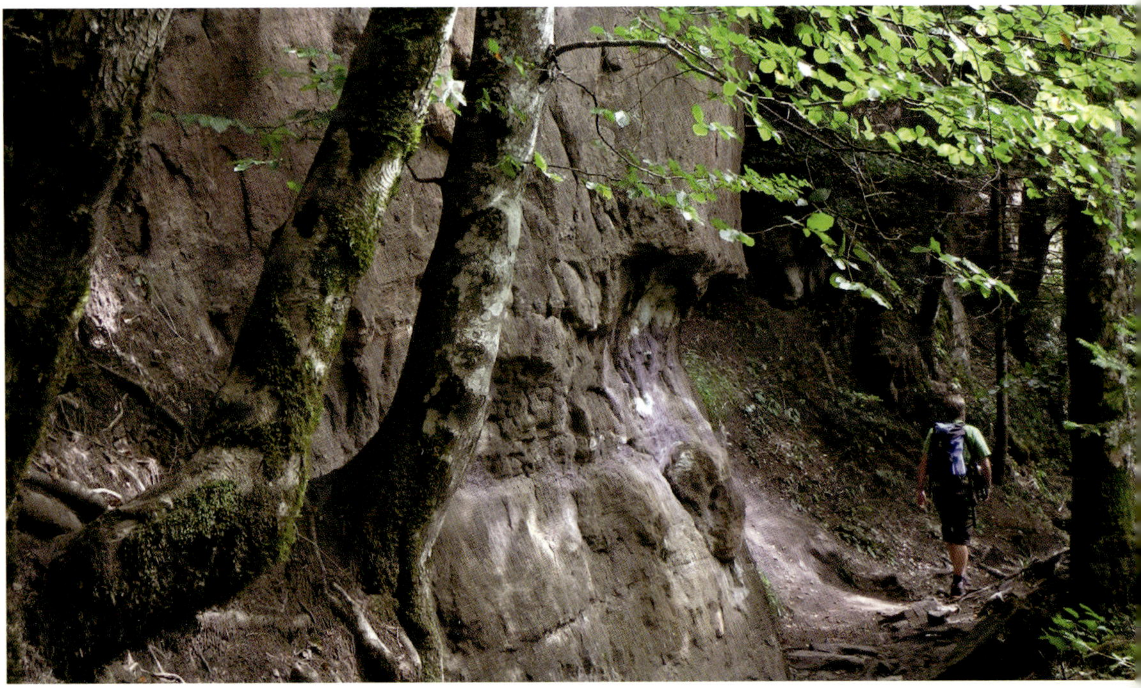

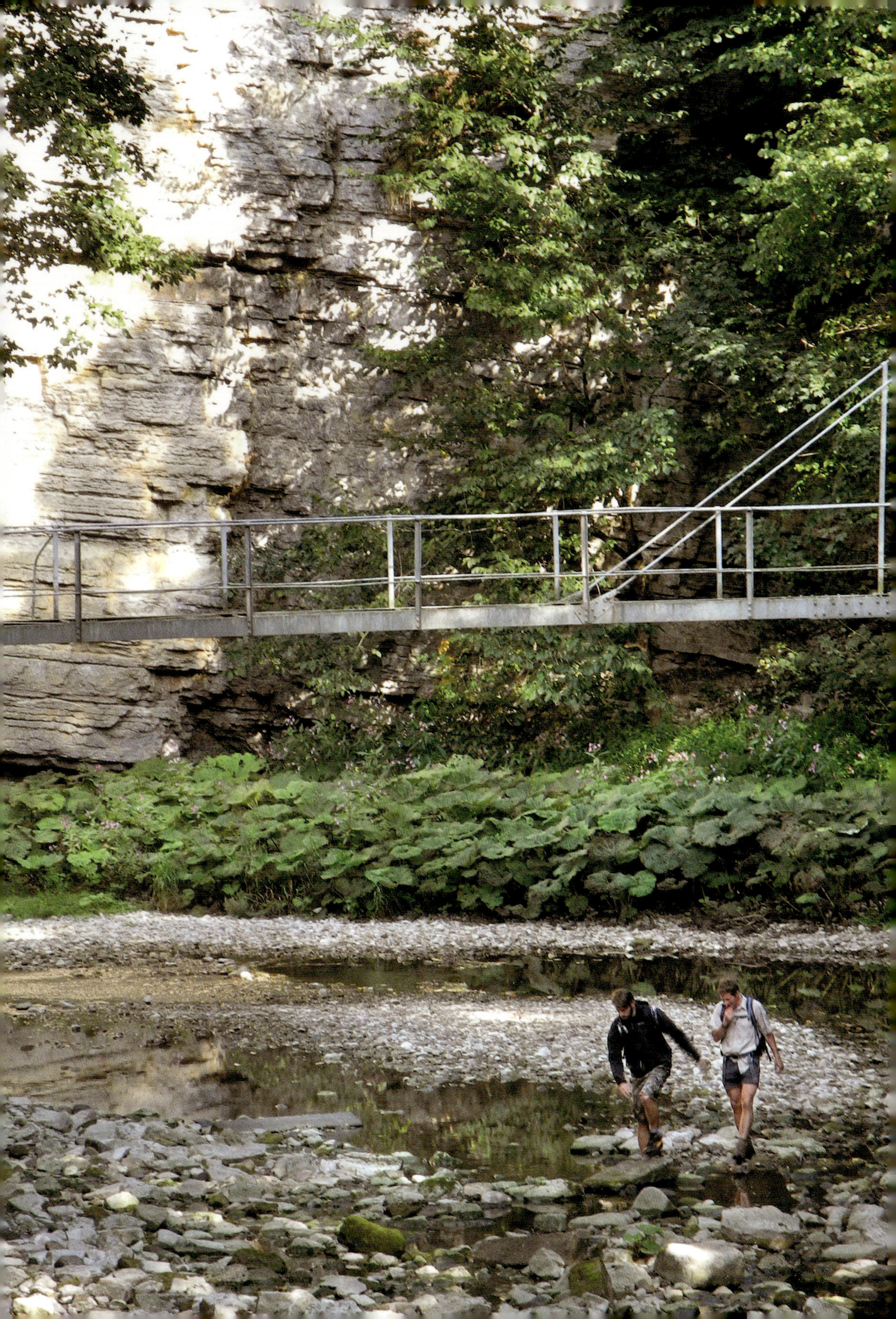

Extra Zwei und ein halber Klettersteige

I: Der Weinheimer Karolasteig und die Jakobswand

Anfahrt
Straßenbahnlinie 5 (OEG) von Heidelberg oder von Mannheim Zentrum nach Weinheim nehmen und von dort der B3/Bergstraße in Richtung Stadtmitte folgen, dann entlang der B38 (Birkenauer Talstraße) in Richtung Birkenau/Weschnitztal. Nach den letzten Häusern und der ersten Eisenbahnbrücke befindet sich links die Toreinfahrt zum Kletterzentrum. Es gibt nur wenige Parkplätze. 100 Meter weiter findet man links auch einen Fußgängerzugang. Wer von weiter her anreist, kann sich überlegen, gleich noch den Schriesheimer Klettersteig dranzuhängen.

Information
DAV-Sektion Weinheim, Birkenauer Talstraße 99, 69469 Weinheim, Telefon (06201) 8463351 oder Kletterhütte (06201) 181170, www.dav-weinheim.de/_rubric/index.php?rubric=Jakobswand

Karte
F13 Mannheim Heidelberg Naturpark Neckartal-Odenwald 1:50000 (Westblatt).

Der schwerste Klettersteig Deutschlands, der Karolasteig, liegt, man mag es kaum glauben, im Odenwald beziehungsweise in Weinheim a.d. Bergstraße. Auf Youtube kann man sich schwindelerregende Videos dazu anschauen und sich fragen, ob man sich das wirklich zutraut. Gott sei Dank gibt es aber auch eine leichtere Variante. Die bis zu 60 Meter hohe Jakobswand ist das Schmuckstück des ehemaligen Steinbruch-Geländes, aus der die DAV-Sektion Weinheim ein Kletterkleinod geschaffen hat. Der ehemalige Steinbruch wurde in den 1980er-Jahren aufwendig gesichert und in einen vielseitigen Klettergarten umgewandelt, der von April bis Ende Oktober geöffnet ist. Neben klassischen Kletterrouten mit bis zu drei Seillängen (übrigens eine wunder-

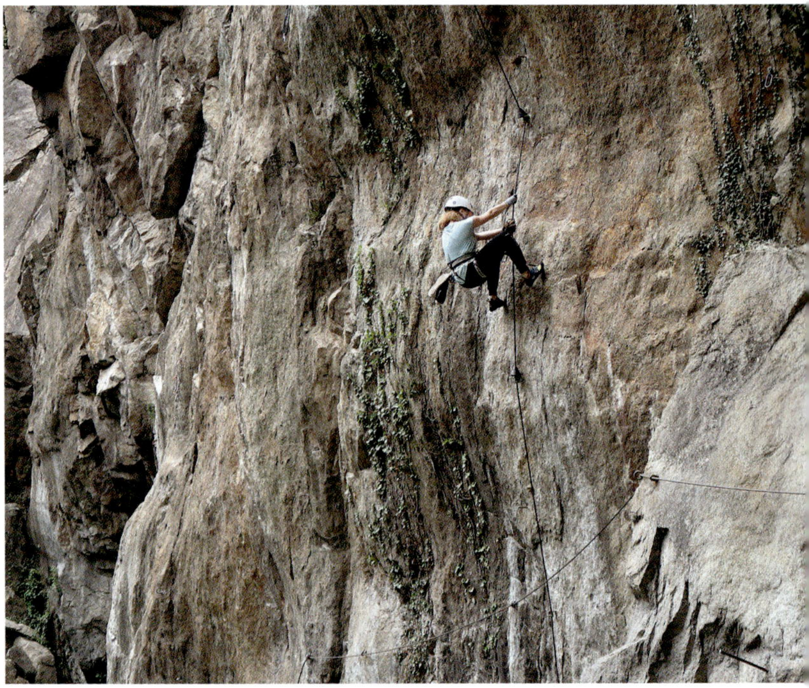

Ein Teil des schwierigsten Klettersteigs Deutschlands

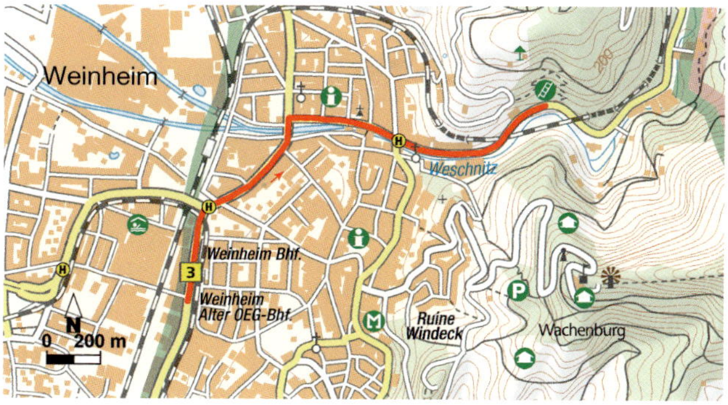

bare Möglichkeit, um sich auf alpine Touren vorzubereiten) gibt es zwei Klettersteige. Der »normale« Jakobswand-Klettersteig ist als anspruchsvoll einzustufen. Nach den in Klettersteigführern meist verwendeten vierstufigen Skalen für alpine Klettersteige entspricht er Stufe 3. Seit 2005 gibt es einen zweiten, extrem sportlich angelegten Klettersteig, den »Karolasteig«. Der Erbauer hat den Steig übrigens nach seiner Liebsten getauft. Er führt nahezu ohne künstliche Steighilfen direkt durch die überhängende Wand. Seine Schwierigkeit liegt allerdings oberhalb der gängigen Skalen. Der untere Teil des Karolasteigs ist zugleich der schwerste, doch er kann über den Jakobswand-Klettersteig umgangen werden. Material kann ausgeliehen werden, aber man muss die Öffnungszeiten beachten, denn das Gelände ist mit einem Zaun umgeben und wird abgesperrt.

II: Der Klettersteig Schriesheim

Ein »halber« Klettersteig: Die AG Klettern Odenwald, die den ehemaligen Steinbruch klettertechnisch betreut, ist gar nicht so glücklich über den Begriff »Klettersteig«, denn der Steig durch den Steinbruch Schriesheim war ursprünglich als reine Auf-/Abstiegshilfe für die Sportkletterer zu den Kletterfelsen gedacht. Er verbindet die drei Kletterebenen durch als Klettersteig nutzbare

Anfahrt
Straßenbahnlinie 5 (OEG) von Heidelberg sowie von Mannheim Zentrum und Weinheim nach Schriesheim und von dort via Bahnhofstraße und Kehlweg zur Strahlenburg, oder das Auto am Rathaus Schriesheim parken, die Talstraße überqueren und die Friedrichstraße bis zur Bahnhofstraße vorlaufen. Dann zu Fuß dem gekennzeichneten Weg auf der Karte folgen.

Information
www.ag-klettern-odenwald.de

Karte
F13 Mannheim Heidelberg Naturpark Neckartal-Odenwald 1:50 000 (Westblatt).

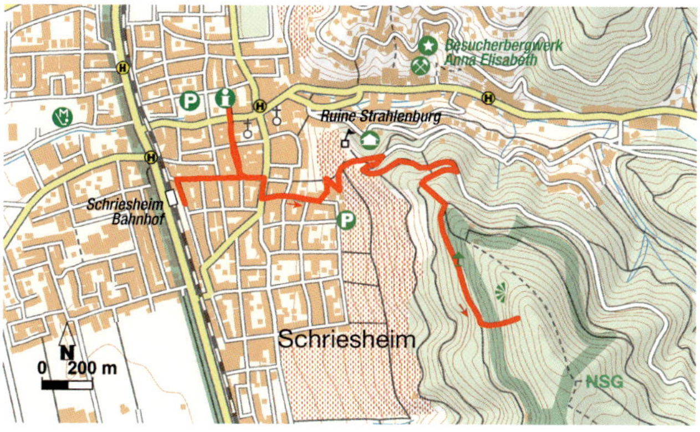

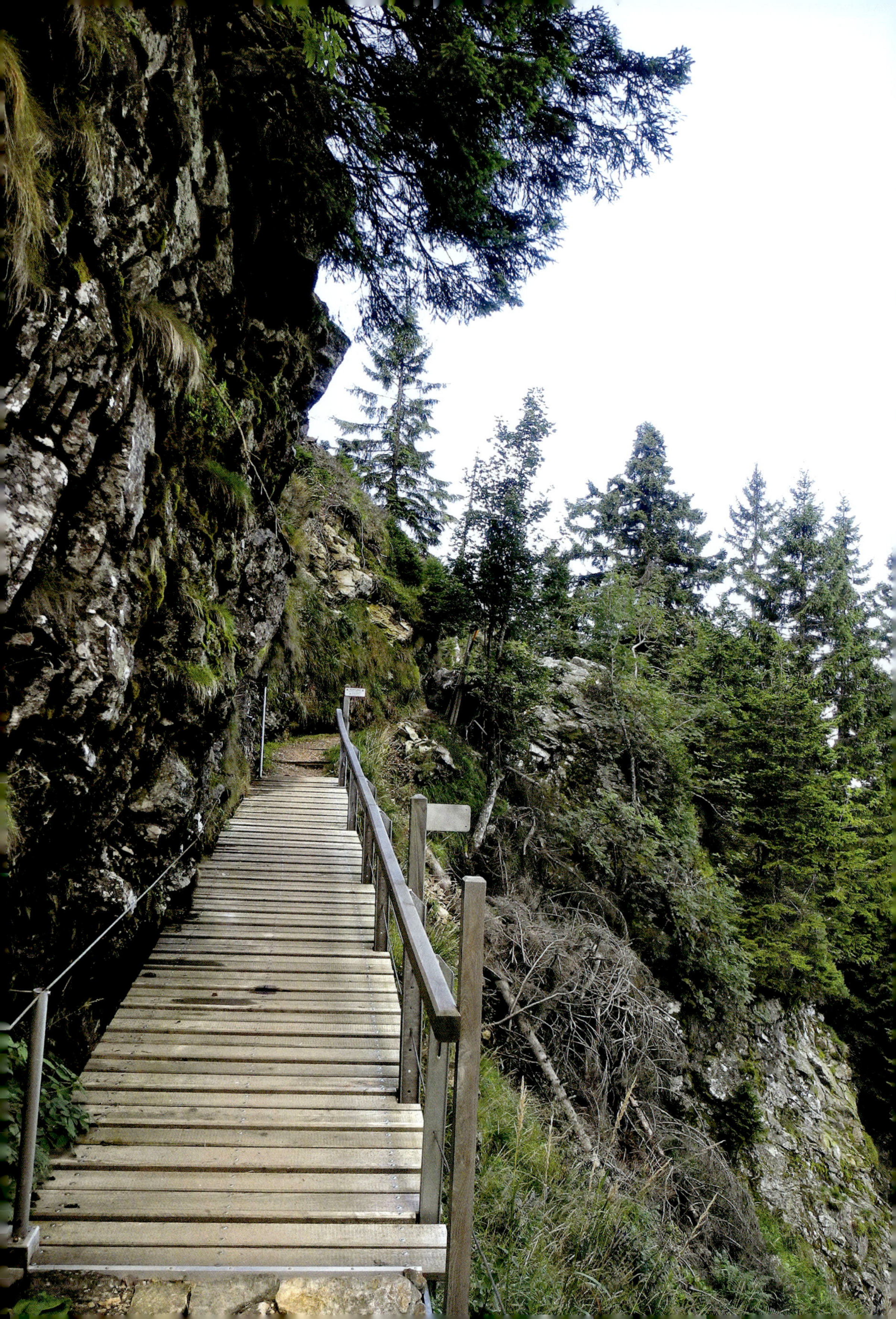

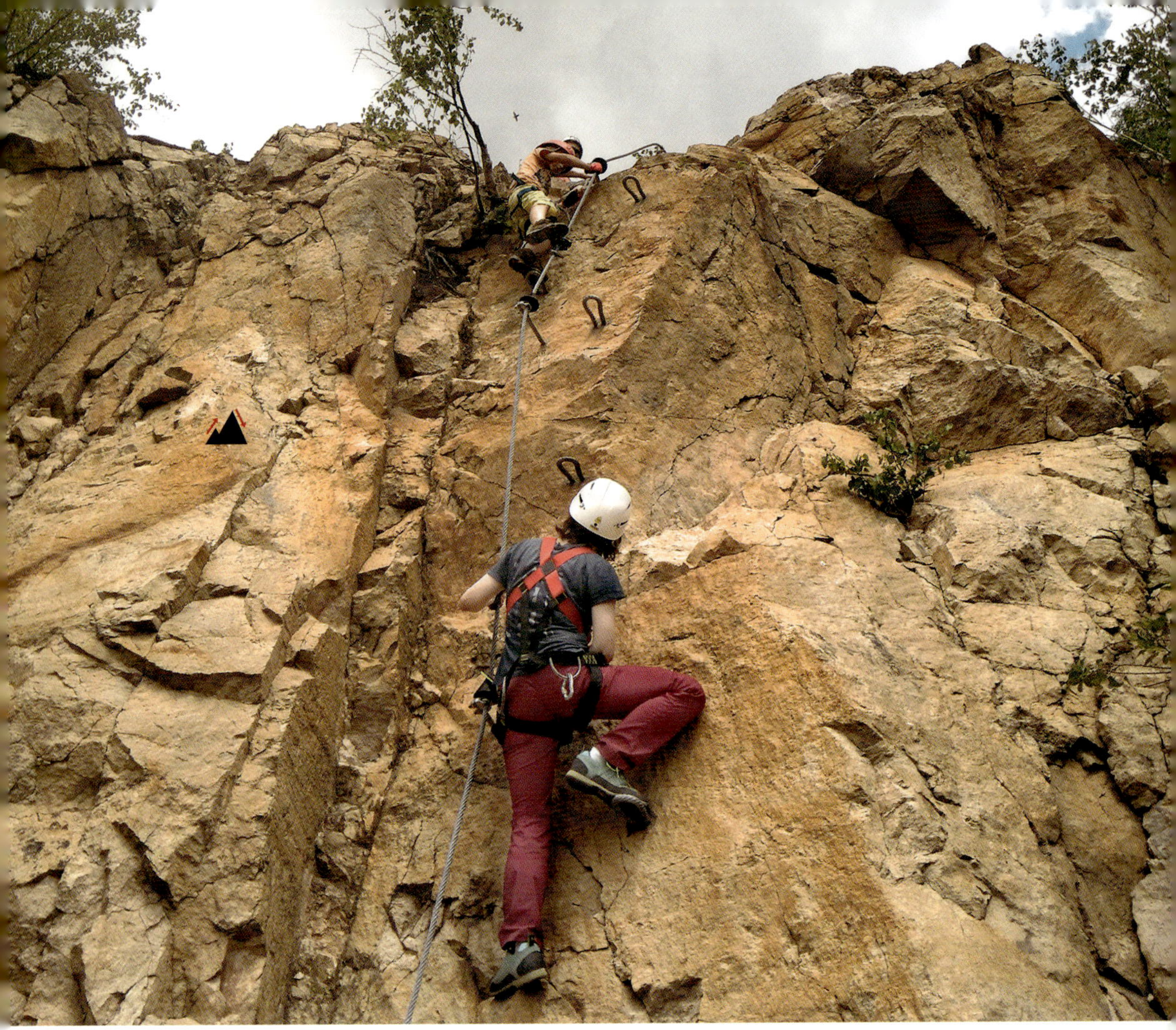

Der Klettersteig in Schriesheim wird mittlerweile ganz neu gemacht.

Zustiege. Der Steig wird seit 2017 Stück für Stück neu angelegt, die alten Steige werden sukzessive abgebaut. Da sich ringsherum der Odenwald befindet, spricht nichts dagegen, die reine Durchsteigung des Steinbruchs (ca. 30 Minuten) in eine Wanderung einzubinden, zum Beispiel zwischen den Ruinen Strahlen- und Schauenburg. Allerdings ist dabei peinlichst darauf zu achten, dass man das Gelände nicht versehentlich nach links oder rechts (außer am »offiziellen« Beginn) verlässt, denn das ist aus Naturschutzgründen untersagt! Von der Strahlenburg aus wandert man die ausgetretenen Pfade zum Einstieg am linken Rand der unteren Steinbruchwand hinauf. Für geübte Bergwanderer und Kletterer sind die einzelnen Abschnitte der Klettersteige auch ohne spezielle Ausrüstung zu bewältigen. Alle anderen sollten Klettersteigausrüstung benutzen, die allerdings vor Ort nicht ausgeliehen werden kann.

III: Der Todtnauer Klettersteig

Der Klettersteig erstreckt sich über das gesamte Schwimmbadfelsmassiv, bietet zwei Varianten mit unterschiedlichen Schwierigkeitsgraden und eine atemberaubende Schluchtüberquerung auf einem Hochseil. Bei der leichteren Variante geht es ungefähr von der Wandmitte schräg nach oben zum höchsten Punkt und weiter in einem Gehgelände zu der Schluchtüberquerung, die auch umgangen werden kann. Die schwierigere Variante – Stufe drei nach der Klettersteigskala – führt quer durch das gesamte Felsmassiv. Der Klettersteig wird im Uhrzeigersinn begangen, beginnend auf der linken Seite des Felsens.

Der Klettersteig hat laut den Kletterfreunden Todtnau eine Besonderheit, nämlich dass man ihn frei kletternd, also ohne künstliche Hilfsmittel, begehen kann. Deshalb ist das Sicherungsseil aus Stahl nur zum Sichern, denn es hängt an einigen Stellen durch und ist nicht als Hilfe zur Fortbewegung vorgesehen. Der Anseilpunkt am Sicherungsgurt muss sich immer unterhalb des Sicherungsseils befinden. Die Benutzung einer Klettersteigausrüstung (Sicherungsgurt, Klettersteigset mit zwei Karabinern, Helm) ist Pflicht. Diese kann ausgeliehen werden, allerdings nur während der Öffnungszeiten. Ansonsten geht es nur mit eigener Ausrüstung.

Anfahrt
Direkt mit dem Bus zur Bushaltestelle Todtnau/Poche oder von Todtnau kommend weiter Richtung Feldberg. Hinter dem Penny-Markt und einer Rechtskurve sieht man linker Hand die Kletterfelsen oberhalb des Schwimmbads. Parken kann man gegenüber vom Schwimmbad direkt an der B 317. Man überquert eine kleine Holzbrücke Richtung Schwimmbad und geht hinter dem Hotel Waldeck (Poche 6, 79674 Todtnau) auf einem Pfad zum Klettergebiet.

Information
Kletterfreunde Todtnau e. V., Nesslerstraße 25, 79674 Todtnau, Telefon (07671) 8672, www.kletterfreunde-todtnau.de

Karte
Hochschwarzwald, Feldberg, Schluchsee, 1:35 000, Karte des Schwarzwaldvereins.

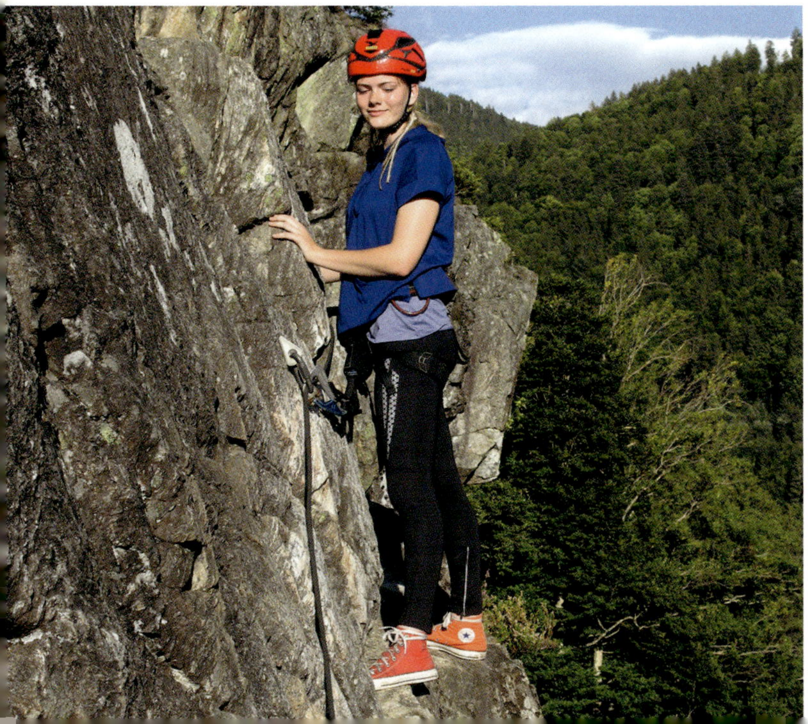

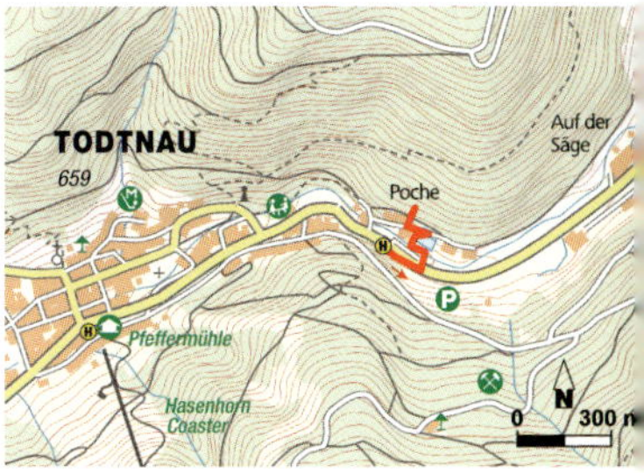

Ins Schwimmbadfelsmassiv hineingebaut – der Todtnauer Klettersteig

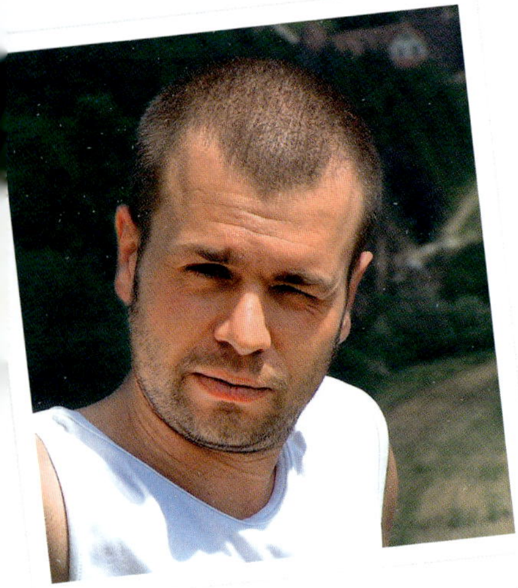

Zugabe

***Ein aktuelles Buchprojekt** ist für einen Autor meistens die wichtigste Herzensangelegenheit. Doch auch in der Nachbetrachtung sind die »Alpinen Pfade« mein liebstes »Autorenkind«, weil ich während der Recherche mein Wanderrevier Baden-Württemberg von einer völlig neuen Seite kennengelernt habe. Das Stöbern auf Flohmärkten nach alten Wanderkarten und das stundenlange Suchen auf diesen Karten nach steilen, vergessenen Felspfaden und Wegabschnitten hat mir ungeheure Freude bereitet und in mir den Entdeckergeist geweckt. Genau deswegen sitze ich auch aktuell wieder am Schreibtisch und suche wieder nach neuen »alten« alpinen Pfaden in Baden-Württemberg. Es fehlen noch ein paar wenige, um ein zweites, neues Buch zu füllen, aber ich bleibe dran und bin guter Dinge. Wer weiß, vielleicht gibt mir ja auch der eine oder andere geneigte Leser noch einen Tipp. Ich würde mich freuen und bin für jeden Hinweis dankbar. Wer mit mir in Kontakt treten möchte, kann das gerne über lektorat@verlagshaus.de machen.*

***Zwei Dinge wären mir noch wichtig.** Zum einen möchte ich nochmals an die Selbstverantwortung der Leserschaft appellieren. Mich hat es wirklich geärgert, dass so mancher tolle Pfad wegen der drohenden Klagefreude vieler Zeitgenossen von den betreffenden Gemeinden dicht gemacht werden musste oder vor der Schließung steht. Maximale Eventsucht geht mit minimaler Eigenverantwortlichkeit und Selbsteinschätzung einfach nicht zusammen. Sollte dieser Trend anhalten, dann kann man in Zukunft Aufregendes und Spannendes nur noch auf überwachten, speziell abgesicherten Wegen und in Indoorspielplätzen erleben … oder es für sich behalten und nicht mehr mit anderen teilen.*
Zum anderen: Nehmt eine Tüte mit und seid euch nicht zu schade dafür, euch zu bücken und den achtlos weggeworfenen Zivilisationsmüll einzusammeln und beim nächsten Mülleimer zu entsorgen. Mittlerweile trifft man in den entlegensten Winkeln auf die unglaublichsten Dinge: Golfbälle, Batterien, Socken, und, und, und. Man kann es ja auch sportlich und pragmatisch zugleich sehen: Das Sammeln verbrennt Kalorien und vom eingelösten Pfand der Dosen und Plastikflaschen kann man sich am Tourende ein zusätzliches Bierchen oder Eis gönnen. Vom guten Gewissen mal ganz abgesehen.

Philipp Sauer

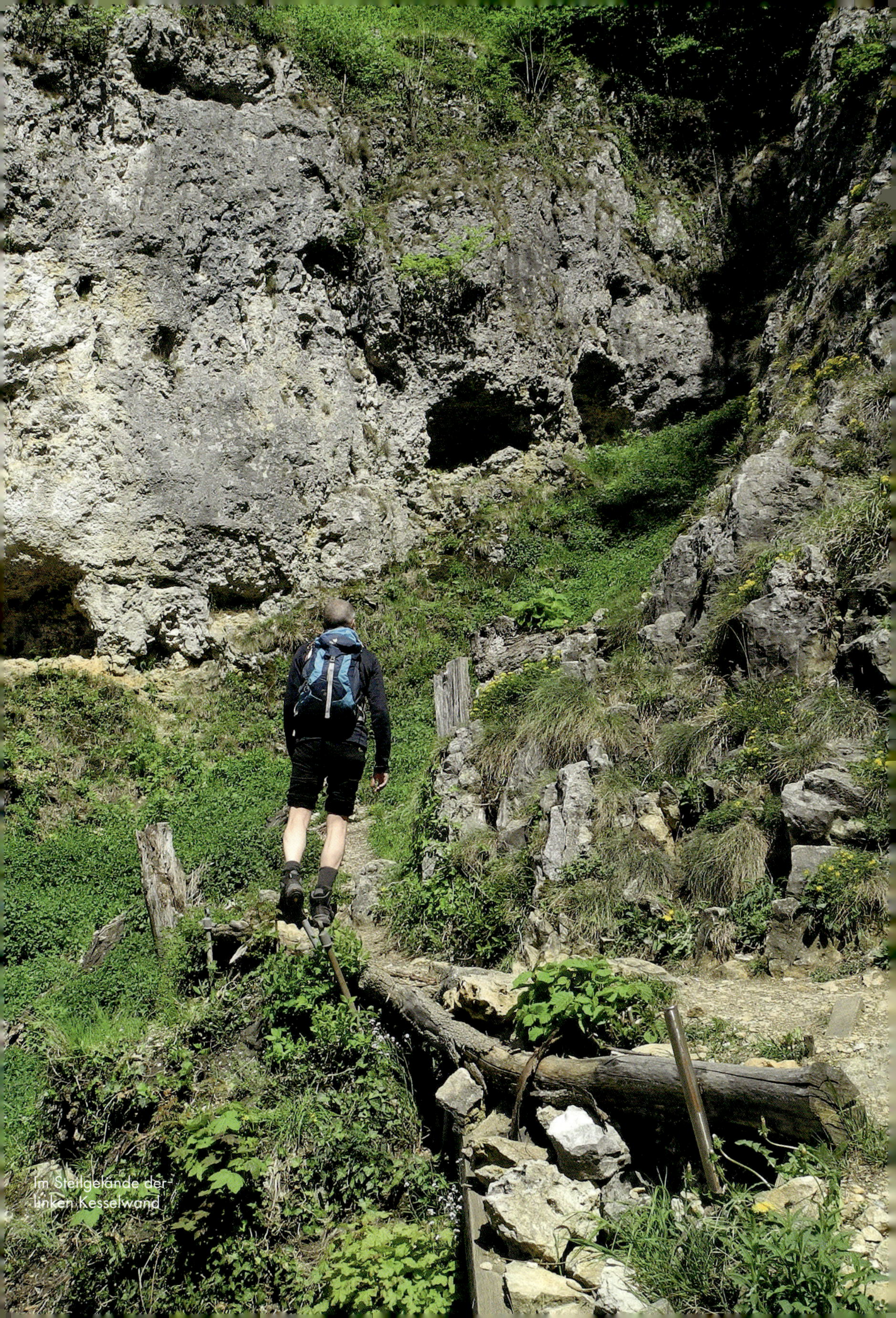
Im Steilgelände der linken Kesselwand

Register

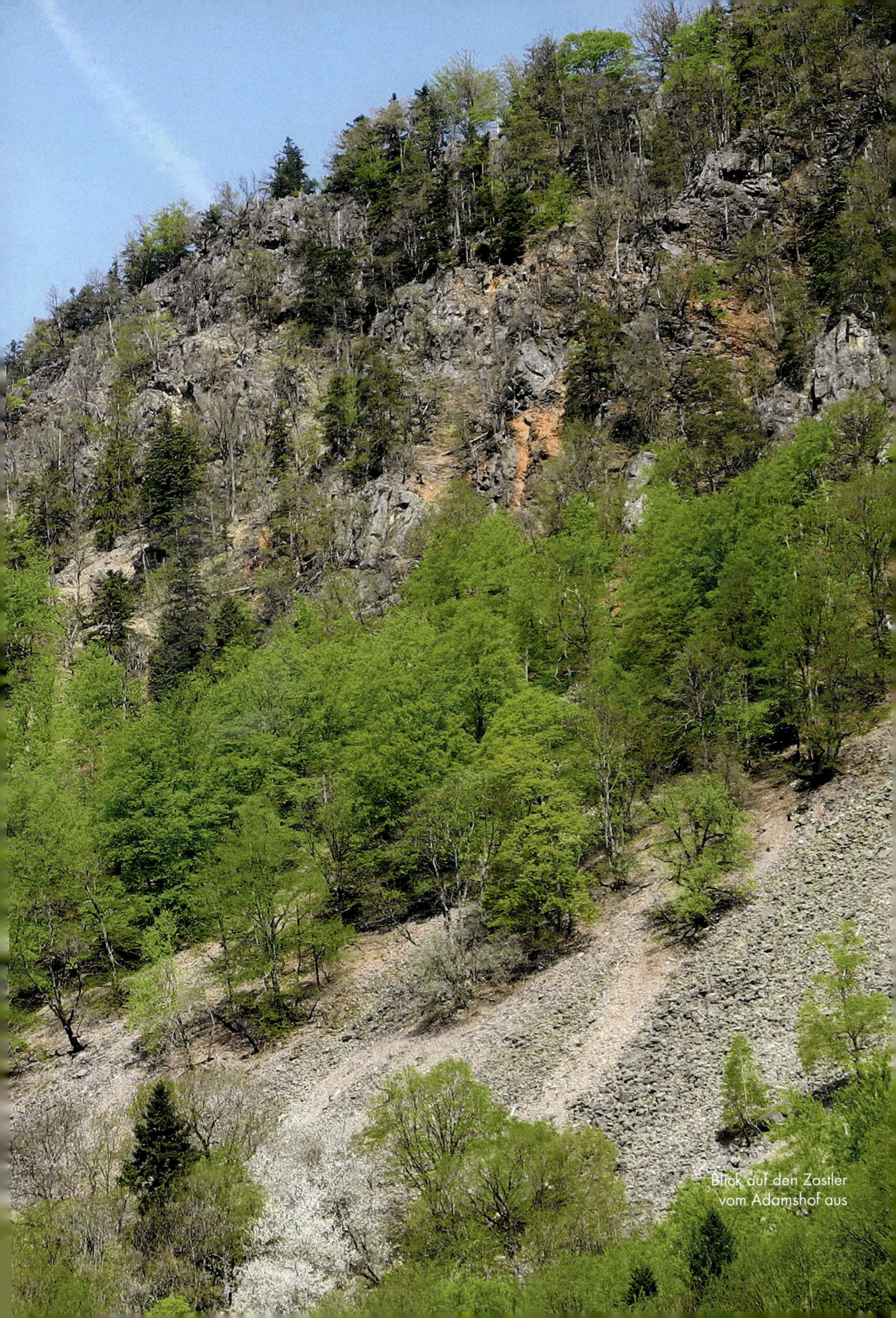

Blick auf den Zastler vom Adamshof aus

Impressum

Verantwortlich: Stefanie Krüger
Lektorat: Verlagsbüro Wais & Partner, Stuttgart
Layout: Eva-Maria Klaffenböck
Umschlaggestaltung: Rudi Stix
Repro: Cromika
Kartografie: Bruckmann Verlag GmbH, Heidi Schmalfuß
Herstellung: Barbara Uhlig
Printed in Italy by Printer Trento

★★★★★

Sind Sie mit diesem Titel zufrieden? Dann würden wir uns über ihre Weiterempfehlung freuen. Erzählen Sie es im Freundeskreis, berichten Sie Ihrem Buchhändler, oder bewerten Sie bei Onlinekauf. Und wenn Sie Kritik, Korrekturen, Aktualisierungen haben, freuen wir uns über Ihre Nachricht an Bruckmann Verlag, Postfach 40 02 09, D-80727 München oder per E-Mail an lektorat@verlagshaus.de.

Unser komplettes Programm finden Sie unter www.j-berg-verlag.de

In diesem Buch wird aus Gründen der besseren Lesbarkeit das generische Maskulinum verwendet. Weibliche und anderweitige Geschlechteridentitäten werden dabei ausdrücklich mitgemeint, soweit es für die Aussage erforderlich ist.

Empfehlung der Redaktion
Sie sind auf der Suche nach weiterführender Literatur? Dann empfehlen wir Ihnen die Titel »Premiumwanderwege Schwäbische Alb« und »Premiumwanderwege zwischen Alb und Bodensee« von Dieter Buck. Oder Sie werfen einen Blick in die Zeitschrift BERGSTEIGER. Hier werden Sie bestimmt fündig.

Bildnachweis: Alle Bilder im Innenteil stammen vom Autor, mit Ausnahme von: S. 97, S. 98 re. Matthias Berndt; S. 98 li, S. 100/101 TI Ottenhöfen; S. 150 Wolfgang Puschke, S. 152 Annette Kirchner; S. 153 Tudpert Rees
Umschlagvorderseite: Auf dem Wiesfels scheint man über den Wolken zu schweben (Tour 6)
Umschlagrückseite: Weg zum Herzogenhorn hinauf (Tour 17)

Die Deutsche Nationalbibliothek verzeichnet diese Publikation in der Deutschen Nationalbibliografie; detaillierte bibliografische Daten sind im Internet über http://dnb.d-nb.de abrufbar.

Originalausgabe mit dem Titel »Alpine Pfade in Baden-Württemberg«, ISBN 978-3-8425-2129-2 © 2019 Silberburg-Verlag GmbH, Schweickhardtstraße 5a, 72072 Tübingen

Vollständig überarbeitete Neuauflage,
© 2020 J. Berg Verlag in der Bruckmann Verlag GmbH, Infanteriestraße 11a, 80797 München
ISBN: 978-3-86246-732-7